REISEN UM GLÜCKLICH ZU SEIN

Henri de Régnier

IN VENEDIG LEBEN

Aus dem Französischen
von Hella Noack

List Verlag

Die Originalausgabe »L'Altana ou La Vie Vénitienne«
erschien zuerst 1928 im Verlag Mercure de France, Paris

Umschlagentwurf: Design Team, München
Umschlagmotiv: Max Peiffer-Watenphul (1896–1976), Venedig.
Bayerische Staatsgemäldesammlung, München.
Foto: Blauel/Gnamm – Artothek

ISBN: 3-471-78539-6

Satz: Uhl + Massopust, Aalen
Druck und Bindung: May & Co., Darmstadt

Teil I

Einleitung

Mag es auch das Lächerliche streifen, ein Buch über Venedig zu schreiben, so wird dieses Risiko durch das Vergnügen aufgewogen, das darin besteht, es überhaupt einzugehen. Dieses Gefühl wird von manch einem geteilt, und die zahllosen Werke, deren Thema Venedig ist oder denen es als Rahmen dient, sind mir Beweis genug. Man könnte eine Bibliothek damit füllen, zu der Gedichte und Romane genauso beigetragen haben wie die Geschichte und die Gelehrsamkeit. Der übermächtige und magische Reiz, den die unvergleichliche Stadt schon immer ausgeübt hat, mindert die Gefahr, ihm selbst zu erliegen. Man reiht sich so bequem in die Menge ihrer Bewunderer ein, daß man sich ungestraft der Genugtuung hingeben kann, sich ihrer Zahl hinzuzuzählen und in ihren Rängen Platz zu nehmen.

Ich gestehe, daß ich nicht bis heute gewartet habe, um mich dem Triumphzug anzuschließen. Diejenigen, die meine verschiedenen Schriften gelesen haben, werden bemerkt haben, daß es mehr als 25 Jahre her ist, daß der Name der gloriosen Stadt darin auftaucht. Gedichte, Erzählungen, Romane – alles war mir recht, um meine Leidenschaft für sie in Worte zu fassen. Man könnte also annehmen – und ich selbst habe daran gedacht –, daß ein so häufiger Gebrauch dessen, was Venedig an Gemütsbewegungen und an Bilderreichtum liefern kann, genügt hätte, die Eindrücke, die ich bei zahlreichen Aufenthalten gesammelt habe, zu erschöpfen. Die Schönheit Venedigs ist ein Thema von seltenem Reichtum, doch jeder spielt damit nur im Rahmen seiner eigenen Virtuosität, und mir schien es zuweilen, daß ich schon alle Variationen, die es für mich enthielt, hatte erklingen lassen.

Es sind also »Erinnerungen« an mein venezianisches Leben, die ich hier zu Papier bringe. Was ich damit versuche, ist eine Arbeit, in der das Andenken an die maritime Stadt sich mit dem

Bild der Menschen vermischt, die ich dort kannte. Unter diesen gibt es einen, an den ich mich vielleicht allzusehr erinnere. Ich bitte den Leser im voraus um Nachsicht. Er möge mir diesen Egoismus verzeihen, wie er mir auch verzeihen möge, nicht versucht zu haben, diese Seiten zu ordnen. Bücher dieser Art fügen sich kaum zu einer strengen Komposition. Dazu kann ich mich einfach nicht zwingen. Die Erinnerung hat ihre Launen, und ich werde mich ihren phantasievollen Wegen unterwerfen. Ich lasse sie sich finden, sich verflechten, sich trennen, sich aufs neue verbinden nach dem Beispiel der Kanäle der unentwirrbaren Stadt. Ich schreibe weder ihre Geschichte noch ihren Roman, noch schreibe ich einen Fremdenführer.

Wie könnte ich auch jemanden in das verzauberte Labyrinth führen, in dem ich selber lustvoll verloren bin und aus dem ich niemals wieder herauskommen konnte? Wenn ich auch auf dem Bild des Tintoretto Ariadne begegnete, so hat sie mir doch nicht den Faden gezeigt, der aus dem Zaubergarten herausführt . . . Er ist von der Art, daß nichts einen daraus befreien kann. Venedig gehört dazu. Nie entrinnt man seiner Gewalt, auch wenn man mit allen Kunstgriffen vertraut ist, durch die es einen fesselt. Und ich kenne sie durch und durch, die Arglistige! Manchmal habe ich sogar geglaubt, ich sei ihrer müde, doch immer, wenn ich mich entfernte, nahm ich sie in meinem Innersten mit. Die Magierin hatte mir den Ring an den Finger gesteckt, und seit dem Tag, an dem ich in ihren Bannkreis geraten bin, habe ich sie nie mehr verlassen.

Oft habe ich über den seltsamen Einfluß, über die einzigartige Attraktion nachgedacht, die diese Stätten auf mich haben, an die mich ein so zärtlicher Bann bindet. Venedig ist eine wunderbare Stadt von einzigartiger Schönheit. Sie hat meine brennendste Neugier und eine geradezu passionierte Ergebenheit zu ihr wachgerufen. Sie zählt viele Menschen zu ihren Bewunderern und inbrünstigen Verehrern. Die einen lieben in ihr die Kunststadt, die andern die Stadt à la mode. Ihre Liebe ist Snobismus oder ein ästhetisches Anliegen. Manche sehen in ihr auch den Dekor für das Sentimentale, für Schwärmerei oder romantische

Melancholie. Manche werden durch die herrliche Vergangenheit und die weltweite Berühmtheit dieser Stadt des Wassers angezogen, deren Nimbus auch die bescheidensten und ignorantesten Gemüter anrührt. Ich für mein Teil leugne nicht, empfänglicher für die Pracht und Sinnenlust zu sein als für das Romaneske. Gegen Snobismus habe ich mich immer mit aller Kraft gewehrt. Nicht weil es Mode war, nicht weil ich andere nachahmte, habe ich Venedig geliebt, und meine Leidenschaft hat ihre Wurzeln weniger im sentimentalen als im ästhetischen Bereich. Natürlich hat mich die venezianische Kunst in Architektur, Malerei und im Bereich der Dekoration stark berührt. Ich habe mich an der wundersamen Kunstfertigkeit ihrer Handwerker, ihrem zarten Glas und den Spitzen erfreut, die in allen Schattierungen ihres Himmels und ihrer Lagune irisieren; doch nicht auf diesem Wege hat Venedig mich an sein Herz gezogen. Meine Verzauberung kommt woanders her. Vergeblich suche ich den Schlüssel, der mir seine geheimen Pforten geöffnet und hinter mir wieder verschlossen hat.

Wie oft habe ich in mir und in ihm das Lösungswort für dieses zärtliche Rätsel verfolgt! Warum empfinde ich, seit ich die venezianische Luft atme, diese Lust am Leben, wo die unbedeutendsten Vorgänge und die alltäglichsten Gedanken einen besonderen Wert, einen außergewöhnlichen Sinn bekommen und mir ein sonst ungewohntes Wohlbehagen vermitteln? Warum fühle ich mich dort mit den Dingen dieser Welt im Einklang, ihnen so nahe und so zugehörig? Warum läßt der Klang der Glocken am Himmel, das Geräusch eines Schrittes auf dem Pflaster mein Herz höher schlagen? Woher kommt dieser Gleichklang mit allem, was mich umgibt? Vielleicht ist es ein ferner atavistischer Einfluß? Trugen nicht zwei meiner Vorfahren einen italienisch lautenden Namen, und haben sie mir vielleicht solche obskure Seelenverwandtschaft vererbt?

Ich weiß es nicht; was wissen wir überhaupt von der Zeit vor uns? Was bewahren wir in dem, was wir sind, von dem, was wir vielleicht gewesen sind? Von diesen früheren Leben, die wir uns vorzustellen belieben und in denen wir zu gerne einige Spuren in uns wiedererkennen möchten, gibt es eines, dessen Andenken ich hier wiederfinde und das bewirkt, daß ich mich hier ebenso venezianisch fühle wie der Doge mit dem goldenen *corno**, dessen fürstliches Porträt ich bewundere, oder wie der arme *rampino,* der mit seinem Eisenhaken meine Gondel ans Ufer zieht.

Es ist jedoch nicht dieses frühere Leben, das ich auf diesen Seiten heraufbeschwören will, es ist das Leben, das ich wirklich in Venedig gelebt habe. Vielleicht hätte ich mich dort lieber als Zeitgenosse des 18. Jahrhunderts gesehen, des Venedigs von Goldoni, Gozzi und Casanova zu den Zeiten der Serenissima, als die Stadt auf dem Höhepunkt aller Lustbarkeiten war und ihre erlesenste Nuance in ihrer weichen und wollüstigen Dekadenz erreichte. Doch wenn ich es auch ein wenig bedaure, nicht die seidene *baùtta*** und die weiße *maschera**** getragen zu haben, danke ich dem Schicksal nicht weniger, das es mir vergönnte, im Venedig des Gestern und des Heute zu leben.

Es sind die langen Stunden vertrauter Intimität, an die ich mich zu erinnern versuche, in denen ich von Calle zu Calle, von Campo zu Campo streifte, wo ich mich auf den Kissen der Gondel in der lichten Einsamkeit der Lagune wiegte oder an das Holzgeländer der Altana lehnte und wo Venedig mir im Austausch für meine aufmerksame Zärtlichkeit einige der Geheimnisse seines Schweigens und seiner Schönheit anvertraute.

* Mütze des Dogen. (Anm. d. Verl.)
** Maskenmantel mit Kappe. (Anm. d. Verl.)
*** Maske, Verkleidung. (Anm. d. Verl.)

Auf der Altana

Venedig, im September 1899

Mit geschlossenen Augen lausche ich dem Rollen des Eisenbahnzuges und lasse in meinen Ohren die beiden Silben nachklingen, die ich soeben an der letzten Bahnstation gehört habe. Sie kündigen mir an, daß der langersehnte Augenblick sich nähert. Wie viele Reisende mögen sie gehört haben, diese Ansage! Sie eilt einem Namen voraus, der soviel Magisches in sich trägt! Es scheint mir, diese beiden Silben könnten niemanden mehr bewegen als mich. Ich wiederhole sie in einem fort, weniger um den Vorgeschmack zu genießen, als um mich zurückzuhalten, mir laut andere vorzusagen, deren harmonischer Wohllaut mir auf den Lippen liegt. Dabei könnte ich es sogar, ohne allzuviel Aufmerksamkeit zu erregen, in diesem nächtlichen Zugabteil tun, in dem ich seit vielen Stunden eingeschlossen bin, dessen morgendliche oder dämmrige Fensterscheiben sich abwechselnd erhellt oder verdunkelt haben, und in dem ich mich mit geschlossenen Augen vom monotonen Geräusch der Wagenachsen einlullen lasse.

Wie langsam schleicht dieser Zug dahin! Um mich von meiner Ungeduld und Erwartungsfreude abzulenken, könnte ich durch die Abteiltür blicken, denn ein schöner Mond überflutet das stille Land, doch mag ich nichts sehen, was mich von meinen Gedanken entfernt, ich mag nicht einmal auf meine Taschenuhr schauen, die mir die verspätete Ankunftszeit sagen könnte. Ich bleibe auf der Bank sitzen, bewegungslos, glücklich. Ich atme den Geruch des Abteils ein, diesen Geruch nach Stoff, Leder und Kohle, mit dem sich seit kurzem ein neuer, besonderer Geruch vermischt hat, den ich nicht kenne. Es scheint, daß die Luft sich aufgelockert hat, um sich von einer Art feuchter, weicher Schlaffheit durchdringen zu lassen, die nach

Gras und Wasser schmeckt, nach Wiese und feuchten Gräben, nach Schilf und Erde, und die, wie betäubend auch immer, die schläfrigen Reisenden aufgeweckt hat. Einige stehen bereits im Gang. Ein Bediensteter geht vor und trägt einen Koffer. Eine alte Engländerin mit dem Baedeker unter dem Arm drückt ihre Nase gegen die Scheibe. Der seltsame Geruch macht sich immer stärker bemerkbar. Das Pfeifen der Lokomotive dringt durch die Nacht. Allmählich wird der Zug langsamer, dann hält er an einem Bahnsteig. Wagentüren öffnen sich, unter dem grellen Licht der elektrischen Lampen eilen Gepäckträger vorüber. Ich setze den Fuß auf das Trittbrett, ich steige aus, ich sehe vor mir eine Tafel, auf der die Buchstaben des magischen Namens gedruckt sind: Venezia!

Fröhlich dringen bekannte Stimmen zu uns herüber. Das sind unsere Freundinnen, die uns willkommen heißen: »Endlich seid ihr da!« – »Ach, diese italienischen Züge!« – »Eine ganze Stunde Verspätung!« – »Gebt Carlo das Gepäck, damit er es an die Gondel trägt.« – »Wir haben den *felze** aufziehen lassen, es ist frisch, heute abend.« Carlo ist unübersehbar da. Ein großer, geschmeidiger, hagerer Bursche, sonnengebräunt, lange Nase, engstehende Augen, schwarzer Schnurrbart, dichtes Haar. Er ist barhäuptig, weißgekleidet, mit offenem Kragen, die Taille umschließt ein blauer Gürtel mit gelben Fransen. Wir gehen zum Ausgang und folgen einem engen Korridor. Plötzlich treten wir auf einen grobgepflasterten Kai hinaus, der an dunkles, silbern glänzendes Wasser stößt. Jenseits des Wassers bemerkt man eine Reihe von Häusern, eine Kirche, von einigen Stufen überhöht und von einer dicken Kuppel gekrönt, über der ein makellos runder Septembervollmond aufgegangen ist.

Dieser wunderbare Mond läßt am Bug der Gondeln ihren eigenartigen Schnabel aus gezahntem Metall so fremdartig aufleuchten und gibt ihnen ein irgendwie pharaonisches Aussehen, denn da liegen sie aufgereiht, die Gondeln von Venedig, schwarz und langgestreckt, düster und lebendig zugleich. Sie

* Regenschutz der Gondeln. Siehe S. 16 (Anm. d. Verl.)

bilden eine Herde, Lauftiere und Lasttiere in einem, sie sind das Nutzvieh des Meeres. Diejenigen, die liegengeblieben sind, drängeln sich, bieten sich an, im leichten Geplätscher des Wassers, im Lärm der Stimmen und Zurufe. Sieht es nicht so aus, als ob jene da die Kaimauer mit ihren leuchtenden Metallzähnen anfrißt? Eine andere dreht und wendet sich mit einer geradezu lässigen Grazie. Carlo ist verschwunden, aber da kommt er schon zurück. Unsere Gondel ist bereit, direkt an den Stufen. Der Felze bedeckt sie wie eine kleine schwarze Kajüte. Nun sind wir darin eingeschlossen. Carlo hat die Glastür zugesperrt, hat aber die beiden schmalen Seitenfenster offengelassen. Er gibt dem Gondoliere im Heck ein Zeichen. Ich sehe, wie er seinen Rücken im Takt über das Ruder beugt und wieder aufrichtet. Die Gondel gleitet über das mondbeschienene Wasser, entfernt sich von dem lärmenden Kai und vom Bahnhof dahin, wo, einmal entronnen, für uns ein neues Leben beginnt, das geheimnisvolle, das paradoxe, das süße venezianische Leben.

Wir finden Zugang zu ihm im Zeichen der Stille und des Schattens. Der weiche Geruch der Lagune von vorher hat sich in einen salzigen Geschmack verwandelt, viel herber, viel intensiver, ein Geruch nach Hafen und Gezeiten. Wir gleiten durch kleine Kanäle, die sich in hohe Fassaden aus Marmor oder Backstein eingraben, wo der Mond bizarre Dachluken, Reliefs, vorspringende Balkons sichtbar macht. Teils sind diese Fassaden im Wasser verankert, teils ruhen sie auf den engen Uferkais, deren Pflaster vom Schritt eines späten Passanten widerhallt. Es ist spät, und ein schlafendes Venedig bietet sich uns dar, wo allein das Licht der Straßenlaternen und einiger noch erleuchteter Fenster wacht. In der Stille höre ich, wenn die Kanäle sich kreuzen, den rauhen melancholischen Ruf der Gondoliere, manchmal sehe ich, wie ihr rudernder Schatten sich abzeichnet, größer wird, sich an einer nahen Mauer bricht, sich beim Näherkommen einer Brücke niederbeugt, die ein einziger Bogen, geschmückt mit einer grotesken Fratze, überwölbt. Verspottet er uns, der bärtige Gnom, oder warnt er uns, daß wir aus diesem nächtlichen Labyrinth nie mehr herausfinden? Plötzlich erscheint an der Ecke eines Palastes, in den byzantinische Medaillons eingelassen sind, der Canal Grande!

Da liegt er vor uns, herrlich, halbmondförmig, aber wir bekommen ihn nur flüchtig zu Gesicht. Die Gondel hat ihn schräg überquert, um sich aufs neue in das Gewirr des gegenüberliegenden Ufers einzufädeln. Von neuem das stille Wogen, die gleichen dunklen oder mondbeschienenen Fassaden, die gleichen geschwungenen Brücken, wo bärtige Fratzen Grimassen schneiden, der gleiche Geruch nach Meer. Dann erscheint wiederum der Canal Grande in seiner halbmondförmigen Gestalt, wird wiederum überquert, und die Gondel, die das jenseitige Ufer erreicht hat, pirscht sich an ihm entlang, bis sie sich zwischen großen Pfählen, die aus dem Wasser herausragen, hindurchwindet und an den feuchten Marmorstufen anlegt. Dort reicht Carlo, eine Laterne in der einen Hand, uns die andere, um uns an Land zu helfen, bevor wir ein großes Vestibül mit ebenso glitschigen Steinfliesen erreichen, das von hohen, vergoldeten Laternen erleuchtet ist.

Auch der große Speisesaal, wo man uns fürsorglich zum Abendessen bittet, ist freundlich erleuchtet. Doch es ist schon spät, und die Reisenden brauchen Schlaf. Das Zimmer, in das ich geführt werde, liegt im dritten Stock des Palastes. Es ist im englischen Stil möbliert, mit niedrigen Büchergestellen ausgestattet, die von praktischen, jedoch umständlich zu erreichenden Wandregalen überragt sind. An der Decke schaukelt ein dicker Fisch aus rotem Lack. Unter meinem Fenster entdecke ich einen winzigen Garten, in dem ein Springbrunnen rauscht. Ich lausche dem sanften Geräusch, mir scheint, er wiederholt leise immer wieder das Zauberwort: »Du bist in Venedig, du bist in Venedig ...«

Ich habe noch keine Lust zu schlafen. Wohin mag wohl die kleine Stiege führen, von der ich, als ich mein Schlafzimmer betrat, auf dem Treppenabsatz die ersten Stufen bemerkt hatte? Vielleicht auf irgendeinen Speicher? Probieren wir es aus. Sie endet an einer Tür, die nur zugeklinkt ist. Ich öffne sie und befinde mich im Freien auf einer hölzernen Plattform, die von einem Schutzgitter umgeben ist. Diese Terrasse, dieser Ausguck sitzt auf dem Dach des Palazzo. Von hier aus habe ich den Blick auf seine alten Dachziegel und bin seinen hohen Schornsteinen ganz nahe; einer endet in Form eines Würfels, der andere sieht wie ein Trichter aus. Was ich sonst noch sehe? Ein leuchtendes Stück des Canal Grande, die Rundung einer Kirchenkuppel, andere Dächer, andere Schornsteine, alles umhüllt von tiefem Schweigen. Doch erahne ich in der Ferne ein stetiges dumpfes Murmeln, von dem ich erst später erfahre, daß es das Rauschen der steigenden Flut ist, die an den Strand des Lido hinaufleckt. Doch heute abend ist dieses Gemurmel für mich nur der Atem der schlafenden Zauberin und der Seufzer ihrer Schönheit. Heute abend, in dieser schönen Septembernacht des Jahres 1899, weiß ich nur eines, daß dieses Schweigen, dieser Mond, dieser Palast, diese luftige Terrasse, die ich noch nicht Altana nenne, daß dies alles Venedig ist und daß ich glücklich bin...

Als ich heute morgen hinunterstieg, um meinen ersten Spaziergang durch Venedig zu machen, blieb ich überrascht auf der letzten Treppenstufe stehen. Vor mir liegt das Vestibül des Palastes. Das Wasser bedeckt wieder das Marmorpflaster und spiegelt sich in der Decke. Es umspielt die Zwergorangenbäumchen, die in ihren großen braunen Tontöpfen auf anderen umgestülpten Blumentöpfen stehen, die ihnen als Untersätze dienen und sie aus dem Wasser herausragen lassen, in dem sich ihr glänzendes Laub spiegelt. Jenseits, durch das Eingangstor hindurch, sehe ich den Canal Grande und sein bewegtes Wasser. Es herrscht Flut, deren Steigen ich als fernes Geräusch von der Adria her gehört hatte. Man spürt sie mitten in Venedig, diese Gezeiten, sie durchspülen es mit frischem Wasser, und so reinigen sich seine kleinen Kanäle. Die Jugend des Meeres dringt in die Adern der Stadt ein. Wegen der Hochwassergefahr haben viele Paläste Eisentore. Andernfalls ist unten an den hölzernen Torflügeln ein freier Raum ausgespart, damit sich die Flut verlaufen kann. Heute sind Holzplanken ausgelegt worden, damit man trockenen Fußes die Gondeln erreichen kann.

Die Gondel wartet auf uns, angeseilt an die farbigen Pfähle, an die *pali,* wie man sie nennt, und schon kommt sie auf uns zu, lang, wendig, folgsam, stolz und schwarz. Ich betrachte sie mit freundschaftlichen Gefühlen. Wird sie nicht eine Gefährtin sein und eine tägliche Dienerin? Hat sie mich nicht schon gestern abend gut hierher gebracht, und wird sie mich nicht von nun an jeden Tag quer durch Venedig fahren? Ich verfolge sie mit den Augen. Auf ihrem erhöhten Heck, das mit einem Teppich bedeckt ist, hält sich einer der Gondoliere im Gleichgewicht, indem er seine lange Ruderstange auf einer Art hölzernem Pilz abstützt. Der spitze Bug endet in dem gezähnten Eisen. Ein kleines kupfernes Horn dient dazu, abends ein Warnlicht zu befestigen, und tagsüber schmückt es sich mit einer Blume. Unter dem Heck liegen ein schwarzledernes Rückenpolster sowie die Sitzkissen, zu denen noch ein Schemel gehört, wenn die beiden parallel laufenden Seitenbänke nicht ausreichen. Zwei Seepferdchen aus Kupfer, eine Schnur mit Seidenquaste, die einem beim Aufstehen hilft, sind an der Bordwand befestigt. Alles glänzt, ist blankgewienert und schlicht. Alle Gondeln haben dieselbe Form und unterscheiden sich nur durch die Qualität des Leders oder den mehr oder weniger glänzenden Firnis. Herrschaftsgondeln haben zwei Ruderer. Im Sommer sind sie weiß gekleidet und tragen dazu farbige Gürtel. Der Gondoliere im Heck lenkt und stößt den Warnruf aus. Der Gondoliere im Bug gibt die Streckenführung an, hilft den Fahrgästen beim Einsteigen, leuchtet ihnen abends mit seiner Laterne und breitet unter ihren Füßen einen Teppich aus, um das Ausrutschen auf den feuchten Stufen der Anlegestellen zu verhindern. Wenn es regnet oder wenn es kühl wird, stülpt man den bizarren Felze genannten Schutz über die Gondel, der mit seinem gewölbten Dach, seinen kleinen Schiebefenstern oder Holzfüllungen wie die Hälfte einer Kutsche ohne Räder aussieht. Heute morgen jedoch ist von Felze keine Rede. Heute haben wir einen strahlenden, sonnigen Morgen, und in dieser freundlichen Atmosphäre verlassen wir zum ersten Mal den Palazzo Dario, nachdem wir noch einen Blick auf seine weiße Marmorfassade geworfen haben, in die Plaketten aus Serpentin eingelassen sind und dessen Dach mit den schönen, rostroten Ziegeln die hohen Schornsteine und die Altana dominieren, von der aus ich gestern abend das ferne Meeresrauschen gehört hatte.

Man ist nicht »Venezianer«, bevor man nicht den Fuß auf die Marmorfliesen der Piazzetta gesetzt hat, und dahin führt uns unser Weg. Zwischen den beiden weit auseinander tretenden Ufern des Canal Grande steuert die Gondel nun auf den *bacino* zu. Rechts erhebt sich über ihrer noblen Freitreppe die Kirche Santa Maria della Salute. Mit ihren Marmorvoluten und ihren architektonischen Schnörkeln gleicht sie einer Riesenmuschel; hoch am Himmel glänzt am äußersten Ende der Dogana di Mare die goldene Statuette der Fortuna. Links vom Palazzo Corner della Cà Grande reihen sich andere alte Patrizierpaläste aneinander, die zu Hotels geworden sind. Wir begegnen Gondeln, Barken, dem *vaporetto,* der an der Brücke pfeift. Dann weitet sich der Ausblick. In der Lagune taucht auf seiner Insel San Giorgio Maggiore mit seiner Palladio-Fassade und seinem roten Glockenturm auf. Gegenüber zeigt sich die Riva, deren Kai sich bis zu dem fernen Grün der *giardini pubblici* erstreckt. Wer eigentlich hatte von der Tristesse Venedigs gesprochen? Er hat nie diesen glühenden und doch so zarten Himmel gesehen, diese Fülle von Wasser, diese Bewegung, dieses vom Meer bestimmte Leben. Er hat gewiß nie diese salzige Luft geatmet, die Glocken gehört, und er hat nicht diese beiden triumphal aufsteigenden Porphyrsäulen gesehen, deren eine oben auf ihrem byzantinischen Kapitell den standhaften Flug des geflügelten Bronze-Löwen trägt.

Ich betrachte sie, während die Gondel an der Mole anlegt. Über seinen Arkaden mit den gedrungenen Pfeilern steht massig der Dogenpalast, geschmückt mit dem kriegerischen Spitzenwerk seiner Mauerzacken, die eingeritzte rosa Arabesken wie eine Flechtarbeit durchziehen. Ihm zur Seite die Bibliothek von San Marco aus weißem istrianischem Stein, von Statuen überragt. Sanft erwärmt die Sonne die klobigen Steinplatten der Piazzetta, die den Markusplatz verlängert. Seine weite Fläche wird von den beiden Prokuratien eingerahmt, bei denen sich die prunkvolle Grazie der Renaissance und gotische Strenge gegenüberstehen. Am Fuß des Campanile lächelt die reizende Loggetta des Sansovino dem ernsten Markusdom zu, der seine Stirnwand und seine Quadriga unter fünf zinnfarbenen Kuppeln schützt und der, unbeweglich und verehrungswürdig, in der Pracht des Marmors und dem gedämpften Glanz des Goldes Wache hält. Er liegt nicht isoliert wie Notre-Dame de Paris auf ihrer Heimatinsel La Cité; er ist mit dem Leben der Stadt verbunden, deren herrliche Vergangenheit er in sich zusammenfaßt. Venedig pflegt vertraulichen Umgang mit seinem antiken Heiligtum. Der Markusplatz ist das Herz Venedigs, die große Promenade, wo man flaniert und wo man sich trifft, der Mittelpunkt der Eleganz und des Vergnügens. In den Arkaden der Prokuratien liegen die Ladengeschäfte und die Kaffeehäuser nahe beieinander. Hier werden die venezianischen Spezialitäten und Leckereien feilgeboten. Die *granite* und Sorbets sehen wie gefrorenes Glas aus, die Glaswaren imitieren in ihrem Einfallsreichtum feinste Spitzen. Der Markusplatz gehört allen, den Fremden wie den Venezianern. Er gehört aber auch den Tauben. Sie wimmeln auf dem Pflaster wie geflügeltes Ungeziefer, hier picken sie die Körner, die ihnen gestreut werden, hier machen sie es sich bequem. Zuweilen schwirren sie einem haarscharf am Gesicht vorbei. Sie posieren für Ansichtskarten, sie fühlen sich wie zu Hause, aber – warten wir es ab! Auf dem Zifferblatt des alten Uhrturmes geht der Zeiger auf zwölf Uhr, und wenn die Kanone von San Giorgio Maggiore die Mittagsstunde ankündigt, erhebt sich, starr vor Schreck, das ganze kopflose Taubengeschwader in einem Schwall unter dem verzeihenden Blick der vier Barbarenkönige, die als Relief in eine Mauerkante von San Marco eingelassen sind, das Schwert an der Seite, den Helm auf dem Kopf, in ihrer waffenstarrenden Umklammerung wie mit dem Porphyr verwachsen...

So wie ich es nicht »absichtlich« eingerichtet hatte, an einem Vollmondabend in Venedig anzukommen, genauso habe ich mir geschworen, mir jeglichen Lyrismus und Romantizismus zu versagen. Warum auch immer den Eindrücken, die man empfangen hat, etwas hinzufügen wollen? Venedig hat die Lobhudler nicht nötig. Seine Schönheit genügt sich selbst; es ist überflüssig, daß man übertreibt, um seinen Charme zu verspüren. Man muß sich dazu zwingen, es zu nehmen, wie es ist, man muß Genauigkeit und Ernsthaftigkeit walten lassen, denn man kann Venedig lieben, ohne exaltiert zu sein und ohne Außergewöhnliches zu erwarten.

Es entwickelt soviel Anmut, daß sich hier sehr rasch ein mildes Glücksgefühl einstellt, eine Art freundschaftlicher Gelöstheit, diskreter Freude, zärtlicher Dankbarkeit; man muß sich diesem köstlichen Vergnügen hingeben. Vernünftiges Einverstandensein mit allem, was einen umgibt, Zurückhaltung statt übertriebener Bewunderung, genußvoller Müßiggang am schönsten Ort der Welt, das nennen unsere Freundinnen aus dem Palazzo Dario »ein guter Venezianer zu sein«. Mir scheint, ich fühle mich bereits als guter, ja als ausgezeichneter Venezianer.

So gut, daß ich mich, und sei es nur vor mir selbst, genieren würde, das in übertriebenem Ton zu Papier zu bringen, was ich empfand, als ich San Marco betrat oder den Dogenpalast besichtigte. Alles, was ich zu sagen habe, ist dieses: San Marco schien mir eher ein Reliquienschrein als eine Kirche zu sein. Man könnte seine Dimensionen auf das Körpermaß eines Heiligen reduzieren, den man in ein Reliquienkästchen einschließt. Venedig hat dieses monumentale Reliquiar mit seinen Beutezügen angereichert und es mit den Wunderwerken seiner Kunst geschmückt. Mit welcher Behutsamkeit ist man mit dem kostbaren Marmor, mit den kostbaren Trümmerresten der Antike umgegangen! Welch schönes Weiterwirken byzantinischer Tradition in den hierarchischen Mosaiken der Gewölbe und den ornamentalen Mosaikböden! Wie liebe ich die nicht restaurierten Partien in ihrer Ungleichmäßigkeit, ihren Unebenheiten!

Indem man San Marco betritt, hat man den Eindruck, in eine Schatzkammer einzudringen, man fühlt sich angezogen von dem Mysterium dunkler Winkel, in denen Lampen schimmern, deren Licht Geheimnis und Ferne ausstrahlt. Doch zu wessen Ehre eigentlich ist dieser Tempel erbaut worden, den bei Hochwasser die Flut umspielt, die die Lagune überlaufen läßt? Wem haben sie ihn geweiht, die großen Überseekaufleute, dem Evangelisten mit dem Löwensymbol oder dem Genius der Stadt?

Gleich nebenan haben sie ihr Haus errichtet, diese mächtigen Herren zu Lande und zur See, und sie haben es wunderbar und einzigartig gefügt. Dort haben sie gelebt, den Hermelin um die Schultern, den goldgewirkten Corno auf der Stirn, im Senat, inmitten ihrer Inquisitoren, ihrer Prokuratoren, Proveditoren, ihrer Weisen, inmitten des komplizierten Mechanismus, der die Republik in Gang hielt, in den weiten, goldüberladenen Sälen, deren Fenster auf die Lagune und auf die Fahrrinnen ins Meer weisen und von wo aus sie ihre Galeeren sehen konnten, die sich um den hochzeitlichen Bucintoro scharten. Hier oben, über der Scala d'Oro, lebten sie vom Tage ihrer Krönung an bis zu ihrem Todestag, an dem sie in pompösen Gräbern bestattet wurden, über denen sich noch heute in der Frari und in San Giovanni e Paolo liegend oder stehend ihre stolzen Standbilder erheben. Dieses und ihre Namen sind das einzige, was von ihnen in der Geschichte blieb, denn ihr Palast ist jetzt nur noch Museum. Er gehört nun Tintoretto, Tizian, Veronese, den Touristen, den Fremdenführern...

Meinen Freundinnen habe ich es zu danken, daß ich Venedig nicht als Tourist besichtige. Ihre liebenswürdige Sachkunde geleitet mich zum Wesentlichen und zum Schönsten. So nehme ich von diesem ersten, viel zu kurzen Aufenthalt ein wenn auch unvollständiges, so doch wohlgefügtes Bild mit nach Hause. Um Venedig wirklich kennenzulernen, braucht es viele Monate vertraulichen Umgangs. Unsere Freundinnen haben diesen Umgang ständig, sind sich aber nicht zu schade, sich für meine Neugierde zu opfern. Mir zuliebe machen sie kleine Abstriche an ihrem gewöhnlichen Tagesablauf, um mich auf meinen Spaziergängen zu begleiten. Jedoch bringen sie so viele ihrer Alltagsgewohnheiten mit ein, daß ich den Eindruck habe, mit ihnen gemeinsam an diesem typisch venezianischen Leben teilzunehmen. Es ist ganz und gar das ihre, und ich habe nicht das Gefühl, »auf der Durchreise« zu sein. Ihre Gastfreundschaft erspart mir die Banalitäten des Hotels, und ihre Freundschaft tut ein übriges. Durch sie werden mir manche lokalen Sitten und Gebräuche nahegebracht. Meine Unterweisung geht allmählich vonstatten: Heute wird ein Museum besucht, eine Kirche, ein Palazzo, eine *scuola* oder ein Geschäft, ein anderes Mal geht es mit der Gondel durch die Kanäle oder zu Fuß durch die *calli*. Oder aber ich flaniere auf der Piazza und der Piazzetta, verweile vor den Auslagen in den Prokuratien oder der Merceria, durchstöbere die Lädchen auf der Rialto-Brücke, mache einen längeren Halt bei den Antiquitätenhändlern. Häufig wird nach den Mahlzeiten auf der Altana der Kaffee serviert, oder man sitzt zur Teestunde um den runden Tisch, denn es empfiehlt sich, bei Sonnenuntergang, da die Luft sich unvermittelt abkühlt, nicht im Freien zu sein.

Nach dem Tee und vor dem Abendessen geht man dann nochmals auf die Piazza, wo man sich schon morgens eingefunden hatte, um den mittäglichen Kanonenschuß mitzuerleben. Keine Stunde ist erlesener als die, in der Venedig in der Dämmerung seine Lichter anzündet. Die Stimmung ist voller Geheimnisse. Die Gondel erwartet uns an der Luna oder in San Moisè, und wir kehren durch das Labyrinth der engen *rii* zum Palast zurück. Zwar herrscht noch kein nächtliches Schweigen, doch hat Venedig seine eigene Art, geräuschvoll zu sein. Stimmen und Schritte hallen angenehm in dieser Luft, und in den Kanälen, diesen Schächten aus Stein und Wasser, wird alles zurückgeworfen. Zuweilen blockiert eine schwarze Peatte* den Weg; das bringt die Gondeln in die Klemme, denn die Gondoliere sind nicht immer geduldig. Schimpfworte fliegen hin und

* it. peota = für Venedig typischer Lastkahn. (Anm. d. Ü.)

her, doch ziemlich rasch ist alles wieder friedlich. Die Bordkanten berühren sich, Bug scheint an Bug zu stoßen, die Ruder scheinen sich zu verheddern, dann fährt jeder wieder seines Weges, während die Neugierigen, die sich einen Augenblick auf der Brücke angesammelt hatten, wieder schlagerpfeifend ihren Geschäften nachgehen.

Manchmal kehren wir, wenn der Tag zur Neige geht, auf malerischen Umwegen zu Fuß zum Palazzo Dario heim. Alle Calli Venedigs sind gepflastert, und es ist strapaziös, auf ihnen zu laufen. Es wird noch erschwert durch die Stufen, die bei jeder Brücke hinauf- und hinabgestiegen werden müssen – und es gibt zahlreiche Brücken. Jeder Calle hat sein Namensschild, oft noch mit der Bezeichnung des Quartiers, des *sestriere*, und der Pfarrei, der *parrocchia,* doch leider genügen diese Angaben nicht, um einem eindeutig den Weg zu weisen. Man muß sich von einer Art Instinkt leiten lassen, den man schnell erwirbt. In Venedig sind die direkten Wege rar. Man kommt nur durch ein verschlungenes Gewirr von Calli, die sich alle gleichen, von einem Punkt zum andern, ob sie nun *via, strada, salizzada, ruga, rughetta* heißen oder gar *rio terrà,* weil sie auf dem Grund eines einstigen, trockengelegten Kanals verlaufen. Welches Vergnügen aber auch, sich in dieser pittoresken Vielfalt verirrt zu glauben, einen weiträumigen *campo* oder einen kleinen *campiello* zu überqueren, unter einem *sotto portico* hindurchzuschlendern, einer *fondamenta* zu folgen, in einen *ramo* hineinzugeraten, der uns dahin zurückführt, woher wir gerade gekommen sind, an einen *corte* oder an einen *cortile* ohne Ausgang zu stoßen oder aber an einen querverlaufenden Rio, der den Weg versperrt und zur Umkehr zwingt, während ein Spaßvogel oder eine Gevatterin einem spöttisch »Aqua! Aqua!« hinterherrufen.

Wenn man zwanglos die Calli und die Campi durchstreift, kommt man mit dem Volk von Venedig in Kontakt und gewinnt eine Vorstellung von seiner sanften und pittoresken Armut. Was für rührende Beobachtungen kann man dann machen! Hier der Balkon, wo bunte Lumpen zum Trocknen hängen, dort der Vogelkäfig, der zwischen zwei Blumentöpfen aufgehängt ist, der kleine Korb, der an einer Schnur baumelt und in den der Briefträger die Post legt, die alte Frau, die vorsichtig in einer halben Eierschale das Salz heimträgt, das sie gerade gekauft hat, und die armseligen Lädchen: kümmerliche Metzgereien, Obststände mit Auslagen, buntscheckig wie Harlekins, Trödellädchen, dunkle Spelunken, wo man die *cucina casalinga* kocht und wo man die *vini nostrani* verkauft, wo man eine Grappa-Flasche sieht, in der ein Basilikumpflänzchen grünt! Und in diesen Calli trifft man das Volk von Venedig, Bürger und Hausfrauen, Ladenbesitzer und Handwerker, Näherinnen und Angestellte. Hier trifft man die lustigen oder ernsten Mädchen der Lagune mit den langen Fransenschals um die schmalen Schultern, mit Schildpattkämmen und Haarnadeln in der hochgetürmten Frisur, die der Seemuschel ähnlich sieht.

Aber man muß sich auf den Heimweg machen, und wenn man sich zu weit entfernt hat, ist der hilfreiche *traghetto** zur Stelle. Da ist gerade einer. Sie stehen wechselweise an den beiden Seiten des Canal Grande, sehen alle gleich aus, haben einen hölzernen Landesteg, der manchmal ein von wildem Wein und Glyzinien beranktes Wartehäuschen trägt. Dort findet man Leihgondeln und jederzeit eine Gondel nach Fahrplan. Ist die Gondel nicht an dem Ufer, auf dem man selber ist, braucht man nur *Poppe* zu rufen, und alsbald sieht man sie losfahren und auf einen zukommen. Die Überfahrt kostet nur eine Kleinigkeit, man legt das Geld beim Aussteigen auf die Sitzbank. Manchmal ist man allein, manchmal in Gesellschaft, wobei die Venezianer während der kurzen Fahrt meist stehen bleiben. Es ist nicht angenehm, wenn man zu nahe an einem Traghetto wohnt. Die Gondoliere sind laut und schwatzhaft, sie reden und diskutieren pausenlos miteinander. Auch tauschen sie nicht nur, wie das früher gewesen sein soll, Stanzen von Tasso aus. Doch hat man mir einen gezeigt, der offensichtlich ein Poet ist. Er ist ein Mann mit glattrasiertem Gesicht, Mund und Nase stehen weit auseinander, was ihm das Aussehen eines Einfaltspinsels aus der

* Fährboot. (Anm. d. Verl.)

Komödie verleiht. Er heißt Pasqualino. Er schreibt in den Zeitungen, und er lenkt seine Gondel: er vereint Ruder und Reim. Sein Traghetto liegt in San Gregorio, nicht weit vom Palazzo Dario, und er korrespondiert mit dem von Santa Maria Zobenigo am andern Ufer des Kanals. Mit ihm fahren wir häufig zum Markusplatz oder auch von dort zurück, wenn Carlos Gondel nicht vor dem Palazzo bereitliegt.

Zu dem Vergnügen der Promenaden innerhalb Venedigs gesellt sich noch ein zweites. Rund um die Stadt gibt es die Lagune und die Inseln. Sie liegen in großer Zahl auf der weiten seichten Wasserfläche, die Venedig umschließt. Auch die Stadt selbst besteht aus mehreren Inseln; die beiden größten sind durch den Canal Grande voneinander getrennt, und eine dritte, die Giudecca, duckt sich mit ihren niedrigen Häusern, ihren Gärten und ausgedehnten Ländereien unter das Schutzdach dreier Kirchen, Santa Eufemia, Il Redentore und Le Zitelle, die ihre Glocken mit den zahllosen tönenden Schwestern vereinen, die in den venezianischen Glockentürmen schwingen. Sie tragen wohlklingende Namen, diese Inseln der Lagune. Heißt nicht eine von ihnen Gracia? Dort drüben liegt San Giorgio in Alga. Dort San Clemente und Santa Elena. In der Ferne San Lazzaro, wo Byron die armenischen Mönche aufsuchte, die die Insel noch immer bewohnen. Sie alle liegen in der äußeren, der lebenden Lagune, wo die Gezeiten am meisten zu spüren sind, während sie kaum die innere Lagune erreichen, wo San Francesco del Deserto aus Algen und Schlick emporsteigt und wo sich die Perlenschnur des venezianischen Archipels aufreiht: Burano, die Spitzenklöpplerin, Mazzorbo, Torcello, die Einsame, Murano, wo die Glasbläser am Werk sind, San Michele, die Ruhestätte der Toten, wo die Zypressen die hohe rote Mauer überwachsen. Um sie zu besuchen, braucht man mit der Gondel eine ganze Weile, doch gerade während solcher Überfahrten lernt man die Lagune und ihre Mäander erst kennen.

Diese Wasserfläche, ebenmäßig glatt, ist ein herrlich empfindsamer Spiegel aller Himmelsschattierungen, doch genauso unbeständig und geheimnisvoll wie das komplizierte venezianische Labyrinth. Man kann sie nicht aufs Geratewohl überqueren, man muß ihre Stunden und ihre Besonderheiten kennen. Unter äußerer Uniformität verbirgt die Lagune ihre Straßen und Wege, ihre Kreuzungen und Sackgassen. Um sich da hineinzuwagen, muß man um die Untiefen und die Fahrrinnen wissen. Die Lagune ist eine unendliche Fläche von Algen, die das Wasser oft mit einer dünnen, schwammigen Schicht zudeckt und dann bei sinkendem Wasserstand wieder teilweise bloßlegt. Sie ist unterschiedlich tief. Ständig wird sie verändert durch die Arbeit der Strömung, die sie aushöhlt und verwirft, die Schlick und Schlamm anschwemmt. Stellenweise ist sie fast verlandet; zur Zeit der Ebbe tauchen neu entstandene Inselchen auf. Die Lagune ist hinterhältig. Man sollte sich nicht auf die eigenen Navigationskünste verlassen. Es erfordert Geschicklichkeit, sonst strandet man unweigerlich. Auch die wendige Gondel entgeht dem nicht.

Doch gibt es für sie einen Ausweg. Siehst du nicht auf der bewegten Wasserfläche diese dicken, geteerten Pfähle, zu dritt gebündelt, wie die Spargel aus Neptuns Garten? Das sind die Pali. Sie zeigen dir den Weg, sie markieren die Fahrrinne. Ihre schwarzen Grüppchen stecken – wie Nadeln im Stoff – in dem glänzenden Moiré-Muster der Lagune. Ihnen verdankst du, daß du sicher in Murano landest, daß du das ferne Torcello erreichst, daß du unter den Zypressen und Pinien sitzen kannst, die das Franziskanerkloster San Francesco del Deserto beschatten, daß du im Wiegen der Gondel friedlich das zauberhafte Spektakel der Lagune von Venedig genießen kannst. Ich kenne nichts Seltsameres und Fesselnderes.

Hier ist man in der Einsamkeit und im Schweigen des Lichtes. Hier hat die Lagune all ihren Glanz und all ihre Zartheit, alle Freuden und alle Melancholie. Der Himmel von Venedig findet in der Lagune seinen leuchtenden Widerschein, seinen flüssigen Spiegel. In ihr reflektieren seine Morgen und seine Mittage, er läßt sie in seinem Mondlicht erstarren und bestreut sie mit seinem Sternenflitter. Zuweilen verehrt er ihr eine dieser herrlichen Wolken, aufgeplustert und spitz zulaufend wie eine Dogenkappe. Er läßt sie in dem Goldtresor seiner Sonnenuntergänge purpurn flammen, er legt die Schleier der Dämmerung über sie. Die Lagune gehorcht ihm stumm und ergeben. Sie umgibt Venedig mit stetiger Wachsamkeit, sie bewahrt ihm seine Schönheit, und auf ihrem transparenten Tuch bietet sie es den Augen als einen wunderbaren Korb dar, geflochten vom Genius der Erde und vom Geist des Wassers.

Nichts ist bewegender und schöner, als von der toten Lagune aus den Abend über Venedig sinken zu sehen. Die Glut des Sonnenuntergangs verlischt, alle Farben entfärben sich, werden zu luftiger Asche, werden immer schwächer und verschwommener, verlöschen schließlich. In der Ferne liegt Venedig, unbestimmt und doch wirklich. Kein Geräusch als das der Ruder. Die dicken schwarzen Pali erscheinen wie verkohlt, weil die Feuer des Sonnenuntergangs verschwunden sind. Langsam gleitet die Gondel dahin. Das gezähnte Eisen scheint die Stille anzufressen. Algen streichen vorbei. Der Weltenraum ist friedlich; die Zeit existiert nicht mehr für die glücklichen Schatten, zu denen man selbst geworden ist. Von diesem Schweigen, von dieser Einsamkeit geht keine Trauer aus, sondern ein Gefühl der Ruhe und Gewißheit. Morgen ist alles wieder da, was sich zu dieser Stunde verflüchtigt und verwischt. Das Licht wird die Asche zerstreuen, die es verschleiert hatte. Morgen wird Venedig wiedergeboren, lächelnd und sanft, wenn die Morgensonne die alten Steine und den antiken Marmor streichelt. Jetzt zündet es im Dunkel seine Lichter an. Die Gondel ist unter dem noblen Brückenbogen des Ponte dei Mendicanti hindurchgeglitten. San Giovanni e Paolo beherrscht den engbrüstigen Platz, wo auf seinem Piedestal ritterlich, ehern Bartolomeo Colleoni in kämpferischer Pose verharrt. Da liegt Santa Maria Formosa, der Canal Grande und dahinter die weiße Marmorfassade des Palazzo Dario, wo das Leben süß ist, wo man glücklich ist . . .

Der Palazzo Dario in Gregorio liegt mit seiner Wasserfront zum Canal Grande, zwischen der Salute und der Accademia, gegenüber dem Palazzo Corner della Cà Grande, und seine Landseite liegt am Ende des kleinen Calle Barbaro, der ihn vom Palazzo Volkoff trennt. Der kleine Rio della Torresella trennt ihn von dem Gebäude, das wir die Macerata nennen, nach dem ehrenwerten Kaufmann genannt, der hier ein *deposito di vino* eingerichtet hat. Er ist im lombardischen Stil erbaut und stammt vom Ende des 15. Jahrhunderts. Der dalmatinische Kaufmann, der durch den Seehandel reich geworden war, dedizierte ihn dem Genius der Stadt, wie die lateinische Inschrift beweist, die in sein Fundament graviert wurde, wo man sie noch heute lesen kann, und die die Worte trägt: *Urbis genio Johannes Darius*. Wie bei allen Palästen Venedigs ist nur seine Schauseite mit Marmor verkleidet. Die Seitenwände und die Rückwand haben einen rötlichen Verputz. Diese Fassade aus weißem und graurosa geäderten Marmor ist mit verschiedenfarbigen Marmorscheiben unterschiedlicher Größe geschmückt. Serpentin und antikes Grün herrschen vor, eine buntfarbige Bordüre bildet die Umrandung. Vielleicht, weil seine Grundpfähle sich mit der Zeit gesenkt haben oder weil die Konstruktion insgesamt sich verschoben hat, ist der Palazzo Dario leicht schief, eine Unregelmäßigkeit, die zu seiner zierlichen Grazie beiträgt. Er ist nicht besonders groß, wirkt aber durch seine Schmuckelemente in elegantem byzantinisch-gotischem Stil ungemein kostbar. Die Fenster seiner drei Stockwerke sind kurios angeordnet. Auf der linken Seite sind sie zu vier und vier zusammengefügt, auf der rechten befindet sich in jedem Stockwerk nur eines, das von denen des korrespondierenden Stockwerks durch einen breiten Marmorfries getrennt ist, in den die Scheiben, von denen ich bereits sprach, eingelassen sind. Im Erdgeschoß umgibt die gleiche Zahl von Fenstern auf jeder Seite das Eingangstor, das ein Eisengitter versperrt. An den Stufen dieses Tores pflegt die Gondel anzulegen.

Das Vestibül, durch das man den Dario betritt, ist gepflastert, und seine Wände sind mit Marmor verkleidet. Zwergorangenbäumchen in großen Tontöpfen und zu Kugeln zurechtgestutzt, dienen als Dekoration. Der Palazzo besitzt elektrisches Licht.

Glühbirnen haben die alten Wachsstöcke in der schön gearbeiteten vergoldeten Galeerenlaterne ersetzt. Vom Vestibül geht die Treppe aus, die die drei Stockwerke des Hauses miteinander verbindet. Sie ist eng und ziemlich unbequem, ohne Geländer und Handlauf. Ihre Stufen sowie die Wände des Treppenhauses sind aus weißem Marmor. Auf jeder Etage wird es durch einen engen Vorplatz unterbrochen.

Unter den verschiedenen Sälen des ersten Stockwerks ist der bedeutendste eine Galerie, die in ihrer Ausdehnung die ganze Länge des Palastes einnimmt. Auf den Bodenfliesen liegen Orientteppiche in harmonischen Farben, die Decke hat sichtbare Balken, die sich auf ein Reliefsims stützen. Eine ganze Seite dieser Galerie ist mit dem Chorgestühl einer alten Kirche ausgefüllt, und weitere Möbelstücke ergänzen das stilvolle Dekor: massive Holztische, majestätische Sessel, jede Art von Stühlen, nicht zu vergessen zwei große Armilla-Weltkugeln zur Messung der irdischen und himmlischen Kreise. Im Hintergrund sieht man auf ein kleines in die Wand eingelassenes Wasserbecken, in dem eine winzige Fontäne murmelt. Die gleiche Galerie wiederholt sich im darüberliegenden Stockwerk, wo sich der Speisesaal und der rosa Salon befinden.

Er ist tatsächlich mit einem alten rosa Seidenstoff bespannt, durchwirkt von kleinen Blumengirlanden in einem sehr sanften Blaßrosa. Man betritt den Salon durch eine Tür, die inwendig mit Spiegelquadraten belegt ist. Die rückwärtige Wand wird fast ganz von einer vergoldeten Holzkonsole eingenommen, die einen Spiegel in wuchtigem Goldmuschelrahmen im pompösen Geschmack des 18. Jahrhunderts trägt. Aus der gleichen Zeit stammt auch der Rokoko-Ofen aus weißer Fayence in einer Ecke des Saales. Gegenüber steht der Kamin, über dem ein weiterer Spiegel hängt, auf dessen Rahmen sich bizarre Schiffstaue, Anker, Kompasse, Segelrollen, Navigationsinstrumente ineinander verschlingen – Phantasmagorien eines Reeders aus alter Zeit. An den Wänden sieht man eine ganze Anzahl von Bildern: das großformatige Porträt einer Aristokratin von Longhi, ein zweites Porträt, bei dem das Gesicht der Dame von einer seltsamen schwarzen Maske verdeckt ist, wie es für Venedig typisch war. Hier und da stehen bezaubernde Nippsachen herum und ein großer Paravent, auf dem ein geschickter Maler chinesische Szenen nachempfunden hat; die Chinoiserien kamen nämlich zu Carlo Gozzis Zeiten in Mode, als er die Geschichte von der schönen chinesischen Prinzessin Turandot auf die Bühne brachte. Im rosa Salon werden gewöhnlich die Besucher empfangen, die sich zur Teestunde im Palast einfinden. Ich habe hier bereits einen Musiker, einen Arzt, eine englische Lady und einen charmanten kleinen Prinzen aus Wien kennengelernt, der parfümiert, geschminkt und geschnürt wie ein Erzherzog aus der Operette auftrat.

Im obersten Stockwerk liegt das Zimmer, das ich bewohne, mit einer Loggia, von der aus man den Blick in den Garten hat. Manchmal steige ich hinunter, um darin herumzuspazieren. Er ist nicht groß. Eine rote Ziegelmauer umgibt ihn und trennt ihn vom Campiello Barbaro. Ein paar Blumenbeete sind um eine Laube herum angelegt, deren Holzpfeiler von nackten Frauengestalten gestützt sind, die bis zum Bauch in der Erde stecken. Es dürften Bacchantinnen sein, denn sie sind von Weinlaub umrankt, mit heiteren Gesichtern und üppigen Busen. Über ihren Köpfen hängen die echten Weintrauben. Ich streichle sie gern, wenn ihr wurmstichiges Holz knarrt und sonnenwarm ist. Ob sie das sanfte Rauschen der Fontäne an der alten roten Mauer die Tugend der Mäßigung lehren will? Sie ergießt sich in eine Marmorschale und mischt ihr Murmeln mit dem Rascheln der Blätter, dem Summen der Insekten und dem Flügelgesirr der Mücken. Denn Mücken, die man hier *zanzare* nennt, fehlen nicht in Venedig. Doch um sich ihrer zu erwehren, hat man ja die duftigen Tüllschleier des Moskitonetzes und den harzigen Rauch, der aus dem sogenannten *fidibus* aufsteigt, den man bei Signor Zampìroni, dem Apotheker in der Calle San Moisè, kauft.

Die Tage gehen dahin, und mit jedem Tag wächst das Entzücken an diesem freundschaftlichen, sanften Leben, wenn auch das heutige Venedig nicht mehr wie früher die Stadt des Vergnügens, des Luxus, des Spiels, der Intrigen und der Liebe ist. Sie ist nicht mehr das Venedig der großen Dogen des 15. Jahrhunderts, weder das der Renaissance, des Aretin, des Tizian, Tintoretto und Veronese noch das Venedig des *Candide,* das der geistvolle Präsident de Brosses besuchte, noch das Venedig der Tiepolo und Longhi, der Canaletto und Guardi, der Goldoni, Gozzi und Casanova. Wo sind seine Masken geblieben? Was ist aus seinem Reichtum geworden? Und was aus der deliziösen Dekadenz der letzten Tage der Serenissima? Geschlossen ihr Ridotto, verschwunden die Kurtisanen aus den Zeiten, da sich auf dem Markusplatz Türken im Turban, Slawonen mit langen Schnurrbärten über den Weg liefen, wo die Gaukler und Akrobaten auftraten, wo sich auf dem Broglio Senatoren in roten Roben und ausladenden Perücken drängten. An der Mole liegen nicht mehr die Galeeren vor Anker, auch nicht der Bucintoro in seinem goldenen Purpur. Vergeblich flattert an Feiertagen auf der Piazza vor dem Dom die Standarte von San Marco. Sie entfaltet sich nur noch im Winde der Vergangenheit. Manchmal, bei Gelegenheit irgendeiner Regatta oder eines Schifferstechens, hängen die Paläste am Canal Grande noch glanzdurchwirkte Stoffbahnen und glitzernde Teppiche aus den Fenstern. Doch was sind diese armseligen Flitter gegen die königlichen Umzüge von früher und die großen Geburtstagsfeiern der Stadt, mit ihren Prozessionen, ihren Triumphbögen, den Barken mit den mythologischen Figuren, wo Neptun und Amphitrite auftraten, die Könige der Lagune und die Herren der Meere zu grüßen?

Von dieser großartigen Vergangenheit hat Venedig nur noch das Dekor bewahrt, aber in diesem Dekor löst sich das Andenken an die Vergangenheit in einer wunderbaren Melancholie auf, die, wenn auch kaum wahrnehmbar, noch immer von der Gunst der Stunde erfüllt ist. Trotz allem, was es einmal war und was es nie mehr sein wird, besitzt Venedig eine Schönheit, die so anrührend ist, weil sie von Verfall und Vollkommenheit zugleich gezeichnet ist. Venedig hat das Leben in all seinen Facetten durchlebt, vom Glanz zur Gebrechlichkeit, von der Blüte zum Verfall, und hat dabei Würde und Heiterkeit bewahrt. Seine verlorene Größe läßt sich dazu herab, Vertraulichkeiten zu gewähren. Sein natürlicher Stolz gesteht einem das zu, ohne daß es sich degradiert fühlen müßte. In der Stille ruht es sich von seiner Glorie aus, und das steigert seine Schönheit noch. Immer noch lebt Venedig in der Noblesse seiner Steine und Wasser, in wundervoller Ruhe, in seligem Frieden, und diese Ausstrahlung gibt es an jene weiter, die es besuchen. Mehr als irgendwo anders ist man hier wunschlos glücklich. Kein Ort der Welt ist der Selbstentäußerung und dem inneren Frieden dienlicher als dieser. Die Entspannung geschieht klaglos, der Friede überkommt einen ohne Trauer in dieser Stadt der Illusionen, wo alles Schein und Widerschein ist, wo die mächtigsten Bauwerke auf armseligen Pfählen ruhen, wo die Erde nichts als verdicktes Wasser und verlandeter Schlamm ist. Wo mehr spüren wir, daß wir selber nur ein Gefüge aus verstandesgelenkten Kunstfertigkeiten und geistigen Perspektiven sind und daß wir wie die schwesterliche Stadt Paläste in uns haben, in denen die Erinnerung wohnt, abbröckelnde Fassaden, Irrgärten und Sackgassen, die wie ihre Lagune von Traumgewässern umgeben sind, durch die schwarze Barken gleiten? Nur so erklärt sich die Anziehungskraft Venedigs auf bestimmte Gemüter. Sein Name allein genügt, um die Menschen an sich zu fesseln.

Ist es die Magie dieses Namens oder sind es tiefergehende Anstöße, denen unsere Freundinnen aus dem Palazzo Dario erlegen sind? Ich weiß es nicht. Ohne daß eine von ihnen die Lebensmitte schon weit überschritten hätte, gehören sie doch beide zu den reiferen Jahrgängen. Beide leben sie schon lange genug, um nur noch geistige Anregung und die Freuden des Herzens zu suchen. Beide haben sie Leid erfahren, und das hat sie hellsichtig sich selbst gegenüber und nachsichtig gegenüber anderen gemacht. Es hat ihnen die Sehnsucht nach Ruhe und Frieden gegeben, nicht weil sie sich für nichts mehr interessieren, sondern weil sie so die Schönheit der Dinge, der Natur und der Kunst mehr genießen. Auf diese Weise ist auch ihre Freundschaft zustande gekommen. Sie lernten sich in Bayreuth kennen, und aus dieser ersten Begegnung entstanden lose Beziehungen, die sich zu einer gegenseitigen Freundschaft verfestigten. Durch ähnliche Lebensumstände waren sie eine wie die andere unabhängig. Eines Tages kamen sie nach Venedig und fanden, es sei angenehm, wiederzukommen, aber dann nicht für einen kurzen flüchtigen Aufenthalt, sondern um länger zu bleiben, ohne den Unbequemlichkeiten eines Hotels ausgeliefert zu sein. Bald schon nahm der Plan Gestalt an, und eine von ihnen – es war die Comtesse de la Baume-Pluvinel – schritt zur Tat.

Unter den Palazzi, die damals zum Verkauf standen, gab es zwei, die ihre Aufmerksamkeit auf sich zogen, beide auf derselben Seite des Canal Grande und nicht weit voneinander entfernt: der Palazzo Manzoni-Angarani und der Palazzo Dario-Angarani. Der Manzoni-Angarani ist mit seinem herrlichen Fries mit den Adlerskulpturen einer der schönsten von ganz Venedig. Schön ist er wegen des lombardischen Stils und wegen der edlen Proportionen seiner Räume. Auch der Dario ist schön, zierlicher, aber auch einzigartiger, und so fiel die Wahl Madame de la Baumes auf ihn. Zu dieser Zeit diente er wie der benachbarte Palazzo Venier, damals bekannt unter dem Namen Casa Barbier, als Familienpension. Deshalb mußte der Palast auch im Innern völlig umgestaltet werden. Zudem war durch den Anbau von Balkonen die Fassade verstümmelt. Dank der Initiative von Madame de la Baume gewann er bald wieder seine wahre Gestalt. Nachdem er restauriert war, ging es darum, ihn neu zu möblieren. In Venedig fehlt es ja nicht an Antiquitätenhändlern, und allmählich wurde der Palast zu dem, was er heute ist, angenehm und komfortabel ausgestattet, bereichert um manch schönes altes venezianisches Stück.

Madame de la Baume wurde bei ihrer Arbeit durch ihre Freundin, Madame Bulteau, unterstützt, und bei ihren gemeinsamen Streifzügen bestätigte sich, daß sie auch in ihrem Geschmack übereinstimmten. Dieses Einvernehmen prägte den Lebensstil, den sie zu führen gedachten. Ihr Wunsch ging keineswegs dahin, wichtige Persönlichkeiten, die »en vogue«

waren, um sich zu scharen, vielmehr strebten sie ein diskretes und zurückgezogenes Leben an, ohne sich jedoch völlig abschotten zu wollen. Alle beide waren von lebhafter Wißbegierde, Lektüre und Nachdenken gehörten zu ihrem Alltag, beide fühlten sich von Fragen der Kunst und Literatur angezogen. Nicht mondän waren sie, jedoch gesellig. Ihre perfekte Eintracht verhinderte allerdings nicht, daß sie völlig verschiedene Charaktere hatten.

Die Verschiedenheit zeigte sich bereits in ihrer äußeren Erscheinung. Ich lehne am Holzgeländer der Altana und betrachte sie. Beide sind sie groß, doch Madame de la Baume ist die größere, obgleich sie ein wenig gebeugt geht. Sie hat die Angewohnheit, den Kopf zur Seite zu neigen. Ihr Gesicht, beherrscht von intensiv blauen Augen, ist länglich und blaß. Sie trägt gern lockere, einfache und bequeme Kleidung. Madame Bulteau kleidet sich strenger, was gut zu ihrer robusten, stattlichen Statur und zu ihrem energischen, intelligenten Gesicht paßt. Sie hat sehr dezidierte Ansichten über die Menschen und über die Dinge, einen bemerkenswerten Sensus für die »Richtung« bei sich selbst und bei anderen. Zu dieser Gabe, Inneres und Äußeres auf Anhieb zu analysieren, gesellt sich eine reiche literarische und künstlerische Bildung. Sie ist eine Frau, die denkt und handelt. Stets ist sie besonnen und sehr bestimmt. Sie ist anziehend durch ihre Güte und beeindruckend durch ihren Willen. Gern steht sie ihren Freunden zur Seite. Ihr Geist und ihr Herz sind einem wertvolle Ratgeber und ein fester Halt. Sie strömt Vertrauen aus, ist selbstbewußt und diskret. Sie ist anregend und das, was man eine Führernatur nennt: kurz, sie ist ein Energiebündel.

Diese Zielstrebigkeit, zu wissen, wohin der Weg führt, hat Madame de la Baume zu ihr hingezogen, die auch willensstark ist, aber eher von einer dumpfen, zuweilen unschlüssigen Willenskraft. Ihre Unsicherheit ist keine Charakterschwäche, sondern beruht auf der ganz subtilen Fähigkeit zur Analyse, und diese Subtilität läßt sie walten, wenn sie ihre Handlungen und Gedanken überprüft und zur Diskussion stellt. Sie grübelt eigentlich unaufhörlich, und daher kommt es, daß sie sich so schwer entscheiden kann. Sie verweilt bei ihren Beweisen und bei ihren Skrupeln, sie verheddert sich leicht und ist schnell entmutigt. Zu diesem ohnehin komplizierten Naturell kommt noch eine krankhafte Nervosität hinzu, eine überspitzte und vertrackte Sensibilität. Sie ist sehr gebildet, schriftstellerisch begabt, aber auch da tastet sie sich ängstlich vor und läßt sich viel zu rasch aus der Fassung bringen. Ihr Geist reagiert prompt, wenn es um kuriose Zusammenhänge, um abseitige Analogien geht, aber immer mit einer gewissen Neigung zum Törichten und Albernen, mit einem eigenartigen Humor. Um mit einem venezianischen Bild zu enden: Madame Bulteau läßt mich an die behäbigen, starken Barken denken, die mit schönen Früchten beladen den Canal Grande flußaufwärts fahren, Madame de la Baume an die Gondeln, die geheimnisvoll und wie verloren durch die engen Seitenkanäle dahingleiten.

Trotz dieser Unterschiede der Naturen herrscht im Palazzo Dario die schönste Harmonie, denn jeder bewahrt sich die Freiheit, seine Zeit selbst einzuteilen und seine eigenen Spaziergänge auszuwählen. Oft geht man daher eigene Wege. Unter diesen einsamen Promenaden gibt es eine, die ich besonders mag, es ist die zu den Zattere. Die Fondamenta delle Zattere ist ein langer, breiter Uferweg an dem Kanal entlang, der Venedig von der Insel Giudecca trennt. Er hat seinen Namen von dem Wort *zattere,* das die Holzflöße meint, die früher hier vertäut wurden. Jetzt dienen die Fondamenta und der Giudecca-Kanal als Handelshafen. Hier legen die Hochseeschiffe an und laden ihre Fracht aus. Hier haben sie tiefes Wasser und gute Ankerplätze, und hier werden auch die Zollformalitäten erledigt. Genau an der Spitze von Venedig, wo die Dogana di Mare sich erhebt, beginnen die Zattere. Um hinzugelangen, verlasse ich den Palazzo Dario auf der Landseite, die auf den engen Calle Barbaro geht. Im Vorbeigehen werfe ich einen Blick auf die bezaubernde Badia di San Gregorio und ihr verlassenes Kloster und erreiche die Salute. Ich raste einen Augenblick auf dem Platz vor der Kirche, auf der marmornen Freitreppe, von wo man einen der berühmtesten Blicke auf Venedig hat, verweile aber nicht länger, umrunde die Dogana und bin auch schon auf meiner Lieblingspromenade. Jetzt liegt sie vor mir, teils ist sie mit Platten belegt, teils mit Ziegeln gepflastert, teils ist sie nur geschottert. Zuerst führt mich mein Weg an Magazinen und Speichern vorbei, dann an einer Kaserne, wo ich den Ponte Lungo überquere. Ich folge der roten Mauer des Hospitals der Incurabili, auf der eine Schar pausbäckiger Putten ihr Spiel treibt, passiere den Ponte della Calcina, erreiche den Palazzo Zen, wo José Marie de Heredia* gewohnt hatte, und lande vor der statuengeschmückten Fassade der Gesuati mit dem von Tiepolo ausgemalten Deckengewölbe. Im Winkel des Rio San Trovaso steht ein glyzinienberanktes Haus, und drüben erkenne ich den Palazzo Clary mit seinem schönen bronzenen Türklopfer in Form eines Neptun. So geht es weiter bis zum Calle del Vento. Dort ist die Fondamenta zu Ende, und man geht auf demselben Weg zurück. Diesmal richte ich meine Augen auf die Wasserfront. Sanft wiegt das Wasser die Schiffe, die im Kanal ankern. Möwen fliegen auf, ihre Schreie ahmen das Ächzen der Taue nach. Vor mir liegt die Giudecca mit ihren drei Kirchen. Zuweilen heult die Sirene eines abfahrenden Dampfers, zuweilen hißt ein Boot die Segel. Und wie schön, o Zattere, ist die sinkende Sonne auf deiner Promenade!

Auch euch habe ich ins Herz geschlossen, ihr vielen anderen Fondamente Venedigs! Ich mag euch, wie ihr euch dicht an einem winzigen Rio entlangschlängelt, ich mag euch einsam oder von Menschen überfüllt, mit euren Namen Riva del Carbon oder Riva del Vin, wie ihr nahe der Rialto-Brücke den Canal Grande säumt. Ich mag euch besonders, wenn ihr Fondamente Nuove heißt. Sie liegen im Osten Venedigs und reichen von San Francesco della Vigna bis zur Sacca della Misericordia. Von dort aus schifft man sich nach Murano und den umliegenden Inseln ein. Von dort aus erkundet man die ganze tote Lagune in ihrer wundersamen Fläche. Diesmal jedoch erkenne ich kaum

* frz. Dichter (1842–1905), Schwiegervater de Régniers. (Anm. d. Ü.)

ihre Umrisse, auch nicht die der äußeren Lagune nach San Lazzaro und Chioggia zu. Heute bin ich zufrieden, in Murano zu sein, seine Mosaik-Madonna zu grüßen und sein reizendes Glasmuseum zu besichtigen. Ich habe meine Zeit wirklich nicht vertan. Wie viele Dinge des geheimnisvollen Venedigs habe ich zu Gesicht bekommen, wie viele Erinnerungen werde ich mitnehmen!

Diese vielen Erinnerungen, sie häufen sich an, ich ordne sie in meinem Gedächtnis ein. Alle vermitteln mir die reine Freude und tragen zu meinem venezianischen Glück, zu der Art geruhsamen Taumels bei, in dem ich hier lebe, denn Hast und Betriebsamkeit sind hier unbekannt. Das Wesen der ganzen Stadt drückt allem und jedem den Stempel gemessener Langsamkeit auf. Wozu auch die Eile inmitten der tausend Irrwege, wo man auf Schritt und Tritt von irgendeinem bezaubernden oder pittoresken Detail gefangen ist? Warum nicht dem trägen Rhythmus der gehorsamen Gondel folgen, von der aus man die Welt wie im Halbschlaf, in ständigem Oszillieren sieht, der die Dinge flüchtig, tänzerisch vorbeigleiten läßt? Trotz dieser zerstreuten Lässigkeit prägen sich dem Gedächtnis Bilder ein, die sich überlagern, sich langsam vervollständigen und einem helfen, Venedig oder besser die verschiedenen Venedig, die das heutige bilden, zu begreifen, das byzantinische Venedig des Mittelalters, das der Renaissance, das barocke Venedig des 17. Jahrhunderts und das Rokoko-Venedig ...

Gerade in die Zeit des Rokoko führt uns das heutige Venedig auf das angenehmste zurück. Gewiß hat die Moderne manchen Aspekt verändert, doch hat die Stadt ihre charakteristische Architektur und ihre typischen Perspektiven bewahrt, wie uns sie Guardi und Canaletto überliefert haben. Dieser Palazzo, jenes Haus sind noch immer dieselben, wie wir sie auf den Bildern dieser exakten, peniblen und charmanten Meister dargestellt sehen. Natürlich sind die Eisenbahnbrücke, der Metallsteg an der Accademia, die Pontons für die Vaporetti und manche Bausünden ärgerliche neue Errungenschaften, doch ist deshalb das Venedig des 18. Jahrhunderts nicht weniger zu erkennen. Man ruft sich diese Epoche gern in Erinnerung, sie ist uns noch sehr nahe, und manches von ihrer Lebensart hat sich bis heute erhalten. Die Cafés am Markusplatz sehen fast so wie damals aus, als dort Goldoni und Gozzi an den Tischen saßen und sich mit dem Abbé Chiari* trafen. Auch das Theater La Fenice hat sich nicht verändert; sicher trägt das Publikum nicht mehr den *tabaro,* die *bauta* und die *maschera,* aber es ist leicht, sich die Zuschauer darin vorzustellen.

Niemand, der in Venedig diesem Spuk Goldonischer Vergangenheit entgehen könnte. Auch die Gemälde der Accademia, die Erinnerungen an das venezianische Leben, die das Museo Civico beherbergt, helfen einem dabei, sie heraufzubeschwören. Haben wir nicht die Zeit- und Sittengemälde eines Pietro Longhi oder eines Domenico Tiepolo, um uns darauf einzustimmen? Und im Hintergrund dieses dekadenten Venedig tauchen all die anderen Namen auf: das Venedig des Veronese, des Tintoretto und Tizian, jenes der Carpaccio und Bellini. Das Venedig der großen Dogen finden wir in der Scuola San Rocco und in der Madonna dell' Orto, in den Frari und San Sebastiano, in San Giorgio dei Schiavoni wieder. Seine Seele lebt fort in der herrlichen Kirche der Miracoli, in deren Marmor, so weiß wie das Salz des Meeres, schuppige Tritonen und Sirenen gemeißelt sind. Der venezianische Geschmack des 18. Jahrhunderts dokumentiert sich aber auch in der geschwungenen Fassade der Gesuati, in den Draperien aus grünem Marmor, die sich um ihre Voluten schlingen, auch in der Gesuiti mit der Grazie ihrer Alkoven und ihrem opernhaften Pomp.

Eine Stunde mitten im Venedig des Settecento können wir an einem ganz andern Ort erleben, in dem sich sein ferner, abgelebter Duft ganz erstaunlich erhalten hat. Vom Palazzo Dario aus braucht man nur den Canal Grande zu überqueren, und schon steht man vor der entzückenden Casetta Rossa, in der

* Pietro Chiari (1711–1785), ital. Autor von Komödien u. Romanen. (Anm. d. Verl.)

ein Freund unserer Freundinnen wohnt. Die Casetta ist klein, quadratisch, rot verputzt. Prinz Friedrich von Hohenlohe hat sie sich ausgewählt, um das Dekor von anno dazumal wiederherzustellen, denn der Prinz, Österreicher von Geburt, ist im Herzen Venezianer. Auf weißen Wandpaneelen hängen Gemälde in Longhis Manier; in einem andern Salon, dessen rosa Tapete von orangefarbenen Bändern durchzogen ist, sieht man Pastellzeichnungen von Rosalba Carriera. Zu beiden Seiten des Kamins hängen breite seidene Klingelzüge herab. Auf den Tischen viele Nippes, darunter ein Pfeifenstopfer aus Porzellan in Form eines Beines, auf dem man eine winzige Laus entdeckt. Die Wände des Speisesaales sind mit Vögeln, Blumen und Früchten ausgemalt. Über den Kredenzen hängen Stiche aus dem alten Venedig, Bautten und Masken im Vestibül, so als ob der Herr des Hauses sie benützte, um im Ridotto eine Partie Pharao zu spielen. Doch die Säle des Ridotto hallen nicht mehr wider vom Klingen der Zechinen, heute dienen sie den Antiqutätenhändlern als Verkaufsläden. Bei ihnen heftet man sich an die Spuren des alten Venedig.

Ist auch das heutige Venedig nicht mehr das des *Candide*, und kann man hier nicht mehr wie in Voltaires Roman vier entthronte Könige an der gleichen Tafel speisen sehen, so trifft man doch gelegentlich einen König im Exil. Es ist Don Carlos de Bourbon, man sieht ihn auf dem Markusplatz eine Kleinigkeit bestellen, begleitet von der Prinzessin und gefolgt von einer großen dänischen Dogge. Er ist ein dicker, bärtiger Mann, und er langweilt sich sichtlich. Seht, wie er schweren Schrittes die Piazza durchmißt oder wie er gewichtig aus dem Palazzo Coredan, an der Ecke des Campo San Vio, heraustritt, wo er wohnt. Auf dem Brückengeländer, das den Palast mit dem Campo verbindet, ist ein Papagei angekettet, den ein rotgekleideter Mohrenknabe ärgert. Er wartet darauf, daß sein Herr das Motorboot besteigt, das ihn mit wehender spanischer Königsstandarte am Heck zum Lido fahren soll, wo er eine mit zwei Pferden bespannte Kutsche vorfindet, die ihn zum Strand bringt. Sind auch die exilierten Könige in Venedig zugelassen, so sind die Pferde daraus verbannt, außer dem des Colleoni und denen der bronzenen Quadriga, die die Fassade von San Marco schmücken. Es kann jedoch nicht immer so gewesen sein, gibt es doch in Venedig noch eine Via delle Carozze. Und zitiert man nicht auch jenen Aristokraten, der sich eine Karosse nur hielt, um durch den Innenhof seines Palastes zu kutschieren?

Das heutige Venedig gestattet sich solche Reitereskapaden nicht mehr. Solchen Plaisirs muß man entraten, aber ist Venedig nicht das Vergnügen selbst, das einen mit seinem friedvollen Charme gefangennimmt, das einen mit dem Licht, mit der Luft, mit dem Schweigen durchdringt? Vergnügen bereitet ein Sonnenstrahl auf den Steinen, ein Lichtreflex des Mondes auf dem Wasser, eine Wolke am Himmel, ein Schatten, das Geräusch von Schritten, der Klang einer Stimme, Vergnügen bringt einem alles, nichts, man selbst! Und allmählich entsteht in einem eine dankbare, zärtliche Liebe zu Venedig, der Wunsch, es besser kennenzulernen, es ganz und gar zu besitzen, es mit einem einzigen Blick zu umfangen. Dafür offeriert es einem seine zwei hohen Campanile, den von San Giorgio Maggiore, den von San Marco. Treten wir durch die niedrige Pforte ein, die uns den Zugang zu ihm verschafft. Man besteigt ihn nicht über eine Treppe, sondern über eine geschickt konstruierte schiefe Ebene. Es ist ein langsamer und mühseliger Aufstieg, an dessen Ende man eine Plattform erreicht; von ihr gehen die Säulen aus, die das pyramidenförmige Dach stützen, auf dessen Spitze, unbeweglichen Fluges, der vergoldete Engel schwebt. Lehnen wir uns über das Marmorgeländer und halten wir Ausschau.

Unter uns breitet sich das Juwel von Amphitrite und Neptun in seiner wunderbaren Muschelform aus. Da liegt es mit seinen Häusern, seinen Palästen, seinen Kirchen, seinen Kanälen, seinen Campi und Calli, mit seinen Inseln ringsumher und seiner Lagune mit den verschiedenen Färbungen. Je nach der Wassertiefe ist sie durchzogen von Strömungen, marmoriert von maritimen Algenwiesen, verschieden nach der Uhrzeit, ob die Flut sie nährt oder die Ebbe sie erschöpft; immer aber ist sie mit ihren Wassern und ihrem Morast der gehorsame, wechselnde Spiegel aller Farben und aller Nuancen des Himmels. Dort ruht Venedig in seinem Glanz und in seiner Schwäche auf dem ebenso logischen wie paradoxen Geheimnis seiner Grundpfähle, durchschnitten von dem edlen Bogen seines Canal Grande, von dem sich wie die Hälfte eines Ringes die Rialtobrücke abhebt. Eigentlich ist dieser Rialto ein Triumphbogen, denn hier wurde aus einem Haufen Schlamm die arme Tochter von Fischern und Matrosen geboren, hier in dem uralten Dorsoduro-Viertel, das wie ihr Rückgrat ist. Von hier aus hat sie sich siegreich ausgedehnt und allmählich die Lagune erobert, um dann mit ihrem bewundernswerten Geschick die Meere zu erfüllen. Von dieser Plattform aus begreift man Venedigs einmaligen Bauplan und die geduldige menschliche Leistung, die das zustande brachte, hoch oben auf diesem Glockenturm, diesem Dogen der Lüfte, wo die *marangona**, die summende bronzene Dogenkappe, der tönende Bienenkorb zu sein scheint, aus dem der Schwarm ungezählter venezianischer Glocken herstammt.

Nicht jeden Tag steigen wir auf den Campanile, aber fast jeden Tag verbringen wir einige Augenblicke auf der Altana des Palazzo Dario. Auch unsere Freundinnen halten sich gern da oben auf. Als Sonnenschutz wird ein Zelt mit großen Vorhängen aus ockerfarbenem Baumwollstoff aufgestellt, wie man ihn in den Läden an der Rialtobrücke kauft und wie er für Venedig typisch ist. Von hier oben aus beobachtet man das lebhafte Kommen und Gehen auf dem Canal Grande. Des Abends dringt von ferne, ohne die Unterhaltung zu stören, der Gesang von den Musikschiffen herauf, die mit ihren illuminierten Laternen die großen Hotels anlaufen. Hier oben ist ein Ort der Ruhe und ein Belvedere. Hier trockneten die Damen von einst ihre frisch gefärbten Haare.

Heute hat uns ein besonderer Anlaß auf der Altana vereint. Seit einigen Tagen ist Gabriele d'Annunzio in der Casetta Rossa

* größte Glocke von San Marco. (Anm. d. Ü.)

beim Prinzen von Hohenlohe zu Gast, und weil man in Venedig alles erfährt, wissen wir auch, daß der Dichter heute abreisen wird. Schon liegt die Gondel vor der Casetta vertäut, und es wird nicht lange dauern, bis wir den Dichter einsteigen sehen. Der Augenblick nähert sich, der Gondoliere bringt die Koffer. Und da erscheint ein noch junger Mann von kleinem Wuchs und anmutiger Haltung, bekleidet mit einem eleganten Anzug, auf dem Kopf eine Melone. Sein Gesicht kann ich nicht erkennen, aber ich denke voller Bewunderung, daß diese Silhouette, die ich nur kurz zu Gesicht bekam, zu dem größten Schriftsteller Italiens gehört.

Ich denke weiter darüber nach, daß bald eine andere Gondel an den Stufen des Palazzo Dario anlegen und einen weniger berühmten Dichter zum Bahnhof bringen wird... und die Verzauberung dieser Wochen wird zu Ende sein. Doch nein, ich fühle, daß man Venedig auch in der Ferne nie verläßt und daß die Erinnerung, die man mit sich nimmt, einen unweigerlich zurückführen wird. Darauf bauend, laßt uns noch einmal den Spaziergang auf die Zattere machen, einen Kaffee im Florian trinken, beim alten Berengo in der Calle Larga Glasketten einkaufen gehen, über die Piazza bummeln und dabei kandierte Früchte essen, die an einem Holzstab aufgereiht sind; er ist ein Bruder dessen, der die schwarze Virginia durchbohrt, deren feiner Rauch so gut den süßen Müßiggang des geliebten venezianischen Lebens begleitet.

La bell' uva

Venedig im Oktober, November, Dezember 1901

An einem der ersten Oktobertage des Jahres 1901 befinde ich mich im Speisesaal eines Hotels zu Basel, wo ich, unterwegs nach Italien und nach Venedig, abgestiegen bin. Es ist ein ziemlich banaler Speisesaal. Wenige Gäste, mittelmäßige Küche. Ich fühlte mich müde und appetitlos und hatte es eilig, wieder in mein Zimmer zu kommen, obgleich es mit seiner lieblosen Möblierung, seiner peinlichen Sauberkeit und dem kleinen Regal, auf dem, in schwarzes Kunstleder gebunden, eine dicke protestantische Bibel lag, wenig anheimelnd wirkte. Ich erwartete also nicht ohne Ungeduld das Ende dieser unsäglichen Mahlzeit, sah mich unter den wenigen Tischgästen um, als mir auffiel, daß sie mit gespannter Aufmerksamkeit auf die Tür starrten. Und in der Tat, sie öffnete sich und ließ eine seltsame Gruppe herein.

Zwei Bedienstete trugen eine Art Stuhl, eher eine Bahre, auf der ein unheimliches Wesen lag. Es war ein Mann in mittleren Jahren, von ursprünglich hohem Wuchs, doch sein zusammengekrümmter Körper ließ ihn wie einen Zwerg aussehen. Es war der Schatten eines Menschen, ein lebender Leichnam, wie nach Tortur und Folter vom Pranger losgekommen. Sein Gesicht konnte man schlecht erkennen, so tief hing ihm der Kopf auf der Brust. Die zusammengesackten Schultern machten aus ihm einen bizarren Buckligen, die Knie berührten fast das Kinn. Seine verunstalteten Füße steckten in riesigen Filzpantoffeln, und an seinen schlaffen Armen baumelten verkrüppelte Hände. Von Podagra und Gicht gelähmt, bot der Mann ein Bild der Gebrechlichkeit und Hilfsbedürftigkeit. Während die Diener mit der Bahre sich einem der Tische näherten, bemühte sich der Oberkellner um den Gast. Der ältere der beiden Helfer versuchte mit einem Löffel diesem gespenstischen Wesen eine Suppe einzuflößen, denn es war ersichtlich, daß der Bedauernswerte zu jeder Bewegung unfähig war. Es war ein jammervolles Schauspiel, das der Komik nicht entbehrte. Was hatte dieser extravagante Gast in diesem Hotelspeisesaal verloren? Ich fühlte wieder das Unbehagen in mir aufsteigen, unter dem ich schon seit meiner Abreise aus Paris litt.

Obgleich die Neugierde nicht zu meinen Kardinalfehlern gehört, konnte ich es nicht lassen, den Oberkellner zu fragen. – Wer ist denn dieser Herr . . .

Lord C. war ein reicher Engländer, unheilbar krank, an seine Bahre gefesselt, gelähmt, taub und halberblindet. Er war sein Leben lang ein passionierter Reisender gewesen und schickte sich soeben zu seiner letzten Reise um die Welt an. Ich gestehe, daß meine Überraschung sich mit Bewunderung zu mischen begann. Welch ein Vorbild und welche Lehre gab mir dieser Engländer! Wie konnte ich mich nur wegen eines simplen Unbehagens, wegen ein wenig Müdigkeit fragen, ob es vielleicht besser wäre, mich einige Tage in Basel auszuruhen, bevor ich meine Reise nach Venedig fortsetzte, angesichts eines Menschen, der, bereits halbtot, die Reise rund um den Planeten unternahm! Mein Entschluß war gefaßt: Trotz einer schlechten Nacht und trotz der eventuellen Vorboten einer ernsthaften Erkrankung, die mich schon im vorigen Jahr lange ans Bett gefesselt hatte, überquerte ich am übernächsten Tag den Gotthard und kam nach Italien. Ich fühlte mich viel besser, so gut sogar, daß ich in Verona haltmachte und auf der Piazza den Löwen von San Marco auf seiner Marmorsäule begrüßte, dieses Souvenir an die venezianische Herrschaft über die Stadt der Skaliger, dessen Bronzeflügel mir die etwas fiebrige Stirn zu lüften und zu kühlen schienen . . . Venedig war nahe, und die salzhaltige Luft der Lagune würde mich vollends wieder ins Lot bringen!

Der Palazzo Dario beherbergte in diesem Oktober 1901 außer Madame de la Baume, Madame Bulteau und ihrer alten Freundin W. den bekannten Maler Maxime Dethomas. Zu diesen Gästen kamen noch Dr. V. und seine Frau hinzu, aber sie wohnten nicht im Palazzo. Um sie unterzubringen, hatte Madame de la Baume die alte Casa Barbier, genauer gesagt, den Palazzo Venier gemietet und neu möblieren lassen. Es ist ein majestätischer, einstöckiger Bau, der unvollendet geblieben ist, dessen gedrungene, ganz von Grün eingesponnene Fassade den Canal Grande beherrscht und sich knapp über dem Wasser graziös zu zwei Terrassen rundet. Auf ihnen steht je eine rustikale Steinfigur, das Geländer schmücken wilder Wein und Glyzinien. Die Landseite des Palazzo Venier befindet sich im kurzen Calle San Cristoforo, zu dem sich seine Gartenpforte öffnet, denn der Palast besitzt einen recht großen Garten.

Dieses Mal fand ich Venedig in fast herbstlicher Schönheit und auch den Zauber wieder, den ein langes Jahr der Abwesenheit unterbrochen hatte. Gewiß war es das Venedig meiner Erinnerung, und doch hatte ich beim Wiedersehen seltsame Gefühle. Zum Greifen nahe erschien es mir und doch wieder fern, wie verschleiert, wie ein verschwommenes, schwankendes, ganz unwirkliches Bild. Die nebensächlichsten Ereignisse des täglichen Lebens hatten dank der Freundlichkeit unserer aufmerksamen Freundinnen ihren alten Charme behalten. Der Maler Maxime Dethomas war ein liebenswürdiger und herzlicher Hausgenosse, Doktor V. redete gern und viel, seine Frau war schweigsam und schön. Venedig war immer noch Venedig, und doch hatte sich irgend etwas verändert. Sein klarer Himmel hatte kaum wahrnehmbare Risse, und von ihnen ging ein Schatten der Melancholie aus. Die Glocken hatten nicht mehr den gleichen Klang, die Stimmen nicht das gleiche Timbre, die Dinge nicht die gleiche Farbe, die Farben nicht die gleichen Nuancen. Ich fühlte mich durchaus glücklich, aber mein Glück hatte nicht mehr die alte Leichtigkeit. Die Luft, die ich atmete, schien mir schwerer, weniger subtil, und erfüllte mich nicht mehr mit dem gleichen Hochgefühl. Manche Spaziergänge erschlafften mich derart, daß das Vergnügen daran eingeschränkt war. Das Ein- und Aussteigen in die Gondel wurde zur

Anstrengung, die Stufen zu den Brücken erschienen mir höher als früher. Dr. V. beobachtete mich aufmerksam und diskret und strich sich mit der Hand den blonden Bart.

Am Ende eines schönen und seidigen Tages, da die Luft stillstand und wie entfärbt schien, klärte sich das Geheimnis. Die Gondel hatte uns zum Lido gebracht. Die Lagune lag in zarten Farben vor uns. Wir waren in dem kleinen Hafen an Land gegangen und zu Fuß zum Strand unterwegs. Die Saison war zu Ende, die Badekabinen und Zelte bereits weggeräumt. Der Strand lag einsam da, und wir marschierten langsam durch den feinen, muschelübersäten Sand. Die Adria war ruhig und bläulich. Ein Gaukler ließ zum Klang einer traurigen Drehorgel rotgekleidete Affen tanzen. Ein kleiner Junge kam auf uns zu, um uns getrocknete Seepferdchen zu verkaufen, winzige Seemumien, leicht in der Hand wie trockene Blätter. Auf dem Rückweg sahen wir schwere Lastkähne. Ihre orangenen und ockerfarbenen Segel streiften über die Lagune wie ein Widerschein des Herbstes. Das Wasser tat den Augen wohl. Und je näher wir dem Palazzo Dario kamen, um so schwerer fühlte ich die Müdigkeit auf mir lasten. Kaum im Vestibül angekommen, überfiel mich ein Schüttelfrost. Wenige Augenblicke später stand ich vor Dr. V. Das Ohr an meine Brust und an meinen Rücken gepreßt, horchte er mich ab. Die Auskultation ließ ihm keinen Zweifel...

Ich lag nun in dem hohen Zimmer des Palazzo fest zu Bett. Ich litt nicht. In mir fühlte ich das Glühen des Fiebers. Eine Lungenentzündung begann sich zu entwickeln und würde mich viele Tage, vielleicht Wochen ans Bett fesseln. Venedig war mir also fürs erste versagt, und ich würde nichts als dieses Bett und dieses Zimmer sehen. Draußen auf den Steinen und auf den Wassern würde der noble venezianische Herbst seinen täglich neuen Zauber entfalten, an dem ich nun keinen Anteil hätte. Die Reise, dieser Aufenthalt, von dem ich mir so viel versprochen hatte, endete nun in der Abgeschiedenheit des Krankenzimmers. Alle meine Pläne waren zunichte: langes Umherschweifen auf der Piazza, das Auskundschaften der Gäßchen, Besuche in Museen und Palästen, Ausflüge in die Lagune und zu den Inseln, von Torcello bis Chioggia, Einkäufe bei den Antiquaren. Diesmal würde ich in Venedig nichts kennenlernen als quälende Schlaflosigkeit und Fieberträume, tagelange Schwäche, alle Unannehmlichkeiten der Krankheit und später die Schwächezustände der Rekonvaleszenz. Und für unsere Freundinnen war ich eine Belastung, obwohl ich sicher war, daß ihre Freundschaft großherzig und mit stets guter Laune die Unannehmlichkeiten ertrug, die ich ihnen bereitete. Der englische Lord in dem Basler Hotel hatte mich ganz entschieden falsch beraten. Ich hätte besser daran getan, schon beim ersten Unwohlsein nach Paris zurückzukehren. Statt dessen war ich in Venedig!

In Venedig ... Muß ich gestehen, daß dieser Gedanke, statt mir wegen meiner Unvorsichtigkeit ein schlechtes Gewissen zu vermitteln, mir insgeheim diebische Freude und heimliches Glück brachte? Was mir eigentlich zum Unglück gereichen sollte, fügte sich mir zu einer seltsamen Zufriedenheit. Ich nahm fast dankbar die unangenehme Situation hin, der ich ausgeliefert war. Für gewöhnlich weckt der Ausbruch einer Krankheit im Menschen Abwehrgefühle, schlechte Laune, vielleicht sogar die Furcht, ob diese Besucherin nicht einen noch dunkleren Eindringling mit sich führt. Wenn man spürt, daß der Körper einer obskuren feindlichen Macht ausgeliefert ist, fühlt man in sich Abscheu und Auflehnung. Es paßt einem nicht, daß über einen bestimmt wird. Ich jedoch unterwarf mich fügsam dieser Prüfung. Ich gab mich dem Mißgeschick anheim, ja ich beugte mich ihm. Sollte mich doch das Fieber verbrennen, ich würde ihm alles verzeihen. Es war nicht mein Feind, sondern ein geheimnisvoller Komplize, der mir das magische Wort Venedig ins Ohr flüsterte!

Ich vermag diese seltsame Gemütsverfassung nicht mehr genau zu beschreiben, doch habe ich nicht die innere Zufriedenheit vergessen, in der ich mich befand. Nirgendwo hatte ich bisher unter solchen Umständen ähnliches empfunden. In meinen Fieberphantasien hatte ich das Gefühl, ein Privilegierter zu sein. Wenn die Krankheit in unser Leben eingreift, widersetzen wir uns ihr für gewöhnlich. Sie will uns vereinnahmen, und wir lassen das nicht mit uns machen. Wir weigern uns, die tausend Bande zu zerreißen, die uns an das Leben der Außenwelt binden. Anstatt geradeheraus in das Reich, in das sie uns führt, mitzugehen, verschanzen wir uns hinter unseren Vorbehalten und büßen so einen Teil unserer Abwehrkräfte ein. Ich hingegen war in dem hohen und ruhigen Zimmer des Dario von allem abgeschirmt und wie abgeschnitten von den tausend Maschen, die mich mit dem Netz der Alltäglichkeit verknüpften. Schon die Reise hatte eine Unterbrechung meiner Gewohnheiten mit sich gebracht, die Krankheit machte sie vollends zunichte. Wir, sie und ich, waren sozusagen einander ausgeliefert, und ich fühlte mich stark genug, um hinter ihre Schliche zu kommen. Ich nahm den Kampf mit der Krankheit beinahe heiter auf mich. Zwar entgingen mir alle Zerstreuungen, die ich mir versprochen hatte, Venedig gehörte mir nicht, aber ich gehörte ihm, und dadurch hatte ich ein Gefühl von Schutz und Trost.

Ich spürte es um mich herum wie eine heilsame und vertraute Gegenwart. Nun hatte ich einen Grund, zu ihm zu kommen und die Krankheit nicht als ein Mißgeschick, sondern als ein Mittel hinzunehmen, auf längere Zeit vertrauten Umgang mit ihm zu haben. Es bot mir seinen Frieden und sein Schweigen dar. Es umfing mich mit seinen stillen Wassern, über denen sich ein freundlicher Himmel wölbte. Ich war in seinem Labyrinth gefangen, und eines Tages würde es mich den goldenen Faden aufrollen lassen. In den Fieberträumen wurde es fast zu einer Person. Fast hätte ich ihm ein Gesicht gegeben, und das hätte dem geliebtesten Wesen geglichen. Es hätte zu mir mit den Stimmen gesprochen, die mir die liebsten waren. Ich hätte es gern in meine Lieblingsfarben gekleidet. Zuweilen, wenn ich mit geschlossenen Augen Schritte im Zimmer hörte, schien es mir, das Gesicht, das sich über mich beugte, wäre seinem so ähnlich, daß ich keines mehr zu erfinden brauchte.

Wenn ich diese Traumbilder niederschreibe, so deshalb, weil sie den Gemütszustand wiedergeben, in dem ich während der ersten Tage der Krankheit lebte. Man konzentriert sich auf eine Idee oder auf ein Bild, die alles andere ausschließen und einen vollkommen beherrschen. Ein Krankenzimmer ist ein günstiger Ort für solche Übersteigerungen. Bald jedoch tritt an die Stelle der akuten Krankheitsperiode eine andere, friedlichere, die einen ebenso zufrieden und glücklich sein läßt. Zwar hat man sich noch nicht aus der Atmosphäre gelöst, die man um sich geschaffen hatte, doch schon beginnen die ersten Geräusche von draußen einzudringen. Man interessiert sich wieder für andere Dinge als nur für sich selbst. Die Zeit des krassen Egoismus ist vorbei. Die Freundschaft erhält wieder ihr eigenes Gesicht, sie versteckt es nicht mehr unter der Maske des Fiebers. Man empfindet Dankbarkeit für die Pflege, die einem zuteil wurde, Dankesgefühle für die Sorgen, die andere sich um einen machten. Langsam beginnt man das Leben aller wieder mitzuleben. Die Neugierde kehrt zurück, und man hat wieder Kontakt mit der Realität. Manche an sich unbedeutende Kleinigkeiten sind die Fixpunkte, von wo aus man sich wieder in seine Umgebung einreiht.

Ich erinnere mich, daß während dieser Zeit der Rückgewöhnung mein erster Eindruck das Stimmengewirr war, das aus dem unteren Stockwerk in mein über dem Speisesaal liegendes Zimmer drang. Ich hörte die Unterhaltungen, die dort geführt wurden, ohne daß ich die Worte verstehen konnte. Ich nahm dieses diffuse Geräusch als eine Art Präludium wahr, in dem ich mich momentan noch als ungestimmtes Instrument empfand, dessen Thema mich aber anging. Manchmal brachte mir der eine oder andere Gesprächspartner ein Echo davon in meine Abgeschiedenheit. Damit kam zugleich ein Stück Venedig zu mir. Ich erfuhr von diesem Einkauf in der Merceria, von jener glücklichen Erwerbung beim Antiquar, daß man durch die Gäßchen geirrt, über die Piazza flaniert war, daß man an der Lagune gewesen war. Man erzählte mir vom Tagesbeginn und vom Tagesende. Und ich hörte zu und dachte daran, daß ich eines Tages wieder in Carlos Gondel steigen würde, um Venedig die Traumvisiten zurückzuerstatten, die es mir in meinen schlaflosen Stunden gemacht hatte.

Häufig kam mit der Abenddämmerung das Fieber zurück, und ich nahm sein langsames Steigen geduldig hin. Ohne Trauer erwartete ich die monotone Wiederkunft des neuen Tages. Ich wußte ja im voraus, wie er aussehen würde: Pflege, Visite des Arztes, ein paar Plauderminuten, ein wenig Lektüre, und die Zeit würde vergehen, skandiert nur von den drei Kanonenschlägen, die bei San Giorgio acht Uhr früh und acht Uhr abends abgefeuert würden, um die Öffnung und Schließung des Hafens anzukündigen, und mittags, um die Taschenuhren der guten Venezianer zu kontrollieren und die Tauben auf dem Markusplatz im Geläute aller Glocken der Stadt auffliegen zu lassen.

Einige dieser Glocken drangen einzeln in mein Zimmer; sie waren die treuen Gefährtinnen meiner einsamen Stunden. Zuweilen gesellten sich zu ihrem regelmäßigen Morgen-Mittag- und Abendgeläut andere, die eine Messe oder ein Fest ankündigten. Sie vermischten sich, ohne ineinander aufzugehen, denn jede hatte ihre besondere Stimme und ihre eigene Klangfarbe. Es gab nahe und ferne unter ihnen. Ich erkannte die Nachbarglokken der Salute, auch die der Gesuati-Kirche. Je nach der Luftdichte kamen die Schwingungen lauter oder leiser bis zu mir herüber. Auch das zarte Glöckchen der armen Kirche Sant' Agnese nahm in dem Konzert seinen bescheidenen Platz ein. Zuweilen schickte der Redentore über den Giudecca-Kanal hinweg sein Geläute bis zu mir. Alle miteinander belebten sie tönend meine langen Tage. Doch es fehlte meiner Aufmerksamkeit auch nicht an anderen Dingen, an die ich meine Träume knüpfen konnte. Ein Gegenstand war darunter, dem sie sich oft zuneigten: zu dem dicken Fisch aus rotem Lack, der sich mit unmerklichem Oszillieren an der Decke meines Zimmers wiegte. Was mochte ihn bewegen? Vielleicht das unmerkliche Zittern im Fundament des Palazzo, vielleicht der Luftzug, der die Seidenschnur streifte, die ihn am Deckenbalken befestigte? Ich weiß es nicht, jedenfalls schaukelte er unentwegt, zeigte sich bald im Profil, wölbte seine stachlige Schwanzflosse, plusterte seinen dicken lackierten Bauch auf, zeigte sich von vorn, sah mich mit seinen vorstehenden Glupschaugen an oder verhöhnte mich mit seinem dreigezackten Schwanz. Aber eigentlich interessierte ich ihn gar nicht: er unterhielt sich lieber mit der japanischen Maske über meinem Bett. Die leeren Augenhöhlen ihres verzerrten, fratzenhaften Gesichts enthielten zwei Glühbirnen, deren elektrisches Licht funkelnde Strahlen aussandte. Fisch und Maske waren insgeheim wohl mit den Chinesen auf dem Paravent, der sich im rosa Salon befand, versippt, und alle drei, Wandschirm, Maske und Fisch, ließen mich an meinen englischen Lord aus Basel denken, der auf Weltreise gehen wollte. Wo mochte er jetzt stecken? Ich empfand tiefes Mitleid mit diesem hartnäckigen Reisenden. Warum in die Ferne schweifen, wo es doch ein Venedig gibt, einen Palazzo Dario, einen rosa Salon und in diesem rosa Salon das Porträt einer Frau mit schwarzer ovaler Maske?

Oft dachte ich an diese geheimnisvolle Gestalt, deren verborgenes Antlitz mich neugierig machte. Unter diesem Oval aus Taft stellte ich mir ein Gesicht vor, Wangen, Augen, einen Mund, ein Lächeln. Eine Laune hatte dieses Gesicht vor indiskreter Neugier verborgen. Niemand würde je sein Inkognito lüften. Sie würde es genauso wie jene andere Venezianerin wahren. Pietro Longhi hatte sie mit der gleichen Maske auf dem kleinen Bild verewigt, das sie bei der Vorführung eines Rhinozeros zeigt, dessen plumpes Horn auf der Nase einen Dogencorno imitiert. Und das Rhinozeros wiederum brachte meine Gedanken zu meinem englischen Lord und seiner Weltreise zurück. Ich hatte weniger Ehrgeiz als er. Die Reise nach Venedig genügte mir. So träumte ich vor mich hin, bis ich bei Einbruch der Dämmerung wieder die Stimme des armen Marco hörte.

Auch an jedem Morgen lauschte ich dieser Stimme. Sie drang, wenn ich noch im Halbschlaf lag, von dem kleinen Rio della Torresella, auf den eines meiner Fenster ging, zu mir herauf, und täglich wiederholte sie im gleichen Singsang die gleichen Worte. Ich wußte, daß der Besitzer dieser Stimme Marco hieß, *il povere Marco,* und daß er mit seiner Barke durch ganz Venedig fuhr, um Weintrauben zu verkaufen. Sein Rufen sollte die Kundschaft aufmerksam machen. Il povere Marco ließ sein *bell' uva* ertönen, und sein monotoner, ein wenig rauher Ruf hallte in der Stille lange nach und vermischte sich mit dem Ruderschlag auf dem Wasser des Rio. Ich hatte ihn nie zu Gesicht bekommen, aber wie gut ich ihn mir vorstellen konnte, wie er inmitten seiner Körbe mit den saftigen, schönen Weintrauben in seinem Boot saß! *La bell' uva, la bell' uva*, der Ruf entfernte sich. Schweigen breitete sich wieder im Zimmer aus, und die Dämmerung wurde dichter. Dann knipste ich die elektrischen Augen der japanischen Maske an. Sie richtete sie auf den Lackfisch an der Decke, der im Dunkel schwebte, während ich unter dem Moskitonetz lag, bevor ich in die Fischreuse des Schlafes hinabsackte.

Endlich kam der Tag, an dem ich mit Genuß von den Trauben kosten konnte, die Marco feilbot, die bell' uva der Sorte *fragola,* weil sie nach Erdbeeren schmecken. Bald darauf konnte ich das Bett verlassen und einige Schritte im Zimmer machen, schließlich zum ersten Mal in den rosa Salon hinuntergehen. Dort erwartete mich die Dame mit der ovalen Maske. Die Zeit der Genesung entbehrt nicht des Charmes. Man macht Fortschritte, man kann sich wieder an der Unterhaltung beteiligen, kann einen Brief schreiben. Man mischt sich wieder unter die Menschen. Das tat mir wohl. Ich fand unsäglichen Gefallen an der gescheiten Eloquenz von Dr. V., dessen freundschaftliche ärztliche Überwachung und rigorose Kontrolle ich dankbar hinnahm. Endlich lockerte er seine strengen Gebote und erlaubte mir meine erste Ausfahrt in der Gondel, unter dem Felze.

Ich weiß nicht mehr, wohin es an diesem Tag ging, doch erinnere ich mich des Vergnügens, das ich empfand, als ich mich unter der warmen Decke auf den Kissen der Gondel ausstreckte. Es war ein neues Venedig, das mir in einer ganz anderen Schönheit erschien. Es war beinahe Winter geworden, zumindest das, was der Spätherbst von ihm vorausahnen läßt, mit seiner kühlen Luft, seiner kurzen Sonnenbestrahlung, seinen wechselnden Himmeln von einer geradezu zerbrechlichen Transparenz oder von Nebeln verhangen. Das weiche Venedig des September bekommt Ende November ein strenges und ernstes Gesicht. Es verbirgt seine Schwermut nicht länger unter der beschönigenden Schminke seines magischen Lichtes. Es zeigt sich so, als ob es nackt wäre... Manchmal rinnen die dicken Tränen des Regens über den alternden Marmor seiner Fassaden, aber seinen Stolz verliert es nicht. Es ist viel mehr es selber als in den Tagen, da es sich der Neugier der Touristen und den indiskreten Blicken derer darbietet, die in ihm nichts sehen als den Dekor und den Vorwand für ihre vulgäre Sentimentalität und ihre banale romantische Schwärmerei.

Wie habe ich Venedig in diesen intimeren Tagen gemocht, als es wirklich wieder venezianisch geworden war! Nur um sich mir in seiner ganzen Wahrhaftigkeit zu zeigen, hatte es mir die Wochen der Gefangenschaft auferlegt. Wie die mysteriöse Dame mit der Maske verbirgt es sein wahres Gesicht bis zu dem Augenblick, da es einen für würdig hält, sein ernstes einzigartiges Lächeln zu sehen. Jetzt begriff ich den Sinn der Prüfung, die ich zu überstehen hatte. Venedig hatte sich Zeit lassen wollen, um seine aufdringlichen Besucher zu verscheuchen. Jetzt traf man sie nicht mehr, wie sie eilig über die großen Steinplatten der Piazza, die doch dem Müßiggang gewidmet sind, rennen, wie sie sich um die Tische der Kaffeehäuser drängeln und sich vor den Geschäften der Prokuratien und der Merceria aufpflanzen. Nur wenige Passanten kreuzten jetzt die noblen Wandelgänge, wo zuweilen die rüde *bora* oder der *garbino* pfiffen, die einem in den Winkeln der Calli auflauerten und die Wellen der Lagune peitschten, wo die Gondeln unter ihrem aufgeblähten Felze einen Katzenbuckel machten. Keine Musikschiffe mehr und keine bunten Laternen! Desdemona erschien nicht mehr auf dem ziselierten Balkon ihres Palazzo. Sie wärmte ihre schönen Hände am Ofen, in dem die dicken Holzscheite brannten, die von den Bergen des Friaul auf Flößen nach Venedig kommen und deren Rauch durch die hohen Schornsteine entweicht; diese haben die Form von umgestülpten Glocken, die sich bizarr in den venezianischen Himmel erheben, Statisten eines Karnevals der Lüfte.

Auch die beiden seltsamen Figuren, die auf der Doppelterrasse des Palazzo Venier standen, schienen einer Komödie aus der Zeit Goldonis entsprungen zu sein. Sie hoben sich scharf von der niedrigen Marmorfassade ab, die der wilde Wein mit seinen Purpurranken nicht mehr rötete. In den mürben istrischen Stein gemeißelt, stellten sie zwei junge Bauernburschen dar, mit dem Dreispitz auf dem Kopf und groben Schnallenschuhen an den Füßen. In warme Mäntel gehüllt, mit der wichtigen Miene von Theaterdienern, trug der eine eine Laterne, der andere ein Wärmeöfchen in der Hand. Sie sahen aus, als erwarteten sie eifrig und beflissen das winterliche Venedig, das, wie die Königin von Saba der Lagune, in all ihrer frostigen Pracht nach Hause kam. Der eine würde ihr an den Stufen des Wassertores aus der Gondel helfen, würde ihr mit seiner Laterne leuchten und sie in die weiten Säle ihres brüchigen Palastes geleiten, wo der andere ihr den wärmespendenden *scaldino* mit seiner Kohlenglut zu Füßen stellte. Ich nahm die beiden possierlichen Steinfiguren wahr, als ich zum Palazzo Dario zurückkam, und wie ich sie beneidete! Den ganzen Winter ständen sie dort mit ihrem Öfchen und ihrer Laterne, und durch den Sternenhimmel des Dreikönigstages hörten sie das weihnachtliche Läuten aller Campanile Venedigs. Ich aber mußte nun an die nahe Abreise denken, sie war nicht mehr aufzuschieben. Der Dezember stand vor der Tür, und auf dem Rio della Torresella rief kein povere Marco mehr sein *bell' uva.* Einmal hat leider jede Weintraube ihre letzte Beere!

Aus einem Brief

Venedig, im April 1903

»Ich schreibe Ihnen aus Venedig. Der Zug, der uns von Ferrara hierher brachte, war ein Bummelzug, der an jeder kleinen Station hielt. Die Nacht war sternenklar. Durch die geöffnete Abteiltür hörte man den entnervenden Chor der Frösche. Natürlich hatte der Zug Verspätung, und wir kamen nicht vor Mitternacht in Venedig an. Das erinnerte mich an unsere nächtliche Ankunft vor zwei Jahren, als Sie uns am Bahnhof erwartet hatten. Diesmal waren Sie leider nicht da, und die Gondel hat uns nicht zum Palazzo Dario, sondern zum Hotel Vittoria gebracht. Goethe hat hier gewohnt, und jetzt logiert dort Ihr ergebener Diener und Freund. Glauben Sie aber nicht, daß mich das Andenken an den großen Mann sonderlich berührt hätte.

Mehr als einmal haben wir während unserer Spaziergänge durch Rom vom Dichter der *Römischen Elegien* gesprochen, und Sie wissen ja, daß sich meine Bewunderung für ihn in Grenzen hält. Sein Porträt von Tischbein inmitten der Ruinen der Ewigen Stadt hat im Grunde etwas Kindisches, einen Zug, den ich auch in seinen berühmtesten Werken wiederfinde. Mit dem langgezogenen Gesicht des Olympiers und Hofrats, der Kleidung eines Müllerburschen, seinem großen Filzhut, anmaßend in Gesichtsausdruck und Körperhaltung, sieht er ein wenig dümmlich aus, finde ich. Aber ich schreibe Ihnen eigentlich nicht, um über Goethe zu reden; mein Brief soll Ihnen sagen, daß ich in Venedig bin, was Sie sicher nicht überraschen wird. Florenz konnte mich trotz seiner Schönheiten nicht länger zurückhalten. Zehn Tage habe ich dort zugebracht, dann habe ich mich der Lagune zugewandt. Und hier bin ich nun. Ich habe das »venezianische Glück« wiedergefunden, seine Zauberkraft, die um so kostbarer ist, je mehr sie von Melancholie gefärbt ist. Venedig zog mich mit der Kraft seines Frühlings an. Ich wollte es in seinem verjüngten Licht wiedersehen. Mein Gott, wie schön ist es hier!

Glauben Sie jedoch nicht, daß ich Rom gegenüber undankbar wäre, das ich erst durch Sie kennengelernt habe, so wie Sie mir vorher Venedig erschlossen hatten. Ich war wirklich nicht unberührt von der Größe der Ruinen und der Majestät der Monumente. Ich habe das antike Rom der Kaiser und das Rom der Päpste bewundert, das Rom der Tempel wie das der Kirchen, Rom in jeder Spielart. Ich habe wunderbare Erinnerungen und eine herzliche Dankbarkeit für die unermüdliche Geduld, die Sie aufgebracht haben, um mich überallhin zu begleiten. Sie haben mich vom Forum zum Aventin, vom Kapitol zu den Thermen des Caracalla, vom Pantheon zum Kolosseum geführt, vom Gianicolo zum Pincio, von den Gärten der Villa Borghese zu denen der Villa Pamphili, von Sankt Peter zu den großen Basiliken. Wir sind über die Piazza Navona geschlendert und sind vor der Fontana di Trevi stehengeblieben. Mit Ihnen gemeinsam habe ich Frascati und Tivoli gesehen und mich an den Wasserspielen der Villa d' Este ausgeruht, wo das Wasser nacheinander grün, blau, grau und schwarz ist, als wäre es der Spiegel der Jahreszeiten. Ich bin unter den Zypressen der Villa Hadriani gewandelt und über die tausendjährigen Steinplatten der Via Appia marschiert. Sie waren eine perfekte römische Freundin, wie Sie eine unvergleichliche venezianische Freundin gewesen waren. An Ihrer Seite habe ich durch einen schönen Aprilhimmel die vatikanischen Glocken das Osterfest verkünden hören, und wenn ich den Papst nicht gesehen habe, so war es nicht Ihre Schuld...

Ist es aber nicht Ihre Schuld, wenn die römischen Glocken mich die venezianischen nicht vergessen ließen, wenn in diesem doch so beredten Rom Venedig nicht aufgehört hat, mit seiner sanften Stimme zu mir zu sprechen? Der vielstimmige Lärm der Stadt der Konsuln, Kaiser und Päpste hat mich nicht hindern können, auf das Schweigen der Stadt der Dogen zu hören. Ihre schweigsamen Wasser mit ihren stummen Verführungskünsten sind stärker als das beredte Emporschnellen der Fontänen, deren Rhythmus sich den Gesten der Götter, Helden und Heiligen anpaßt. Der Triton auf der Piazza Barberini schießt seine funkelnde geschmeidige Wassergarbe weiß Gott hoch hinauf, und der Olymp, der auf der Piazza Navona paradiert, heischt gewiß Gehorsam! Die komische »Barcaccia« auf der Piazza di Spagna ist sehr attraktiv, nicht weniger als die triefenden Bronze-Schildkröten auf der Piazza Tartaruga und der Brunnen, der bei dem Rundtempel der Vesta murmelt. Gewiß, ich bewundere Rom, aber ich liebe Venedig. Der würdevollen Majestät der römischen Campagna ziehe ich die leuchtenden Gestade der Lagune vor, den geflügelten Markuslöwen der Wölfin, die die göttlichen Zwillinge säugte. So bin ich wieder hier, während Sie über die Steinplatten des Corso wandeln und die Stunden an der Doppeluhr der Trinità dei Monti ablesen, anstatt das blaue Zifferblatt des Torre del Orologio auf dem Markusplatz nach der Uhrzeit zu fragen.

Ich bin nämlich ganz in der Nähe im Hotel Vittoria abgestiegen. Es ist ziemlich mittelmäßig, aber kaum ist man draußen, steht man auch schon in der Frezzaria. Aber Ihnen brauche ich ja keine Ortsbeschreibung zu geben. Sie kennen sie alle besser als ich, die Fuß- und die Wasserwege. Ob Sie wirklich in Rom sind? Mehr als einmal schon meinte ich Ihnen auf der Spur zu sein, an der Biegung eines Gäßchens, im Winkel eines Campo, so gegenwärtig sind Sie mir in meinen Gedanken. Sicher wohnen Sie an einem Campo, wenn Sie schon nicht in Ihrem geliebten Dario sein können. Denn Sie haben ihn gern, Ihren Palazzo, und Sie sind stolz auf ihn. Ich weiß es, ich habe gesehen, wie liebevoll Sie ihn betrachten, und von ihm will ich Ihnen einige Neuigkeiten berichten. Gleich nach meiner Ankunft habe ich ihm einen Besuch abgestattet. Ich mußte ihm Ihre Erinnerungen und meine Huldigung darbringen. Verdient seine Schönheit nicht eine solche Courtoisie?

In Santa Maria Zobenigo nahm ich den Traghetto nach San Gregorio. Schon von der Gondel aus sah ich die geliebte

Fassade. Sie lag bereits im Schatten, doch dieser leichte, transparente Schatten kleidet das reizvolle marmorne Antlitz. Unter den Scheiben aus Porphyr und Serpentin, die wie Kronen aussehen, die zu Ehren des Frühlings aufgehängt wurden, war das Wassertor geschlossen, aber mehrere Fenster standen offen. Der anstellige Carlo nutzte wohl das schöne Wetter aus, um den Palast zu lüften. Von San Gregorio ging ich dann zum Landeingang hinüber und klingelte. In einer Dachluke sah ich Carlos Kopf auftauchen, mit seiner langen Nase, dem Schnauzbart. Er kam herunter, und wir haben sehr nett geplaudert. Er wollte mich ins Haus lassen, doch habe ich mich lieber für einen Augenblick in den Garten zu dem Marmorbecken gesetzt, wo das Wasser so sanft rauscht. Ich lauschte ihm, er fragte mich, ich sprach von Rom und von Ihnen. Es war mir wohl ums Herz. Lerchen flogen auf. Auf dem Campiello Barbaro, hinter der roten Mauer, schwatzten Frauen, dann schwiegen sie. Manchmal das Geräusch von Schritten, dieses charakteristische Geklapper der Holzpantinen. Beim Hinausgehen habe ich mich über das Geländer der kleinen Brücke gebeugt, die den Rio della Torresella überspannt. Kein povere Marco in seiner Barke rief sein *bell' uva,* alles war so ruhig, so schweigsam, so venezianisch! Nichts ist schöner als Venedig ...

Und doch fehlt ihm eine seiner Schönheiten. Das habe ich vor seinem zusammengebrochenen Campanile festgestellt. Er ist »wie ein Ehrenmann« eingestürzt, ohne den Markusdom zu beschädigen, doch diese Lücke verändert den ganzen Platz. Er ist wie aus dem Gleichgewicht gebracht, wie verkrüppelt, und dieser Eindruck von Gebrechlichkeit wird noch dadurch verstärkt, daß die Mauern der Alten Prokuratien abgestützt werden müssen. Vom Campanile ist nichts übrig als das Fundament, das ein Bauzaun umgibt. Die Steinbrocken sind weggeräumt worden, und der Hof des Dogenpalastes beherbergt manches Skulpturenfragment. Auch der Dogenpalast wird gerade renoviert. Der große Saal mit Tintorettos »Paradies« wird überholt. Die Erschütterung des gigantischen Einsturzes muß hier über die Maßen spürbar gewesen sein.

Da ich einmal bei den Neuigkeiten bin, hier ist noch eine weitere für Sie. Eine der ersten Personen, denen ich begegnet bin, war der liebenswürdige Prinz von Hohenlohe. Er spazierte durch die Laubengänge der Prokuratien, zierlich, kerzengerade, mit durchgedrückten Knien, vorgewölbter Brust. Sein Bart schien mir etwas ergraut. Er war besonders gut gelaunt. Zweifellos hatte er beim Antiquitätenhändler einen glücklichen Fund gemacht und trug nun irgendeine kleine Kostbarkeit in die Casetta Rossa heim. An seiner Seite war eine brünette junge Dame. Vielleicht mache ich eines Tages vom Campo San Maurizio aus einen Abstecher in den engen Calle del Dosè, um an der Tür des kleinen Hauses zu läuten. Aber ich hatte noch eine andere Begegnung, von der ich Ihnen berichten will. Es ist der bucklige Zwerg, dem Sie jeden Tag im Vorbeigehen etwas Geld zusteckten. Gewachsen ist er nicht inzwischen, er hat noch immer die Größe eines acht- bis neunjährigen Kindes. Sein Buckel sitzt immer noch an derselben Stelle, immer verkauft er noch Zündhölzer. Man sah ihn überall, erinnern Sie sich? Er kannte Sie. Wenn er Sie in der Gondel vorüberfahren sah, grüßte er Sie von der Brücke oder vom Ufer aus, zeremoniell, über seinen kleinen Stock gebeugt, so als sei er Statist auf einem Fest des Veronese oder trage den Federbusch auf einem Fresko Tiepolos. Nun, auch mich hat er erkannt und mir seine schönste Grimasse geschnitten. Das hat mich mehr gefreut, als es das Lächeln der brünetten Dame getan hätte, die den Prinzen begleitete. Weil mich der kleine Bucklige erkannte, habe ich mich in Venedig weniger fremd und weniger als Eindringling gefühlt, denn eigentlich war ich, seit ich hier ankam, von einer fixen Idee verfolgt, die ich Ihnen anvertrauen muß.

Da ich nun im Hotel wohnen muß, habe ich Angst, nichts als ein Tourist zu sein und die charmante Lebensart zu verlieren, die ich von Ihnen lernte, kurz: nicht mehr das zu sein, was Sie »gut venezianisch« nennen. Unter all den Fremden, den Engländern, Amerikanern, Deutschen, die um mich herum sind, ertappe ich mich bei den befremdlichsten Handlungen. Stellen Sie sich vor, ich habe mir einen Stadtplan und einen Baedeker gekauft. Nun, vielleicht wollte ich mich nicht länger im Labyrinth der Calli verirren, mich nicht auf der Rialtobrücke befinden, wenn ich eigentlich zur Santa Maria Formosa wollte, in San Polo sein statt in San Barnaba? Noch ein schlimmeres Indiz: Am nächsten Tag habe ich mich hingesetzt und mir einen genauen Stundenplan für den ganzen Tag aufgestellt. Und nun, o Schande, bleibt mir eigentlich nur noch, einen Führer zu nehmen, um den Markusdom zu besichtigen, und einem Cicerone in die Accademia nachzulaufen. Dort habe ich gestern morgen eine Horde von Deutschen erlebt. Es waren ungefähr zwanzig Männer und Frauen, münchnerisch aufgezäumt. Manche hatten sich unmanierlich auf das Parkett gesetzt, um bequemer dem Vortrag zuhören zu können, den ihnen ein siebengescheiter, bärtiger Professor mit einem germanischen Christuskopf hielt. Mein Gott, wie häßlich war diese Kohorte von Barbaren, hätten doch die schönen schlanken Bogenschützen des Carpaccio die gefiederten Pfeile aus ihren Köchern besser auf sie gerichtet, als mit ihren Spitzen die jungfräulichen Leiber der unschuldigen Gefährtinnen Sankt Ursulas zu durchbohren! Nein, eine solche Behandlung verdiene ich nicht länger, von nun an verzichte ich auf schlechte touristische Sitten und sage mir lieber die Leitsätze aus dem Katechismus für gutes Venezianisch auf.

Wichtigster Punkt und Grundregel: Lebe in Venedig, wie du überall leben würdest. Bleibe du selbst und mache keine Kunstfigur aus dir. Wenn du gerne Kirchen siehst, so besichtige sie, willst du Bilder sehen, betrachte sie. Fühle dich aber nicht dazu verpflichtet. Venedig verpflichtet einen zu gar nichts, am wenigsten dazu, sich romantisch zu gerieren oder sich als Ästhet zu verkleiden. Wenn du gern Sonnenuntergänge und das Aufgehen des Mondes siehst, steht dir das frei, aber du brauchst es nicht zu tun. Wenn du gern einen Schaufensterbummel machst, gönne dir das Vergnügen; magst du lieber Antiquitätenläden, gehe hinein. Liebst du Cafés? Nimm Platz an den kleinen Tischen des Florian oder des Quadri. Hast du Lust zu lesen oder zu schreiben? Schließe dich in dein Zimmer ein. Posiere nicht vor dir selbst mit einer Taube auf jedem Arm. Bist du gut zu Fuß, nimmst du besser keine Gondel. Opfere deinen persönlichen Geschmack nicht dem Lokalkolorit. Bitte Venedig nur um dein persönliches Wohlbefinden. Bist du ein Liebhaber schöner Lichtreflexe auf Stein und Wasser? Es bietet dir genügend davon. Suchst du die Stille? Hier wird sie dir zuteil. Venedig drängt sich niemandem auf, aber es bietet sich an. Gib dich zufrieden, glücklich zu sein über die Schönheiten, die es dir vorschlägt. Gib dir keine Mühe, es in seiner mehr oder weniger fernen Vergangenheit heraufzubeschwören, wenn dir seine Gegenwart genügt. Sei nicht traurig, daß man heute keine Masken mehr sieht und daß mit der Serenissima auch der Karneval ausgestorben ist, sondern versetze dich in jene Zeit, wenn diese Vorstellung dich erheitert. Venedig offeriert dir die Gelegenheit, dich allen Phantasien des Herzens hinzugeben, denn es ist für dich der ruhende Pol, und du kannst dich für den Augenblick von allem lösen, was dich sonst beschäftigt. Es taugt zu Stunden zärtlicher oder melancholischer Träumereien. Greife zu, wenn sie sich dir bieten. Es gestattet dir, zu vergessen, daß du im Zeitalter der Eisenbahn und der Tramway lebst, doch ist es nicht nur eine Stadt der Kunst und der Vergangenheit, sondern es lebt auch sein tägliches Leben, in dem sich Gestern und Heute überlagern, und diese Mischung trägt zu seinem Charme bei. Auf bescheidene Art setzt es seine glorreiche Geschichte fort. Es gehört nicht nur den Touristen; das Leben der kleinen Leute zu beobachten, ist sehr reizvoll. Wenn du in irgendeiner Kirche oder einem Museum unterwegs bist und dich vor einer malerischen Silhouette oder einem amüsanten Detail länger aufhältst, betrachte das nicht als verlorene Zeit. Du stehst nicht unter der Knute von Cook und nicht unter Baedekers Druck. Folge deiner Phantasie, gib deinen Gedanken und deinem Geschmack freien Lauf. Sammle alle schönen Eindrücke, die du erfährst, und bilde dir nichts darauf ein. Du bist weder der erste noch der letzte, der sie empfängt. In Venedig zu sein, ist nichts Außergewöhnliches. 150 000 Menschen genießen ständig dieses Privileg, ohne die Pferde von San Marco, die Tauben, die Hunde und die Katzen mitzuzählen.

Es gibt in Venedig nämlich viele Katzen. Man trifft sie in großer Zahl in den kleinen Calli, den einsamen Campielli; geduckt, hinterhältig, flüchtig verschwinden sie durch eine Dachluke und tauchen aus einem Kellerloch wieder auf. Sie sind mager, aber glücklich. In Venedig wird viel Fisch gegessen, und auch sie lieben Fisch. Unter diesen Ichtyophagen* scheinen die Kinder schlechter abzuschneiden. Die venezianische Jugend ist oft kränklich und schmächtig. Was für armselige kleine Gesichter! Das Alter hingegen ist oft schön. Häufig trifft man charmante und rührende alte Frauen, die Mütter oder Großmütter jener hübschen Mädchen, die man im Vorbeigehen sieht, den Schal um die Schultern und den Kamm im Haarknoten, manchmal am Arm eines feschen Burschen. Manche von ihnen sind Gondoliere, sie haben – man sieht es – Erfolg bei den Mädchen. Vergessen wir nicht, daß Venedig Casanova und Pagello** zu den seinen zählte und daß es berühmte Schönheiten sein eigen nannte. Das ist so bis auf den heutigen Tag, und eine von ihnen, die Sie gut kennen, ist Ihre Nachbarin. Ich habe sie nie gesehen, aber Ihr Freund G. erzählt alle möglichen Geschichten über sie. G. ist nämlich hier.

Kürzlich bin ich ihm vor meinem Hotel über den Weg gelaufen. Als wir uns erkannten, erging er sich gleich in großen Freundschaftsbeteuerungen, schätzte sich glücklich, daß der Zufall uns im Vittoria, wo auch er logiert, zusammenbrachte. Seither treffen wir uns fast täglich. Er ist ein liebenswürdiger Gesellschafter, immer gut gelaunt und unternehmungslustig. Seine amüsanten Geschichten erzählt er uns meistens bei Tisch oder im Café, denn ich, der ich in Paris nie eines dieser Etablissements betrete, gehe hier gerne ins Café. Schließlich gibt es in Venedig das Florian! Wir machen es uns in einem seiner kleinen, freskengeschmückten Nebenräume bequem, in dem mit dem gemalten Chinesen, und die Zeit vergeht höchst

* Fischessern. (Anm. d. Ü.)

** Pietro Pagello (1807–1898), Arzt und Geliebter von George Sand. (Anm. d. Verl.)

angenehm. G. fragt uns nach Neuigkeiten aus Paris aus, nach Leuten, die er kennt, und wenn er seine Neugierde befriedigt hat, verweigert er sich nicht der unseren. Außerdem zeigt er uns die guten venezianischen Restaurants. Dank seiner Tips kenne ich inzwischen die hiesige Gastronomie besser als Sie, die Sie die köstliche Küche des Palazzo Dario vorziehen.

Sie sollten aber wissen, daß man im »Vapore«, wohin wir öfter gehen, nicht schlecht ißt. Außerdem ist es ein denkwürdiger Ort. Man sieht auf einem Schild aus Milchglas einen *vapore* abgebildet, einen Pyroscaphen*, wie man früher sagte. Das Restaurant besteht aus mehreren Räumen, durch die ein livrierter Diener eilt, der einem auf dem Hors d'œuvres-Tablett *gambaretti* oder andere *frutti di mare* anbietet. Wie es heißt, mußte der Brave früher seine Meeresfrüchte als Doge verkleidet feilbieten. Diese Maskerade bleibt ihm wenigstens erspart. Hat man das Menü gewählt, ist die Bedienung langsam, nicht immer gut, aber herzlich. Nach dem Essen wird einem ein praktischer, etwas bizarrer Apparat gebracht: die *candela*. Auf zwei kleinen Stützbalken aus Nickel legt man seine Virginia ab, um sie an einem zuckenden Flämmchen anzuzünden. Manchmal zieht es uns statt ins »Vapore« in den »Anticho Cavaletto« am Bacino San Gallo, wenn wir nicht ins »Bella Venezia« im Calle dei Fabri gehen. Sieht das vielleicht wie eine Nachhilfestunde aus? Meine einzige Entschuldigung für diese Aufzählerei ist die, daß ich dabei an unsere Mittagessen in Rom bei Constantin auf dem Aventin oder in der kleinen Trattoria Buci denke. Ich sehe noch den Grafen Primoli mit seiner Napoleon-Statur und das feine, vergeistigte Antlitz des Abbé Duchesne an Ihrem Tisch, dessen schwarze Augen mich stets an den *Gilles* von Watteau erinnern.

Bei all meinem Geschwätz merke ich erst jetzt, daß ich Ihnen noch gar nichts vom Frühling erzählt habe. Dabei bin ich doch eigens deswegen nach Venedig gekommen, nachdem ich mit Ihnen den Frühling von Rom genossen hatte. Ich habe nicht die

* Dampfboot. (Anm. d. Ü.)

heiteren Schaufenster der Blumenläden an der Treppe zur Trinità del Monte, die riesige Glyzinie am Palazzo Colonna vergessen, auch nicht die Blumenrabatten der Villa Pamphili und den schönen Pfau der Villa Borghese, der so liebestoll sein Rad schlug, und die Asphodelenfelder von Albano. Auch Venedig hat seine Gärten, deren alte Mauern von Rosen überborden. Doch nicht dort ist sein eigentlicher Frühling. Er ist in der Frische des Lichtes, in der Verjüngung der Steine und Wasser, im heiteren Losgelöstsein, in den Lerchen, die wie die Furien schwirren und wie der Blitz durch die Brückenbogen jagen. Er ist auch in den heftigen Regengüssen, die bisweilen vom Himmel prasseln. Gerade habe ich einen überstanden. Nichts kündigte ihn an. Wir hatten eine Gondel zum Arsenal genommen. Ich hätte bemerken müssen, daß das Wasser der Kanäle ganz heimtückisch aussah. Man spürte, wie sie prall von geheimen Wasseradern, von unterirdischen Strömungen waren, die die Gondoliere gut kennen und derer sie sich kräfteschonend mit großer Kunstfertigkeit und träger Genauigkeit bedienen. Ganz plötzlich, ohne daß wir sahen, wie sich die Wolke ballte, begann es zu regnen, ein heftiger, warmer, überreicher Regen, der die Fläche des Wassers förmlich durchlöcherte. Der Gondoliere suchte unter einer Brücke Schutz. Zufällig hatte er eine der durchsichtigen Eisenbrücken ausgewählt. Dort warteten wir das Ende der Sintflut ab. Manchmal stieß eine dickbäuchige triefende Barke mit ihren feuchten Bordkanten an unsere Gondel und setzte ihre schweigende Fahrt fort. Ich dachte an unsere Spaziergänge im letzten Jahr, an meine ersten Ausfahrten als Genesender. An eine erinnere ich mich besonders. Wie hatte es an jenem Tag geregnet! Das Hängebrückchen, das über den Rio hinweg den Palazzo Albrizzi mit seinem Garten verbindet, troff aus allen Ranken seines wilden Weines. Wir sind in den Palazzo hineingegangen: weite patrizische Säle, Galerien mit mythologischen Gemälden und mit Dogenporträts aus der Familie und dann dieser Ballsaal, so komisch wie charmant, wo sich auf dem Stuck die Amoretten herumbalgten ...

Da wir inzwischen beim Kapitel Liebe gelandet sind, muß ich

Ihnen noch sagen, daß G. überhaupt nicht gezögert hat, uns von seinen Amouren zu erzählen. Es gab Römerinnen darunter, Neapolitanerinnen, Sizilianerinnen, Florentinerinnen, Venezianerinnen und sogar Pariserinnen. Auf diese ist G. besonders stolz. Ich glaube, Sie erraten die betreffende Dame. Sie hat goldfarbenes Haar und sieht aus wie eine Nymphe von Boucher. Allerdings ist sie leicht übergeschnappt, ißt mit Vorliebe rohe Ente und Regenwürmer, was sie nicht hindert, charmant zu sein. Nur sollte man von ihr nicht auf alle Französinnen schließen. Das habe ich auch unserm Freund zu erklären versucht. Ob ich ihn überzeugen konnte, weiß ich nicht, aber unser Prestige in Sachen Liebe steht im Ausland außer Frage. Wir gelten in der Welt etwas durch unsere Küche und unsere hübschen Frauen. Halten wir uns daran!

Das hält die Leute hier nicht davon ab, sich uns von der besten Seite zu zeigen. Die Venezianer sind liebenswürdige und höfliche Menschen, und Venedig ist die gastlichste aller Städte. Ich liebe es, das frühlingshafte Venedig in seinen Farbnuancen, in seinen Lichtreflexen! Warum können Sie nicht mit uns sein! Wir würden uns zu Fuß auf die Suche nach dem kleinen Laden machen, wo es die Korallen gibt; er übergießt die schattige Gasse mit seiner leuchtenden Auslage wie mit Blut. Oder wir würden versuchen, in der Gegend des Campo San Polo den Vogelhändler aufzuspüren, der auch weiße Mäuse verkauft, wenn wir uns nicht der Pescheria zuwenden, um die Körbe mit den fetten Krebsen zu bestaunen, die einen mit ihren gekreuzten Scheren an Vorhängeschlösser erinnern oder an die Brosche an Amphitrites meergrünem Mantel ...«

Casa Zuliani

Venedig, im Oktober, November 1904

Ich verwahre in meiner Rocktasche einen dicken Schlüssel, den ich bei jedem Schritt spüre. Wenn ich den Campo San Vio überquert habe, komme ich an die Stelle, an der, von den Zattere herkommend, der Rio della Torresella eine Rechtsbiegung macht, bevor er längs dem Campiello Barbaro und der Seitenfront des Palazzo Dario den Canal Grande erreicht. Zwischen dieser Biegung und dem Campiello Barbaro ist der Rio von einer doppelten Fondamenta eingefaßt. Dies ist der Zugang zu einigen Häusern, von denen eines mit ockergelbem Verputz und braunen Fensterläden ziemlich groß ist und eine leicht gebogene und etwas wulstige Fassade aufweist. Es hat zwei Stockwerke. Über der Haustür ist ein kleines Kupferschild angebracht, auf dem der Name Zuliani eingraviert ist. Daneben befindet sich eine Klingel, die ich aber verächtlich übersehe. Ich brauche nur einen Schlüssel aus meiner Tasche zu ziehen, ihn ins Schlüsselloch zu stecken, und die Tür öffnet sich.

Sie öffnet sich, und ich bin auf den ersten Stufen einer Treppe, die zwischen zwei weißen Steinwänden in die Höhe geht, in deren einer eine muschelförmige Nische eingelassen ist. Die Treppe endet auf einem Flur, wo ein Tisch steht und darauf in einem Keramik-Übertopf eine Grünpflanze. Neben dem Tisch ein Kanapee aus Mahagoni mit grünlichem, abgenutztem Samtbezug. Rechts und links mehrere Türen. Ich gehe auf eine zu und betrete ein recht großes Zimmer. Es empfängt sein Licht durch zwei Fenster. Sein *pavimento* aus bräunlichem, weißgesprenkeltem Mosaik ist zur Hälfte mit einer Matte bedeckt. Die Wände des Zimmers sind mit einer braunen Rankentapete tapeziert, eines der daran aufgehängten Bilder zeigt eine in Seide gestickte Ansicht von San Marco. Mitten im Zimmer steht ein

Tisch. Dann gibt es noch ein Bett mit einem Moskitonetz, einige Sessel, Stühle und einen Schrank. Zwischen den beiden Fenstern einen Ofen aus rosa gebranntem Ton. Das ganze Ensemble ist von bescheidenem bürgerlichen Zuschnitt, etwa im Stile von 1840. Man könnte meinen, man wäre im Hause von Pagellos Tante zu Besuch, wenn nicht, verdeckt unter einem Lampenschirm, eine Glühbirne an der rosettenbemalten Decke schwebte. Die Fenster dieses Hauses mit der Hausnummer 709 gehen auf die Fondamenta Venier und den Rio della Torresella. Auf der gegenüberliegenden Fondamenta auf dem anderen Ufer erhebt sich eine Art Portal mit einem wappengeschmückten Giebel, von wo aus man einen Campo mit seinem Brunnen, ein paar mageren Bäumen, an Schnüren trocknende Wäsche im Blickfeld hat. Wenn man sich aus dem Fenster lehnt, erkennt man links die Salute.

Diese Aussicht, dieses Logis gewährt mir mein dicker Schlüssel. Signora Zuliani, die Hausherrin und Vermieterin, hat ihn mir freundlich überlassen, seit ich mich bei ihr einquartiert habe. Sie ist eine Frau in mittleren Jahren mit einem langgezogenen Gesicht. Auf der Nase hat sie ein Lorgnon, das sie an einem Kupferkettchen um den Hals trägt. Stets ist sie schwarz gekleidet und trägt um die Schultern eine wollene Pelerine mit Schließe. Sie führt die Familienpension gemeinsam mit ihren beiden Schwestern. Unter sich sind die drei die »Sorelle«. Ein Dienstmädchen, das auf den Namen Eufemia hört, hilft ihnen im Haushalt. Sie wohnen am Ende des Ganges, und hinter ihrer stets diskret verschlossenen Tür hört man einen kleinen Hund kläffen. Das zänkische Gebell begrüßt jeden Klingelzug, denn nicht jedermann kommt in den Genuß eines Schlüssels. Jetzt im Oktober allerdings sind die Gäste in der Casa Zuliani nicht mehr zahlreich. Deshalb haben sich die Schwestern entschuldigt, daß sie uns nicht die Zimmer mit Blick auf den Garten Venier geben können. Dieser Garten wird von den Sorelle nicht sonderlich geschätzt. Sie finden ihn *troppo verde,* weil das Grün die Zimmer dunkel macht, und sie fügen verächtlich hinzu: *»Non è una roba di* *giardino, è una roba di bosco.«** Gut finden sie nur, daß er den Gästen Ruhe gewährt. Sie befürchten, daß die Rufe der ambulanten Händler auf der Fondamenta und das Palavern der Gondoliere auf dem Rio uns belästigen. In der Tat wird auf der Fondamenta Venier viel gerufen. Die Gemüsehändler schleppen ihre Körbe hierher, und die Verkäufer von *calamari* stellen ihre kupfernen Becken auf. Vielleicht werde ich il povere Marco seine bell' uva anpreisen hören, denn ich habe ja schon venezianische Erinnerungen und empfinde Freude bei dem Gedanken, den ganzen Monat Oktober in Venedig zu verbringen. Und werde ich nicht auch unsere Freundinnen aus dem Palazzo Dario wiedersehen?

Sie sind wirklich in Venedig, nur leben sie nicht im Dario, der kaum bewohnbar ist. Inmitten der Arbeiter, die dabei sind, ihn zu renovieren, läßt sich allein Madame de la Baume blicken. Der Palast muß gründlich überholt werden. Man hat ihm sein schönes marmornes Antlitz weggenommen und, da seine Stabilität bedroht ist, ist man dabei, ihn mit Eisenbändern zu ummanteln. Auch einige der Grundpfähle werden ersetzt. Madame de la Baume will bei dieser Gelegenheit auch einige Veränderungen innerhalb des Hauses vornehmen. Sie hat die Küche ausgelagert, und um sie provisorisch zu installieren, hat sie ein kleines Haus auf dem Campiello Barbaro gekauft. Dort ist das von Carlo beaufsichtigte Küchenpersonal am Werk. Als Gondoliere hat Madame jetzt Amedeo und Simeone. Simeone, der Heckgondoliere, ist ein stämmiger Blonder, vom Typ her ein Österreicher. Amedeo ist brünett und hager, ein eleganter Bursche, der alles, was zu seinem Bereich gehört, auf das beste erledigt. Spricht man mit ihm, so zieht er graziös seine Mütze. Abends beim Ein- und Aussteigen erhellt seine große Laterne sein bronzefarbenes, romantisches Profil auf seltsame Weise.

Auch der Palazzo Venier ist umgebaut worden, damit Madame Bulteau und ihre alte Freundin W. bequem darin wohnen können. Einen Raum hat man hergerichtet, der als Salon,

* »Das ist überhaupt kein Garten, das ist der reinste Urwald.«

Atelier und Speisezimmer dient. Die Speisen werden auf einer Wärmeplatte und unter einer Metallglocke auf großen Tabletts aufgetragen. Ist das Essen abgeräumt, wird der Saal wieder zum Salon und Atelier. Er ist riesig, mit den unterschiedlichsten Altertümern möbliert, und besitzt als Hauptschmuck ein großes Wandgemälde in der Manier von Longhi. Der Venezianer von damals, der sich auf diesem Bild mit Dreispitz, Tabaro und Bautta darstellen ließ, hatte die seltsame Idee, sich von rückwärts porträtieren zu lassen. Er sieht aus, als wolle er in die Wand eintreten. Er gleicht einer menschlichen Fledermaus. Seine Phantasie-Gestalt paßt gut zu dem seltsamen alten Palast, der unvollendet geblieben ist und der abends vom Canal Grande her mit seinen erleuchteten Fenstern an eine Ruine denken läßt, in der die Geister der Lagune spuken.

Jeden Tag finden wir uns dort ein, um die Mahlzeiten mit unsern Freundinnen einzunehmen und an ihrem Tisch unsern Nachbarn aus der Casa Zuliani zu treffen. Henri Gonse ist ein römischer Freund der Damen, ein hervorragender Italienkenner, langjähriger Attaché unserer Botschaft beim Vatikan. Ich sah ihn 1903 in Rom und sehe ihn hier mit Vergnügen wieder. Er liebt die Bücher und die Bibelots! Er liebt Venedig wie der Maler Maxime Dethomas, der mit sicherem Stift exzellente Stadtansichten und Typen aufs Papier wirft. Wenn der Maler ein passionierter Beobachter des heutigen Venedig ist, so ist Henri Gonse ein Kenner des historischen, und ich schlendere gern mit ihm durch die Säle des Museo Civico, wo ich kürzlich ein höchst merkwürdiges Ausstellungsstück entdeckt habe. Es ist das Holzmodell des Palazzo Venier, so wie er hätte aussehen können, wenn die Republik seine Vollendung nicht verboten hätte. Er hätte beträchtliche Ausmaße gehabt, er hätte vom Canal Grande bis zum Rio della Torresella gereicht und auch noch den Platz der heutigen Casa Zuliani eingenommen. Doch die eigensüchtige Serenissima hat der Bauwut dieser mächtigen Dogenfamilie Einhalt geboten, von deren Stolz nur die noble Marmorruine als Zeugin übriggeblieben ist. Heute ist sie von vergilbendem oder purpurrotem Laub überwuchert und von ihrem verwunschenen Garten umgeben, wo rund um eine Sonnenuhr die Salbeibeete blühen.

Gibt es Schöneres als einen venezianischen Herbst? Welches Vergnügen bereitet mir das süße Leben hier mit seinen Freundschaften und seiner Muße, seinen Plauderstunden und Promenaden, dessen sanftes Gesetz darin besteht, zu lauschen, zu schauen und zu träumen, sich dem Leben hinzugeben, das in seiner bescheidenen Alltäglichkeit etwas Unwirkliches und Verzauberndes an sich hat, so daß man sich zuweilen fragt, ob man nicht selbst ein imaginäres Wesen geworden ist. Das Gestern ist hier weit und das Morgen erscheint noch entfernter. Hier sind die Stunden nicht nur Stunden. Es gibt hier unendlich kurze und unendlich lange Tage. Die Briefe, die man bekommt, tragen einem Neuigkeiten zu, die aus einer andern Welt zu stammen scheinen, wo alles ernsthaft, nützlich, praktisch ist, während man hier völlig entspannt im Unnützen und im Überflüssigen lebt. Man fühlt sich wie auf einer Theaterbühne, wo alles auf eine Handlung hinzielt, deren Sinn gleichgültig ist, deren Peripetie aber nur glücklich und heiter sein kann. Diesen Eindruck habe ich überall in Venedig. Er erwartet mich an jeder Ecke dieser gepflasterten Hausflure, die die Calli sind. Sie scheinen die Wege der glücklichen Zufälle zu sein. Das Echo eines Schrittes verspricht eine Begegnung mit dem Unvorhergesehenen, das Echo einer Stimme kündigt ein ersehntes Gesicht an, und doch weiß man, daß nichts geschieht, daß hinter der Maske, die man ihm andichtet, das Schicksal nur das Lächeln hat, das man ihm wünscht, daß nichts die bezaubernde Monotonie der Tage trübt, daß die immer gleichen Ereignisse sich unendlich wiederholen werden.

Venedig gibt einem das Gefühl von Komödie und Oper, wo man sein eigenes Gegenüber ist, durch mancherlei Überraschungen. Das ist mir dieser Tage wieder einmal aufgegangen. Ich hatte für einen Augenblick das so einsame, feuchte, abbröckelnde Kloster La Badia betreten. Ganz in seiner Nähe gibt es eine Wäscherei. Plötzlich hörte ich die Arbeiterinnen im Chor singen, und die Stimmen antworteten einander so wunderhübsch, mit soviel Heiterkeit und Ausdruckskraft, daß man hätte meinen mögen, ein Vorhang gehe auf und die Sängerinnen erschienen im Dekor und den Kostümen dieser Musik auf der Bühne.

Und in welche Komödie mag der Antiquitätenhändler von der Fondamenta Venier verstrickt sein, dessen Laden ich von meinem Fenster aus sehe? Nie ist er im Laden, dieser seltsame Trödler! In die geöffnete Tür klemmt er ein Brett, um zu verhindern, daß man hineingehen kann. Manchmal stellt er auch einfach ein leeres Faß auf. Dabei gibt es in seinem Geschäft nichts, was von Wert wäre. Auf einem alten Tisch ein Apothekengefäß und ein paar angeschlagene Fayencen. Auf den Regalen schemenhafte, verstaubte Utensilien. Draußen hängt wie ein Ladenschild an einem Nagel im abgeblätterten Goldrahmen das Bild irgendeines Heiligen... Welch mysteriöse Machenschaften mag dieser stets unsichtbare Antiquitätenhändler betreiben? In welchem Intrigenstück wird sein unbekanntes Gesicht auftauchen?

Sollte ich jemals ein venezianisches Theaterstück schreiben, so glaube ich nicht, daß ich es in der Buchhandlung des exzellenten Signor C. spielen ließe. Zwar gäbe er darin eine fabelhafte Figur ab, doch hätte ich ihn dann zu sehr Goldoni entliehen, so als wäre er geradenwegs einer Komödie des Autors der *Bottega di Caffè* oder von *Il Bugiardo* entsprungen. Treten wir trotzdem für einen Augenblick in den goldonihaften Laden von Signor C. ein. Schon das Schaufenster verheißt Gutes. Öffnet man die Tür, wird man von dem vertrauten Geruch gedruckten Papiers empfangen, diesem Bibliotheksgeruch, der den Bücherfreunden so teuer ist. Große Wandschränke enthalten in ihren Fächern ein bemerkenswertes Sortiment. In allen vier Ecken türmen sich weitere Bücher. Auf einem Tisch liegen dicke Mappen mit Kupferstichen. Hinter dem Tisch thront Signor C. Er hat ein kraftvolles frisches Gesicht, einen massigen Körper, den dicken Bauch eines Schlemmers. Meistens hat er einen Hut auf dem Kopf. Neben ihm steht sein Sohn, der einem einen Stuhl anbietet, damit man bequemer die Bände durchblättern und die Pappschachteln durchsehen kann. Ist man als Kenner ausgewiesen, wird einem alsbald ein seltenes Buch oder ein ausgewählter Stich präsentiert. Man hat durchaus eine Chance, einen guterhaltenen Alde oder einen Kupferstich nach Guardi oder Canaletto zu finden. Wer weiß, vielleicht entdeckt man eine der herrlichen *capricci*-Gravuren des großen Tiepolo oder eine der Jagdszenen von Pietro Longhi, auf denen man die Venezianer von ehemals, in ihren Barken sitzend, die Wasservögel in Lagune und Brenta schießen sieht! Man beobachte den exzellenten Signor C., wie er diese Jagdszenen fixiert! Sein Auge verklärt sich bei dem Gedanken an zarte Braten und köstliche Frikassees, an Pasteten in Blätterteig und Terrinen. Die Lust des Feinschmeckers steht ihm ins Gesicht geschrieben, und bald vertraut er einem manches an, was die Gastronomie betrifft. Natürlich, ein schönes Buch ist ein schönes Buch, aber ein schönes Stück Fleisch und ein guter Wein sind auch nicht zu verachten. Und während er redet, richten sich seine verzückten Blicke auf die dickbäuchigen, langhalsigen Flaschen, die in ihrem Strohkleid unter einem der Wandschränke aufgereiht sind. Man glaubt es gern, daß ihm zwischen zwei Katalognotierungen und zwei vorteilhaften Verkäufen die eine oder andere dieser beleibten Flaschen die Stärkung spendieren wird, die ihr großzügiger Bauch enthält, und es bleibt abzuwarten, ob nicht am Ende des Tages die beiden gelehrten Feinschmecker und Buchhändler aus dem Calle San Moisè den glücklichen Verlauf mit einem erlesenen Festschmaus feiern werden. Sieht man nicht diesen Laden vor sich, wie er in einer saftigen Sittenkomödie aus der guten alten Zeit eine pittoreske Rolle spielt?

Und es ist nicht der einzige Ort, wo sich in Venedig die Figuren aus der Komödie und der Dekor von früher erhalten haben. Ich kenne eine Apotheke, wo Pantaleone und Tartaglia sich mit Ingredienzien und Mixturen hätten versorgen können, wo Brighella vier Körner Nieswurz hätte kaufen und Arlequino sich ein Elixier hätte brauen lassen. Sie hat alle ihre altertümlichen Geräte erhalten, ihre geschnitzten Wandschränke, ihre beschrifteten Porzellangefäße, die Theke, die Waage ... Doch wir Heutigen benötigen nicht mehr die Salben und Verbände, nicht einmal mehr diesen Theriak* von erster Qualität, der in ganz Europa gefragt war und den allein die Apotheker von Venedig herstellten. Es sind nicht die Drogen, die wir in dem engen Lädchen im Calle Largo San Marco suchen, sondern die Ketten aus farbigen Perlen, die der ehrenwerte Signor Berengo verkauft. Man findet sie in allen Geschäften am Markusplatz, doch Signor Berengos Ketten gefallen uns besonders gut, weil er ein Sortiment nach unserm Geschmack führt und alle Kombinationen, die wir uns wünschen, daraus macht. Er zeigt uns in großen, unterteilten Schachteln sämtliche Sorten von Glasperlen, und wir wählen aus der bunten Mischung die aus, die er für uns auffädeln soll. Es gibt dicke und dünne, runde, ovale, eckige; es gibt goldene und mit Schlangenlinien verzierte, einfarbige und buntbemalte, marmorierte und gestreifte, solche, die wie Erbsen oder Würfel aussehen, transparente, milchige, emaillierte, gekörnte in allen Farben, in allen Schattierungen. Sie füllen nicht nur die Schubladen, sie hängen von der Decke und an den Wänden, aufgefädelt oder zu Bündeln geschnürt, sie schweben und oszillieren, und da die Tür sich ständig öffnet und schließt, klingen sie bei der leisesten Berührung, reagieren auf jeden Luftzug, auf jedes Vorbeistreichen, vibrieren in ihrem kristallinen Gezwitscher wie ein Echo unendlich ferner Glocken. Sie läuten das gläserne Glockenspiel und singen mit ihren winzigen Stimmchen zum Ruhm der venezianischen Glasindustrie.

Sich auf solche Art zu amüsieren, woran man anderswo nicht im Traume dächte, erscheint einem hier ganz natürlich. Das venezianische Leben besteht aus lauter harmlosen Freuden, man wird empfindsam für ein kleines Nichts, das einem sonst gleichgültig wäre. Nicht nur durch seinen Ruhm betört Venedig, sondern auch durch den Charme des Geringfügigen und durch die

* Altes Universal-Arzneimittel. (Anm. d. Verl.)

bescheidenste Zerstreuung. Um hier glücklich zu sein, braucht man keinen noblen Palazzo Dario; die ärmliche Casa Zuliani am kleinen Rio della Torresella ist genauso fesselnd wie die Aussicht auf den Canal Grande. Wie freut es mich, wenn ich im Schweigen der Nacht höre, wie die ankernden Gondeln sanft und sacht gegen die Kaimauer stoßen. Man ist gut aufgehoben in der bescheidenen Casa Zuliani, wo die Fenster schlecht schließen, wo der unebene Pavimento unter jedem Schritt nachgibt, aber deren dicken Schlüssel man wie einen vertrauten Talisman in der Tasche trägt. Ich mag diesen Winkel Venedigs, diesen Calle San Cristoforo, der nur zwei Häuser zählt, wo ein Metzger und ein Maestro wohnen, und der an einem Tor endet, das von einer Statue des Heiligen überragt ist. Der Gute scheint ganz betäubt von dem Weindunst, den das *deposito di vino* des Signor Macerata ausströmt, wo sich Fässer und Tonnen stapeln, und ich nehme an, der heilige Christophorus wurde hier plaziert, um die künftigen Betrunkenen vor Unbill zu schützen, deren geringste es nicht wäre, sich abzukühlen und die Unmäßigkeit mit Wasser aus dem Kanal zu befeuchten.

Da uns in diesem Jahr die Casa Zuliani statt des Palazzo Dario beherbergt, wollen wir sehen, wie weit die Arbeiten, die ihn künftig sichern sollen, gediehen sind. Ein seltsames Bild bietet der schöne Palast mit seinen abgestützten Mauern und seiner abmontierten Fassade. Er liegt momentan mitsamt seinen Grundpfählen auf dem Trockenen. Mittels eines Gitters wird er vom Kanal isoliert, und das Wasser aus seinem Innern ist wie aus einem Schacht abgepumpt worden. Nun ist der Riesenbottich leer, und man sieht auf den schlammigen Grund. Ich bin hinabgestiegen und zwischen den Pfählen herumgekrochen. Einige müssen ersetzt werden. Die neuen Holzstämme werden mittels eines Gewichts, das an Seilen hängt und das man in gleichmäßigen Abständen niedersausen läßt, in den Morast eingerammt. Der Lärm dieses Hammers mischt sich mit dem der Entwässerungspumpen. Die Unruhe ist vorübergehend, und bald wird der Dario sein schönes marmornes Antlitz wieder erhalten. Dann werden die Pfähle wieder im Wasser verschwinden, und der kolossale Rammbock wird anderswo seine Arbeit tun. Manchmal trifft man auf dieses monströse Vehikel, wenn es die dicken Pali in der Lagune sichert. Es ist auf einer bauchigen Barke montiert, und seine dumpfen Stöße mischen sich mit den Holzhammerschlägen der Kalfaterer und der Zimmerleute vom Arsenal. Alles, was mit Meer und Seefahrt zu tun hat, braucht häufig Reparaturen, die Paläste ebenso wie der Rumpf eines Schiffes oder einer Gondel.

Es gibt in Venedig kleine Strände, an denen die Gondeln frisch lackiert oder ausgebessert werden. Sie heißen *squero*. Dort sieht man die Gondeln umgestülpt liegen, bewegungslos, schwarz, den Bauch in der Luft, wie faule Fische oder Melonenstücke. In San Trovaso gibt es so einen Squero. Kürzlich, als ich von der Giudecca zurückkam, ging ich dort vorbei. Langsam hatten wir die Insel umrundet. Wir kamen an niedrigen Häusern und Gärten vorbei. Ein Hahn krähte. In der Ferne räkelte sich die Insel Grazia in ihrem Meeresgrün. Dabei mußten wir an das uralte Venedig denken, das lange vor den Palästen armselig aus dem Schlamm und Schlick der ursprünglichen Lagune aufragte. Ein andermal sind wir vor Santa Eufemia an Land gegangen. Wir sind den verschlungenen schmutzigen Calli gefolgt, wo zerlumpte Kinder bettelten. Das Wasser stand niedrig. Der schlammige Boden der Kanäle kam zum Vorschein. Backsteinmauern zeigten ihre angefressenen Fundamente. Man atmete den Geruch von Ebbe und von Teer ein. So haben wir schließlich die Lagune erreicht. Sie lag ruhevoll da, leuchtend und sanft. Wir steckten mit den Füßen im von Unrat übersäten Schlamm, wo zerlumpte Wäsche an Pfählen trocknete. Männer besserten mit gleichmäßigen, schnellen Hammerschlägen eine alte Barke aus, dann hielten sie inne.

Diese armseligen und schäbigen Bilder Venedigs entbehren nicht einer gewissen Schönheit. Das zeigt sich auch in manchen Vierteln der Stadt, in Castello, in Cannareggio, auf der Giudecca und auch in Murano. Dabei waren Guidecca und Murano früher Orte von großer Annehmlichkeit und geradezu Inseln der Seligkeit. Auf der Giudecca hatten die Adeligen ihre Gärten, in

Murano ihre *casini*, in Reichweite der galanten Klöster, wo die nicht sehr braven Mädchen, die viel zu hübschen Nonnen mit offenem Busen, die Granatapfelblüte hinter dem Ohr, durch das Gitter des Sprechraums ganz unernst mit ihren eleganten Besuchern parlierten; dort brachten ihnen die Puppenspieler Zerstreuung, die ebenso geschickt ihre Marionetten zu handhaben wußten, wie sie den reizenden Zuschauerinnen den Liebesbrief zusteckten, der flink in den Falten des Nonnenschleiers verschwand. Von dieser Vergangenheit mondäner Frömmigkeit und der Liebesintrigen findet man nichts mehr in Murano. Seine zerborstenen Paläste verwittern jammervoll. Wo bist du geblieben, charmante M. M., du schöne Nonne von Murano, die mit dem Abbé de Bernis und dem feurigen Casanova die kühnsten Liebesabenteuer wagte? Die große Jungfrau aus Mosaik in der Kathedrale San Donato, die schöne byzantinische Mittlerin, braucht dir deine Sünden nicht mehr zu verzeihen.

Wie Burano ohne seine Spitzen wäre Murano ohne seine Glasfabriken eine ebenso tote Insel wie das menschenleere Torcello. Murano lebt dank der Glut seiner Schmelzöfen fort, die Glasbläserei steht hier noch immer hoch im Kurs. Sie hat sich ihr schönes altertümliches Handwerk erhalten. Zwar haben die Werkstätten der berühmten Insel noch immer geschickte Arbeiter, doch was sie heute produzieren, zeigt einen bedauerlichen Niedergang. Die neuen Modelle sind geschmacklos, überladen mit barocken Zutaten und geradezu absurden Ornamenten. Die einzig akzeptablen Stücke sind solche, die auf die alten Formen zurückgreifen. Das manuelle Geschick allerdings gibt es weiterhin. Man findet es bestätigt, wenn man die Schmelzöfen besichtigt, wenn man die weißglühende Masse, die sich so willig formen läßt, aus den Öfen fließen sieht. Was für Verwandlungskünstler sind diese Glasbläser! Wie sie den Glasfluß traktieren, in die Länge ziehen, aufblasen, zu Fäden spinnen, solange er geschmeidig und elastisch ist, und wie sie akrobatisch damit zu spielen scheinen! Es mutet wie ein kleines Wunder an, wenn mühelos eine Vase, eine Schale entsteht, eine Blume sich bildet, eine Arabeske sich entrollt, wie das Glas am Ende der Glasröhre schwebt, durch die der Atemhauch hindurchgeht, der es anschwellen und sich ausdehnen läßt, während die Zange ihm die Form gibt und es exakt modelliert.

Es sind noch immer die gleichen Werkzeuge und die gleichen Handbewegungen, die auch die wunderbaren alten Gläser schufen, die das Glasmuseum von Murano beherbergt. Sie stehen auf den Regalen der Vitrinen in ihrer kapriziösen Schönheit, die die Zeit noch schöner gemacht hat. Manche haben alternd ein kaltes Licht wie von Stahl bekommen, andere schillern in den Farben des Regenbogens. Manche haben ihre Transparenz makellos bewahrt, andere ihren Emailglanz. Es gibt solche, die ein anderes Material imitieren, sie tun so, als seien sie aus Porzellan oder Achat, sie machen sich milchig oder geädert, dunkel oder lichtdurchlässig. Und man empfindet zärtlichen Respekt für diese hinreißenden zerbrechlichen Wesen, die so vielen Gefahren widerstanden haben, bei Berührung fein klingen, die Gebrauchsgegenstände waren oder zu nichts anderem dienten, als den Augen das Schauspiel ihrer zarten Schönheit zu gönnen. Sie sind entstanden aus Phantasie, aus kapriziösen Ideen und aus Harmonie. Es ist die Kunst von Feuer und Atem, doch ist wohl auch ein wenig Magie im Spiel, wie das geheimnisvolle alchimistische Gerät zu beweisen scheint, das in einem dunklen Gemach seine Kolben und seine Röhren, seine Schalen und Pipetten, seine Destilliergeräte und Wannen herzeigt, seine dickbauchigen Flaschen, die in der Glasröhre eines Vulcanus von einem Äolus der Schmelzöfen hätten geblasen sein können.

Diese Riesenflaschen, die wie Hexenwerk aussehen, finden wir in den großen Kaufläden von Toso als simples Gerät wieder, zum ganz normalen Gebrauch bestimmt. Die umfangreichsten Ballonflaschen stehen da neben den kleinsten Flakons. Es gibt Körbe voll winzigster Phiolen, kleine Fische eines Wunderfischzuges. Man stellt sich vor, das ganze Glaszeug sei mit einem gigantischen Fangnetz vom Grund der Lagune gefischt worden. Alles wirkt kühl und fischig, und man meint, daß einem der Seegeruch an den Fingerspitzen haftet. Wir kaufen mächtig ein und lassen die Sachen zur Gondel bringen. Die Ladung wird uns abends im Palazzo Venier viel Spaß machen, wenn wir uns daranmachen, mit Pinsel, Ölfarbe, Gold- und Silberstaub die kleinen Glasgefäße zu dekorieren, sie mit Rosetten, Arabesken, mit Spruchbändern, Schriften und sogar mit menschlichen Porträts zu schmücken, wobei der geschäftige Henri Gonse besonders brilliert, den ich leider erfolglos imitiere, wenn ich nicht das Spiel aufgebe und an der Wand die Rückenansicht des Venezianers von Longhi betrachte. Auf eine Heftseite schreibe ich dann auf ihn gemünzt ein kleines rhythmisiertes Prosastück, aus dem eines Tages eine Sammlung *Venezianische Skizzen** entstehen soll.

Gestern bin ich zur Signora gegangen, um ihr den Zimmerpreis zu bezahlen. Während sie mir eine Quittung ausstellte, wurde mein Blick von einem halb geöffneten Schrank angezogen. In seinen Fächern reihte sich Fläschchen an Fläschchen in jeglicher Form und mit den verschiedensten Etiketten. Diskret pirschte ich mich heran und sah, daß es leere Parfümflakons aller erdenklichen Marken waren. Die Signora mußte sie, wenn die Gäste abgereist waren, in den Zimmern einsammeln. Warum hat sie wohl diese seltsame Kollektion um sich versammelt? Ich habe sie nicht zu fragen gewagt und die Quittung in meine Tasche zu dem großen Schlüssel gesteckt, den ich wohl bald abgeben muß, denn die Zeit vergeht, der November hat begonnen. Das merkt man an mancherlei Indizien. Im Garten Venier kann man noch immer herrliche Stunden in der Sonne verbringen, aber die rostroten Blätter mischen sich unter das grüne Laub. Die Beete mit den Chrysanthemen strömen einen herben, tristen Geruch aus. Die dicke scheue Katze streicht fröstelnd durch das bunte Laub. Vor kurzem war ein stürmischer Tag. Die Lagune war böse und schäumte zu den Stufen der Piazzetta empor. Der Canal Grande schlug Wellen, die Flut ging hoch. Dieser Meeresatem brachte etwas Heroisches und Turbulentes mit sich. Venedig, vom Wasser aufgedunsen, die Vestibüle der

* frz. *Esquisses vénitiennes,* 1920. (Anm. d. Verl.)

Paläste überschwemmt, das Wasser reicht bis zu den Treppenabsätzen, die Brücken scheinen sich noch mehr geneigt zu haben, Venedig vermittelt den Eindruck, als sei es am Ertrinken, als verschwinde es in der steigenden Lagune.

Trotzdem scheint an manchen Tagen der Sommer zurückzukehren; wir profitieren davon und machen lange Ausflüge in die Lagune. An einem dieser lichten Tage sind wir nach San Nicolò del Lido gefahren, um seine antike Kirche zu besuchen. Die anspruchslose Fassade aus rostrotem Backstein birgt im Innern einen Sarkophag, über dem sich die Statue des Dogen Domenico Contarini, ihres Gründers, erhebt. Die Kirche steht auf einem verlassenen kleinen Platz. Zur Linken einige Bäume und Gärten; eine anmutige Brücke wölbt sich über einen kleinen Kanal. Wir haben uns auf ihrer Marmorbrüstung in die Sonne gesetzt. Das ferne Venedig ragte aus dem Wasser ...

Dann, als die mächtige Flut der Adria sich bemerkbar machte, sind wir durch die Fahrrinne gerudert, und auf dem Rückweg sind wir an der alten Festung San Andrea entlanggetrieben. Vierschrötig steht sie auf einem Steinfundament, an dem da und dort ein edelgeformtes Löwenhaupt sichtbar wird. Festgemauerte Bastionen beherrschen das Fort. Man betritt es durch ein Torgewölbe, das eines Palastes würdig wäre, gedrungene Säulen tragen einen Palladio-Giebel. Hier könnte die Behausung eines Meeresgottes sein, wie man sie auf alten mythologischen Stichen sehen kann, und man erwartet, einen Nereidenreigen heraustanzen zu sehen, mit Algen im Haar und auf Delphinen reitend, während Tritonen in die Schneckenhörner blasen.

Es war ebenfalls ein besonders schöner Tag, an dem uns die Gondel nach Chioggia brachte. Der Weg ist lang, obwohl wir weder in San Lorenzo noch in San Spirito noch in Poveglia noch in Malamacco noch in Pellestrina Station gemacht haben.

Als wir uns Chioggia näherten, war die Fahrrinne so flach, daß die langen Bodenalgen an der Oberfläche zu sehen waren; man konnte ihre geschmeidigen grünen und rötlichen Ranken, die weich und klebrig waren, berühren. Wir sind vor der Kirche an Land gegangen. Sie besitzt einen eigenartigen Christus aus bemaltem Holz, ein anrührendes archaisches Bild, das mit seinem gewaltigen, bärtigen Haupt, seinem mageren Körper und den dünnen Beinen dem Christus gleicht, der in San Niccolò del Lido gezeigt wird. Er wurde aus dem Schlamm der Lagune wieder aufgefischt.

Chioggia besteht aus einer breiten gepflasterten Straße zwischen zerfallenden Häusern. Seitlich fließt ein Kanal unter einer Marmorbrücke mit herrlichem Bogen. Der Kanal ist voller Fischerbarken. Sie liegen eng aneinander gepreßt, haben einen schwerfälligen buntbemalten Rumpf und werden, wenn sie ihre Segel gesetzt haben, zu den herrlichsten Meeresschmetterlingen. Man sieht diese Segel im Licht, das sie belebt, auf dem Wasser, das sie widerspiegelt, ihre großen Flügel ausbreiten, mit bizarren Mustern bemalt, sich in der Brise blähen oder wie tot am Mast hängen, mit ihren schachbrettartigen, rautenförmigen, kreisförmigen Mustern, ihren kabbalistischen Zauberzeichen. Sie sind aus vielerlei Farben und vielfältig abschattiert. Es gibt alle Arten Blau, alle Rottöne, alle Ockerfarben, und sie haben ein seltsames Leben, diese Flügel, die Segel sind. Sie zucken, sie blasen sich auf, fallen zusammen. Sie sind königlich und zerlumpt, armselige Leichentücher des alten marinen Ruhmes des kriegerischen Chioggia!

Bevor wir wieder abfuhren, sind wir bis nach Sotto Marina gegangen, um hoch oben von den *murazzi* aus die Adria zu sehen, dann haben wir uns auf den langen Rückweg nach Venedig gemacht. Beim Untergang der Sonne war die Lagune violett, grün, rosa, weinfarben und blutigrot. Es war gleichzeitig Weinernte und himmlisches Massaker, durch einen Riesenspiegel reflektiert. Hier und da gab es grasgrüne Flecke. An manchen Stellen war der Wasserstand so niedrig, daß Fischer außerhalb ihrer unbewegten Boote durch das Wasser stapften, wo sie mit Wundermiene, mit der Verkündigungsmiene von Seelenfischern bis zu den Waden einsanken.

Trotz seiner hundert Kirchen sind in Venedig religiöse Bekundungen selten, und ich habe keinen sonderlich tiefen Eindruck vom Salute-Fest. Man hatte den Canal Grande mit zwei

Pontonbrücken überbaut, um der Prozession den Weg zu bahnen, die von San Marco zur Salute geht. Sie ist eher medioker, diese Prozession: ein paar Standarten, ein wenig Klerus, die Mitglieder der Bruderschaften, der Stadtrat. Das ist kärglich, doch hatte ich immerhin das Vergnügen, *il Sindaco* die Stufen zur Kirche hinaufsteigen zu sehen. Dieser Sindaco in Zylinder und Gehrock ist übrigens der letzte Nachfahre der berühmten Dogenfamilie Grimani.

Den ganzen Tag über ist das Volk von Venedig an der Madonna vorbeidefiliert, und im ganzen Stadtviertel herrscht eine ungewöhnliche Lebhaftigkeit. Auf dem kleinen Campo dei Catecumeni haben sich die Andenkenverkäufer niedergelassen, dazwischen zirkulieren die Verkäufer von bemalten Kerzen. An der Pforte zur Salute sieht man ein Schild: »Zu Ehren Gottes und seiner heiligen Mutter wird darum gebeten, nicht auf den Boden zu spucken und sich freundlichst eines Taschentuches zu bedienen.«

Der November geht zu Ende. Um sich auf die nahe Abreise einzustimmen, ist es angeraten, auch einmal aufs »Festland« zu gehen, um so die ersten Maschen des Zaubernetzes, das uns an Venedig bindet, zu zerreißen. Wohin sollen wir gehen? Nach Padua, um den guten heiligen Antonius zu bitten, uns im nächsten Jahr dieses Venedig wiederzuschenken, das wir in wenigen Tagen verlieren werden? Oder sollen wir nach Strà fahren, die Villa Pisani besuchen, ihre Gärten und ihr Labyrinth? Nein, wir wären fähig, überhaupt nicht mehr weggehen zu wollen. Madame de la Baume schlägt uns die Villa Foscari in Malcontenta an der Brenta vor, und schon sind wir auf dem Weg nach Fusina. Langsam steigt das Land aus der Lagune auf, platt und niedrig. Fusina besteht lediglich aus einzelnen Häusern und einem Gasthaus neben der Haltestelle der Tramway, die nach Padua geht. Es ist ein schöner und klarer Novembertag. An den Bäumen hängen noch rostrote Blätter. Die Straße geht stracks geradeaus, längs der Brenta-Kanäle und der weiten grauen Brenta selbst, manchmal schneidet sie diese. Die Sonne läßt die korallenroten Äste der nackten Weiden glänzen. Zwei Jäger überqueren die Straße. Hier und da Bauernhäuser, Gräben voller Wasser. Schließlich gelangt man an ein einsam stehendes Haus, an der Kreuzung dreier Straßen gelegen: der nach Fusina und Mestre rechts, der nach Mira links; die nehmen wir.

Die Villa Foscari liegt in einer Brentaschleife. Palladio hat sie für die mächtige Patrizierfamilie, deren Namen sie trägt, gebaut. Sie ist hochaufragend und quadratisch, mit einer Kolonnade und einem Giebel; eine halbverwischte Inschrift darin kann man kaum noch entziffern. Das ist zugleich rustikal und edel. Hinter der Villa liegt ein Hof, beschattet von einer alten Platane und von Weinreben; er ist von ihr durch eine schnurgerade Allee abgetrennt, die zu einem kleinen Kanal führt. Die Villa ist heute ein Bauernhaus. Die Bauern sitzen in der Küche am Tisch, einer von ihnen steht auf, um uns zu einem Treppenhaus zu führen, das in einen weiten Saal mündet, der früher mit Fresken geschmückt war. Er hat eine Terrasse auf die Kolonnaden hinaus; über eine Außentreppe, deren Stufen zerbrochen sind, stieg man damals hinab. Einige Zimmer sind noch bewohnt. In einem gibt es eine recht gut erhaltene Dekoration aus Figuren und Masken. Kleidungsstücke hängen an Nägeln neben einem schmalen Bett, das mit einer Steppdecke aus Kattun bedeckt ist. Überall leere Säle, wo Körner und Kürbisse trocknen.

Veduta di Venezia

Venedig, im September 1906

Die Gondel legt am Tor des Palastes an, der am Schnittpunkt des Canal Grande mit dem Rio di San Polo liegt, gegenüber dem Palazzo Barbarigo della Terrazza. In seine gebogene, rötlich verputzte Fassade sind marmorne Medaillons mit byzantinischen Motiven eingelassen. Wir befinden uns im Palazzo Capello bei Lady Layard, die zwar abwesend ist, uns jedoch gestattet hat, ihre Gemäldesammlung zu besichtigen. Durch ein mit Blumen und Grünpflanzen geschmücktes Vestibül führt uns ein würdevoller Diener in die Salons, in denen die Bilder italienischer Meister hängen, die von dem verstorbenen Sir Austin Layard gesammelt wurden. Es gibt darunter ausnehmend schöne Werke, aber ich betrachte sie ziemlich zerstreut ebenso wie die hindustanischen und persischen Waffensammlungen, die von dem englischen Diplomaten von seinen verschiedenen asiatischen Missionen mitgebracht worden waren. Plötzlich jedoch fällt mein Blick auf ein Bild, das in einem der Salons auf einer Staffelei steht und dort sichtlich einen Ehrenplatz hat.

Auf dunklem Grund, in einer Art Loggia, auf einem Marmorpodest, mit reicher orientalischer Draperie verhängt, mit Stickereien verziert, mit kostbaren Steinen übersät, ist zwischen zwei Säulen mit geschnitztem Blattwerk, die eine Arkade krönt, eine seltsame Gestalt bis zum Gürtel zu sehen. Unter dem Turban, dessen weiße gefältelte Stoffbahnen sich Schneckenwindungen gleich zusammenrollen, erscheint ein Gesicht im Profil. Es ist das eines Mannes mit gekrümmter Nase, schrägen Augen und einem feinen dunklen Bart. Der Mann trägt ein pelzverbrämtes Gewand. Das Gesicht wirkt anziehend, beunruhigend und einprägsam durch seinen Ausdruck von Stolz, Verschlagenheit,

Grausamkeit, aber auch von Trauer. Man hat das Gefühl, in der Nähe eines gefürchteten und sehr mächtigen Menschen zu sein. Man täuscht sich nicht, denn man steht vor dem Porträt des Sultans Mahomet II., Mohamed des Eroberers, gemalt von dem venezianischen Maler Gentile Bellini. Er war im Jahre 1452, nachdem seine fürchterlichen Kanonen die Bresche geschlagen hatten, zu Pferde in das ausgeblutete und besiegte Konstantinopel eingezogen und hatte im alten Byzanz die furchtbare Herrschaft des Halbmondes errichtet.

Ich habe dieses Porträt lange betrachtet und sah zugleich die massiven Mauern vor mir, die mit ihren Bastionen, Marmortürmen und ihren monumentalen Pforten noch immer die alte Stadt der Beherrscher des Orients umgeben. Ich sah wieder das gewaltige Istanbul, wie es unter dem muselmanischen Joch groß geworden ist und dem die Überreste und Trümmer seiner byzantinischen Vergangenheit, seine in Moscheen verwandelten Kirchen eine melancholische Schönheit verleihen. Ich sah das türkische Milieu vor mir, so barbarisch und raffiniert zugleich, wie es sich stufenförmig über die Flanke des Goldenen Horns aufbaut und seine stolze Serailspitze in das Meer hinausstößt, wo in einem Saal seiner Paläste noch immer auf Gliederpuppen ohne Kopf, auf denen sich leere Turbane türmen, die Staatsgewänder der alten Sultane gezeigt werden. Einer von ihnen war Mahomet II. gewesen, und sein lebensvolles Gesicht hatte ich nun auf der Leinwand, die Gentile Bellini gemalt hatte, vor Augen. Indem ich es betrachtete, war ich im Geiste wieder in Konstantinopel, wo ich einige Wochen zuvor als neugieriger Tourist herumflaniert war. Von dort her hatte mich soeben nach langer Seefahrt durch den Archipel die schöne weiße Yacht der Komtesse de Behague, die *Nirwana*, zurückgebracht; sie ankert jetzt vor Venedig an der Punta della Salute unter dem Schutz der goldenen Fortuna, die sich auf der Spitze der Dogana di Mare in alle Windrichtungen dreht.

In der Tat, in Venedig hat unsere lange Kreuzfahrt durch das Mittelmeer geendet, und das Versprechen, daß sie dort zu Ende ging, war eine der Attraktionen dieser Reise. Wie oft bin ich auf den Schiffahrtsstraßen der Erinnerung an Venedig begegnet! Findet man nicht in Konstantinopel seine Gondeln in den Kaiks* des Bosporus wieder? Hausen nicht die Tauben von San Marco in den Marmorhöfen der Moscheen? Ist nicht das osmanische Istanbul die Erbin der alten byzantinischen und venezianischen Rivalitäten gewesen, die die Stadt der Dogen mit so manchem Beutestück aus der Hauptstadt der Könige bereichert haben? Wie oft sind wohl die roten Galeeren der Serenissima mit den schweren Seeschiffen des Befehlshabers der »Gläubigen« zusammengestoßen? Auf wie viele ferne Länder, die er dem Halbmond entrissen hatte, hat der Löwe von San Marco seine siegreiche Tatze gelegt? An wie vielen Orten habe ich ihn als Zeichen der Herrschaft in Stein gehauen gesehen? Hatte ich nicht über einem seiner Bilder in der mächtigen Festung Famagusta eine Inschrift mit dem Namen des Dogen Priuli gelesen? Hat nicht die Venezianerin Caterina Cornaro über Cypern geherrscht, das Marc Antonio Bragadin so heldenhaft gegen die Ungläubigen verteidigte, dem dann ein grausamer Sieger bei lebendigem Leib die Haut abziehen ließ und dessen Andenken mit dem blutigen Mantel des Ruhmes bekleidet ist? Hat nicht der Doge Francesco Morosini den Beinamen »der Peloponnesier« erhalten, weil er ein Gegner der Türken war? Überall auf den Meeren der Levante war ich in Gedanken in Venedig; hatte es nicht, während ich durch die kriegerischen Festungswälle des verlassenen Famagusta streifte, wo ich im Sand nach Othellos Schritten suchte, mit Desdemonas Stimme zu mir gesprochen?

Die Wellen der Adria haben es mir zugerufen, die ganze dalmatinische Küste entlang. Was ich in Korfu zu hören bekam, Ragusa hat es mir wiederholt. Venedig war zu Hause an den Ufern Illyriens, und ich spürte mit allen Fasern, wie es näherkam. Bald würde ich dem Bronzelöwen, der oben auf der Porphyrsäule über der Piazzetta wacht, den fernen Gruß seiner geflügelten Brüder überbringen, die in den einst von ihm beherrschten Ländern das Andenken an seinen Ruhm lebendig

* Kaik = türkisches Ruderboot. (Anm. d. Verl.)

erhalten. Bald würde ich sehen, wie sich am Horizont die blasse Linie des flachen Lido von Venedig abzeichnete.

Wir sind von Split aufgebrochen, um Venedig zu erreichen. Die Adria war rauh und schüttelte uns mit ihren kurzen Wellen ordentlich durch, bis wir schließlich die Fahrrinne von Malamocco passierten und in die Lagune einfuhren. Langsam sahen wir Venedig aus dem Wasser steigen und auf uns zukommen, und während wir noch still in den Anblick dieses schweigenden Wunderwerks versunken waren, warf die *Nirwana* Anker. Wieder einmal war Venedig unser, aber es schien uns diesmal, daß wir ihm weniger gehörten als damals, wo wir statt auf dieser schönen weißen Yacht, die für diesen Aufenthalt unsere schwimmende Wohnung sein sollte, in dem uns so teuren Palazzo Dario wohnten, der jetzt geschlossen ist, oder wo wir, um schlafen zu gehen, in das Türschloß der bescheidenen Casa Zuliani den großen Schlüssel steckten, der aus uns »gute Venezianer« machte.

Ist es der Sternenhimmel, unter dem Gentile Bellini seine reichfließenden Stoffbahnen über die Brüstung der marmornen Loggia gehängt hat, die mit ihren zarten Säulchen und ihrem eleganten Bogen sein Porträt des Sultans Mahomet II. umrahmt, ist er es, der uns wie der Fliegende Teppich aus dem Märchen vor die Stufen des alten Palazzo getragen hat, der sich mit seiner grauverputzten Fassade im Canal Grande spiegelt? Ihre strengen Linien bieten dem Auge kein einziges byzantinisches oder maurisches Ornament, mit denen sich sonst die grazile, zuweilen bizarre venezianische Gotik phantasievoll schmückt. In Wirklichkeit stammt der alte Palazzo Martinengo in San Gregorio aus dem 18. Jahrhundert, aber sein robustes Äußeres besitzt mehr Kraft als Grazie. In seinem grauen Dahindämmern wirkt er trotz der Herrschaftsgondel, die gewöhnlich an seinen Pali festgemacht ist, beinahe unbewohnt. Doch das Tor wird sich für uns öffnen. Die Signora Fortuny, die seit langen Jahren in dieser ernsten Behausung lebt, will uns freundlicherweise empfangen und uns die herrliche Sammlung alter Stoffe zeigen, die sie hier zusammengetragen hat.

Signora Fortuny ist die Schwester des Porträtisten Madrazzo, die Witwe des berühmten spanischen Malers Fortuny und die Mutter von Mariano Fortuny*, auch er ein talentierter Maler und dazu ein vielseitig interessierter Kopf. Er ist ein kraftvoller Bursche mit einem regelmäßigen Gesicht, das von einem dichten schwarzen Bart umrahmt ist. Er ist ein genialer Erfinder, Venezianer mit Leib und Seele, liebt die Stadt und kennt sich von Grund auf in ihren Künsten aus. Wie die Meister der Renaissance beschränkt er sich nicht darauf, nur eine einzige auszuüben, seine Aktivitäten zeigen sich auf den verschiedensten Gebieten. Er beschäftigt sich damit, durch eigene Lichtexperimente die Bühnenbeleuchtung zu reformieren und hat außerdem die Färbemethoden und Schmuckelemente der alten Weber und Dekorationsmaler wiederentdeckt. In ihrer Tradition hat er sehr schöne Kleider- und Vorhangstoffe geschaffen. Damit kann er sich den handwerklichen Erzeugnissen früherer Zeiten getrost an die Seite stellen. Er war es, der uns vorschlug, die Kollektion des Palazzo Fortuny zu besichtigen. Die Vertrautheit mit dieser Sammlung beeinflußte zweifellos seine eigenen Schöpfungen, die er mit dem modernen Geschmack in Einklang zu bringen wußte und zu Gebrauchsartikeln von heute machte. Scheint er nicht mit seiner stattlichen Figur wie geschaffen, einen dieser schönen Talare aus Brokat mit Rankenmuster zu tragen, mit denen Veronese so gern die opulenten Gestalten seiner Hochzeiten, seiner Gelage und Triumphzüge schmückte?

Wir befinden uns also in der großen Galerie des Palazzo Fortuny. Es ist ein weiträumiger Saal, die hohe Decke ist von dicken Balken gestützt. An den Wänden hängen zahlreiche gute Skizzen von Fortuny und interessante Studien seines Sohnes Mariano, der uns seiner Mutter vorstellt. Signora Fortuny empfängt uns mit ausgesuchter Liebenswürdigkeit, sie und ihre Tochter führen in Venedig ein zurückgezogenes Leben und verlassen ihren Palast selten. Ob sie wenigstens in den Innenhof

* Mariano Fortuny y Madrazo (1871–1949), span.-venezian. Maler und Bühnenbildner. (Anm. d. Verl.)

hinuntersteigen, den ich beim Hereinkommen sah und auf dessen feuchten Steinplatten melancholische Tauben gurren? Trotz der hermetischen Abgeschiedenheit, in der man hier lebt, ist man im Palazzo Fortuny überaus gastfreundlich, offeriert den Gästen eine hervorragende valenzianische Küche und exquisite Süßigkeiten. Signora Fortuny ist immer an der Seite ihrer Tochter. Die beiden Venezianerinnen haben sich ein sehr spanisches Aussehen bewahrt. Ihre feinen Hände sind dazu geschaffen, den Fächer und den Rosenkranz zu bewegen, und ich stelle sie mir schon jetzt vor, wie sie die in Aussicht gestellten Stoffe mit derselben Hingabe betasten, wie sie über die wunderbare maurische Elfenbeinkassette streichen, die auf einem Tisch steht und hinter ihren barbarischen Eisenschlössern neben geheimen Liebestränken manch geheimnisvolle schwarze Magie zu enthalten scheint.

In der Tat, wir schicken uns an, in diesem alten schweigenden Palast, dem mit ihren beschwörenden Stimmen die nahen Glocken der Salute die bösen Geister auszutreiben scheinen, an einer magischen Sitzung teilzunehmen. Schon immer, gesteht die Signora Fortuny, habe sie Gefallen an alten Stoffen gehabt; der kleinste Fetzen, den Zeitläufen entronnen, gestattet es ihr, den alten unversehrten Glanz heraufzubeschwören. Es war noch in Spanien, daß sie ihren ersten Kauf tätigte: einen antiken Samt, dessen blutroter Purpur mit Granatapfelblüten verziert war. Diesem ersten Kauf folgten viele andere, und allmählich nahm die wunderbare Kollektion Gestalt an. In Venedig bekommt man Angebote vor allem im Winter. Oft findet sich dann irgendeine alte Venezianerin im Palazzo ein und zieht unter ihrem Umhang ein kostbares Stück Tuch hervor, ein Relikt aus der Familie, ein Bruchstück aus der Vergangenheit, das zum Zeugnis für all diesen schönen zerronnenen Luxus wird.

Doch sind die Signora und ihre Tochter inzwischen an eine große Truhe herangetreten, die in einer Ecke des Saales steht, und sie haben den schweren Deckel gelüftet. Dort ruhen locker aufgefaltet oder sorgsam ausgebreitet all die Stoffe, die sie mit langsamen vorsichtigen Handbewegungen herausziehen. Schon erscheint der erste. Es ist ein wunderbarer Samt aus dem 15. Jahrundert, von einem tiefen Blau, großzügig mit Arabesken durchwirkt, ein Samt von ganz merkwürdigem Blau, tief und rein, als sei es das Gewand der Nacht selbst. Langsam nimmt die magische Sitzung ihren Fortgang: einmal entfaltet und angeschaut, wandern die schönen Stoffe auf eine Sessellehne oder eine Diwandecke und warten auf den Augenblick, wo sie wieder ihren Platz im Schutze des großen *cassone* einnehmen. Noch kommen sie einer nach dem andern daraus hervor. Es sind schwere Samtstoffe aus Genua und dem Orient, pompös oder unendlich zart, auffallend oder zurückhaltend, mit reichen Ranken, mit Figuren oder mit Blättern, Samte, die vielleicht Dogen und Kalifen gekleidet haben. Da sind die Brokate in kräftigen Farben, die Seidenstoffe mit den zarten Schattierungen, kirchlicher Ornamentenschmuck und höfische Schmuckelemente, hier der reizvolle Taft, dort der glänzende Satin, übersät von Rosetten und Blumenbuketts, aus dem das 18. Jahrhundert die Kleider seiner Frauen und die Röcke seiner Männer schneiderte. Es sind Stoffe in allen Farben und allen Webarten; die einen lassen einen noch an die Formen der Körper denken, die sie einst umspannten, die anderen wallen in langen Stoffbahnen herab, manche zerfetzt in winzige Stoffschnipsel, und das alles häuft sich, türmt sich knisternd wie von unsichtbarem Flügelschlag in der weiten Halle, die zu vorgerückter Stunde langsam dunkel wird. Während die Signora Fortuny tief über die unerschöpfliche Truhe gebeugt, mit zauberkräftiger Geste das erstaunliche Konzert der Stoffe zu dirigieren scheint, das drinnen in dem alten Palazzo, im Schweigen der venezianischen Dämmerung, geheimnisvoll gespielt wird...

Ich glaube nicht, daß in Venedig große Musiker geboren wurden, denn den liebenswerten Galuppi, der in Burano zur Welt kam, kann man sicher nicht dazu zählen, doch haben hier große Musiker ihre Spuren hinterlassen. Monteverdi hat zeitweise hier gelebt, und Cimarosa hat sein Leben hier beendet. Man sieht noch sein Haus auf dem Campo Sant' Angelo; der

Palazzo Giustiniani und der Palazzo Vendramin erinnern an Richard Wagner. Im Giustiniani komponierte er den zweiten Akt des *Tristan*, und im Vendramin starb er, belastet vom Ruhm und von den Lebensjahren. Wenn also Venedig auch keine großen Musiker hervorgebracht hat, so steht doch die Musik in nicht geringem Ansehen. Gibt es nicht immer noch das Musikkonservatorium im Palazzo Pisani in San Stefano? Zu allen Zeiten war Venedig für den Zauber der Instrumente und der Stimmen empfänglich.

Man erfreute sich nicht nur an der Kirchenmusik und an der Oper, es gab auch stets vielbesuchte Konzerte. Drei kuriose Institutionen lieferten dafür die Virtuosen. Sie rekrutierten sich aus den Incurabili, aus den Mendicanti und aus der Pietà. Das waren Hospitäler, deren Gebäude heute noch bestehen, die Incurabili auf den Zattere, die Mendicanti an dem Rio nahe San Giovanni e Paolo, der ihren Namen trägt, die Pietà auf der Riva degli Schiavoni. Diese drei wohltätigen Häuser, dazu bestimmt, seelisches und körperliches Leiden zu lindern, dienten auch armen jungen Mädchen als Zuflucht, ähnlich wie ein viertes Haus, die Zitelle. Dort bildete man sie zu Spitzenklöpplerinnen aus, während in den drei anderen Musik und Gesang unterrichtet wurden.

Signor Jean-Baptiste Albrizzi berichtet uns in seinem Buch *L'Etranger pleinement instruit des choses les plus rares et curieuses de la ville de Venise**, daß in den Incurabili elternlose Mädchen in der Vokal- und Instrumentalmusik unterrichtet wurden, und das so erfolgreich, daß jede Person von Stand sich angezogen fühlte, ihnen zuzuhören. Kein geringeres Ansehen genießen auch die Mendicanti. Die Mädchen singen dort im Gottesdienst und führen »Oratorien« auf, eine Art geistlicher Konzerte. »Hier«, bemerkt unser Albrizzi, »bekommt man die süßesten und angenehmsten Frauenstimmen und eine vollkommen dargebotene Musik zu hören, denn es gibt immer wieder Mädchen,

* deutsch »Der über die Kuriositäten und Raritäten der Stadt Venedig wohlinformierte Reisende«. (Anm. d. Ü.)

deren Stimme der reine Wohllaut ist, und die mit solcher Leichtigkeit singen, daß es ans Wunderbare grenzt.« Das Besondere, das die Pietà zu bieten hat, ist, daß hier an Feiertagen Konzerte mit Blasinstrumenten veranstaltet werden, bestehend aus Fagotten, Oboen, Klarinetten, Trompeten, Flöten jeder Art, Pauken und einer Harfe, die die Solostellen spielt. »Es geschieht öfter«, bemerkt der gute Albrizzi weiter, »daß die Mädchen manchem ihrer Zuhörer das Herz brechen, was dazu führt, daß sie geheiratet werden, und was vor allem dann der Fall ist, wenn sie ein angenehmes Äußeres haben. Wenn sie aber heiraten, müssen sie sich verpflichten, niemals mehr auf der Bühne zu stehen.« Die Musikfreunde waren also sehr gut bedacht, doch um alle diese Annehmlichkeiten zu genießen, hätte man Venedig im Jahre 1771 besuchen oder schon vorher den liebenswürdigen Präsidenten de Brosses hierher begleiten müssen, der in seinen *»Lettres sur L'Italie«** ein hübsches Bild eines dieser Konzerte zeichnete. Heute schweigen alle diese Stimmen, und Venedig hat keine Musik mehr außer im Theater und im Konservatorium. Begnügen wir uns mit den Tonleitern und den Klavier-Arpeggi, die wir zuweilen durch die geöffneten Fenster auf dem Calle oder auf dem Campo hören, oder mit dem Refrain, den irgendein Gondoliere am Traghetto trällert, sofern wir nicht in die Accademia gehen, um dort auf Longhis bezauberndem Bild dem lieblichen Trio zu lauschen, das, die Geige am Kinn, mit soviel Aufmerksamkeit seine Noten entziffert, während den dreien auf einem Schemel ein niedliches Hündchen dabei zuschaut, wie sie den Violinbogen führen.

Kann man sich Venedig überhaupt ohne Musik vorstellen? So schön, so licht, so lachend wie es sein kann, es hat auch seine melancholischen Stunden. Wenn die Helligkeit des Tages erloschen ist, wenn Schatten und Schweigen es mit ihrem Geheimnis umfangen, kann man spüren, wie sein nächtliches Herz schlägt, dann kann man sehen, wie sich sein dunkles Gesicht

* Charles de Brosses (1709–1777), frz. Geschichtsforscher und Geograph. (Anm. d. Verl.)

verklärt. Dann ist die Musik willkommen, selbst wenn sie aus etwas vulgären Harmonien und etwas zu leichtgewichtigen Akkorden besteht. Dann sieht man gern den schweren Barken entgegen, wie sie sich vor dem Canal Grande postieren und auf ihnen, wie unser alter Corneille so schön sagt, hundert Musiker »das Wasser zum Schäumen bringen«. Unter Girlanden aus illuminierten Laternen scharen sich die Sänger und Sängerinnen um ein Klavier. Was sie darbieten, ist nicht von erlesener Qualität, doch sind die Stimmen oft sehr schön. Sie singen Melodien aus altmodischen Opern, sentimentale Romanzen, populäre Schlager, aber mit welcher Begeisterung sie singen! Und die Schönheit der Nacht fügt diesen musikalischen Banalitäten ein Quentchen Poesie hinzu! Die schwerfälligen Barken wirken anziehend, denn allmählich sammeln sich um sie die umliegenden Gondeln, sie kommen näher, heften sich an ihre Fersen, bilden eine Art Hofstaat, schaukeln auf dem Wasser voller Lichtreflexe. Es ist ein schlichtes, aber auch bizarres nächtliches Fest, das nicht ohne Charme ist, ein Charme, dem man etwas geniert aus dem Wege geht, doch vermag man dieser klingenden Beschwörung gegenüber nicht ganz unempfindlich zu bleiben. Von der Brücke der *Nirwana* aus höre ich oft diesen singenden Barken zu und habe Spaß an ihrem Getriller und ihrem Singsang. Heute abend allerdings ertrage ich sie nur ungeduldig. Es eilt mir, daß sie mit ihrem Konzert aufhören, daß sie die Instrumente niederlegen, daß sie ihre Laternen löschen und die Lagune ihre Ruhe hat, denn für heute abend hat uns Reynaldo Hahn*, der gerade in Venedig ist, eine hochkarätige musikalische Unterhaltung versprochen. Er hat uns versprochen, die hinreißenden venezianischen Lieder zu singen, die er komponiert hat, und sie zu singen, wie nur er sie zu singen versteht, nicht im Salon der *Nirwana,* sondern im Freien, im stillen Winkel irgendeines Rio, an einer Fondamenta, an einem Campo, unter einem Brückenbogen im sonoren Schweigen des

* franz. Komponist (1874–1947), Schüler von Massenet und Saint-Saëns. (Anm. d. Verl.)

nächtlichen Venedig. Auf dieses Vergnügen warten wir, nur wenige Auserwählte können daran teilnehmen, und man muß warten, bis es spät wird, muß die Stunde abwarten, wo das schlafende Venedig zur Wohnstatt des Schattens, des Mysteriums und des Schweigens wird.

Der Treffpunkt ist bei Santa Maria Formosa. Unsere Gondel gleitet über das dunkle Wasser. Zwei weitere Gondeln folgen uns. Die Nacht ist sanft, warm und ruhig. Hinter den Fassaden, die über den engen Kanälchen hängen, in die wir einbiegen, sind noch einige Fenster hell.

Auf den Fondamente sind noch einige Passanten unterwegs. Da liegt auch schon Santa Maria Formosa. Am Kai liegt eine schwere schwarze *peota* vertäut und wölbt ihren dicken Rumpf. Reynaldo Hahn hat ein Klavier hinaufschaffen lassen. Er erwartet uns bereits. Schwerfällig legt die schwere Barke ab, schrammt am Marmor des Kais vorbei. Dann hört man nichts mehr als das gedämpfte Rauschen der Ruder im Wasser. Plötzlich werden einige Akkorde angeschlagen, und durch die Nacht steigt eine seltsame Stimme empor, sauber intonierend und geschmeidig, frech und nervös, eine Stimme, die sich singend zu den dunklen Fassaden der alten, stummen Paläste emporschwingt, im Echo nachklingt und deren Wohlklang das Schweigen mit dem sanften Charme und der Grazie der zarten venezianischen Worte erfüllt.

Die Stimme erstirbt auf der dunklen Barke, die fortfährt, durch das Labyrinth der Kanäle ihren Weg zu suchen. Die Stimme schweigt, doch dann beginnt sie aufs neue mit ihrem spöttischen und leidenschaftlichen Gesang. Manchmal verweilt die Peatte, und unsere Gondeln nähern sich ihr. In Venedig gibt es Wasserkreuzungen, wo mehrere Kanäle zusammentreffen und richtige Plätze bilden. Vor uns liegt ein solcher, an dem wir einen Halt einlegen. Wieder ertönt die Zauberstimme und wiederholt die reizenden Melodien, die *La Biondina in Gondoletta* oder *L'Avvertimento* heißen, dann noch die Melodie auf Verse von Pagello und die, die sich *La Nott'è bella* nennt und mit einer langen orientalisch klingenden Klage endet, in der sich die ganze

Weite und Schwermut der Lagune ausdrückt; schließlich eine letzte, so heiter, so lebhaft, deren Refrain sich die Maske vom Gesicht zu reißen scheint, um zu zeigen, wie herzhaft, wie jung sie lachen kann. Jede dieser Melodien hat ein wenig von Venedigs Seele, vom Karneval in Venedig, dem Venedig von einst, dem der Musset und George Sand, dem romantischen Venedig, dem wir uns verschrieben haben und dem wir uns in dieser sanften Nacht der Träume und Musik hingeben, während sich hier und da ein Fenster erhellt und öffnet und während auf der Marmorbrücke, die sich vor uns in ihrem mondsichelförmigen Bogen wölbt, der Schritt eines späten Passanten anhält, um der weichen Singstimme zu lauschen, die von dem schwarzen Zauberschiff in die venezianische Nacht aufsteigt.

Aus einem Notizbuch

Venedig, im Oktober/November 1907

Dieses Notizbuch – in Pergament gebunden und mit einer Lederschleife zu verschließen – habe ich vor fünf Jahren bei einem kleinen Buchbinder in einer düsteren Straße in Siena gekauft, wo ich auf dem Wege von Florenz einen Tag verbracht hatte. Es war ein schwüler gewittriger Frühlingstag, der die robuste Stadt mit der Last seines wohlkenreichen Himmels zu ersticken schien. Als ich gerade aus dem Dom heraustrat, begann es zu regnen. Ach, dieser plötzliche, erleichternde furiose Regen! Es schüttete vom Himmel, prasselnd heftig, wild. Unter dem Portal, das mir Schutz gewährte, sah ich die breiten Steinplatten des Platzes unter den dicken Tropfen, die von dem Marmor hochstäubten, förmlich knistern. Ganz Siena, sturmumtost und wüst, grollte, es troff von allen Straßenböschungen und Treppen, und in der feuchtigkeitsgesättigten Luft fühlte ich unter meiner Hand, wie die klamme pergamentene Haut meines Notizbuches weich zu werden begann...

Heute ergießt sich ein Oktoberregen jadefarben vom grauen Himmel Venedigs in den Canal Grande, und ich sehe dem Regen von meinem Fenster aus zu, das vergilbende Glyzinien umranken. Es regnet ganz sanft in ein Schweigen hinein, das kaum durch einen Ruderschlag, ferne Stimmen, einen verklingenden Glockenton getrübt wird. Dann schweigt alles, selbst der Regen, und ich höre das Geräusch meines Bleistifts auf dem Papier, und wenn ich die Augen zur Fensterscheibe hebe, scheinen die Wassertropfen, die draußen vom Laub der tropfnassen Glyzinie hinunterrinnen, die Kommata zu setzen.

Der Schritt, die Stimme, das Lachen, der Gesang haben hier eine besondere Klangfarbe, ebenso wie die Empfindungen hier unterschiedlich bewertet werden. Hier ist man anders fröhlich oder traurig als anderswo.

Nach so vielen Aufenthalten bereitet mir Venedig genausoviel Vergnügen, aber vermittelt mir weniger Bilder.

Die Jahrhunderte sind wie das Meer: sie nützen den Marmor und die Worte ab und polieren sie.

Eine lange Fahrt in die Lagune läßt in einem eine Art betörenden Schwindelgefühls zurück, ein Wiegen und Schaukeln, ein Schwingen der Gedanken, das einen bis in den Schlaf verfolgt.

Das herbstliche Venedig ist mir das liebste, das Venedig der frischen und leuchtenden Tage. Ich mag den alten Palazzo Venier, den wir in diesem Jahre bewohnen und den uns Madame de la Baume, die im Dario ihre Schwägerin und ihre beiden Neffen untergebracht hat, ganz zur Verfügung gestellt hat. Ich mag die nächtliche Heimkehr nach den abendlichen Diners im Palazzo Dario, den Schlüssel, der im Schloß knirscht, den Gang durch den nächtlichen Garten, wo einem die Zweige ins Gesicht hängen und wo man sich in schemenhaften Alleen zu den erleuchteten Fenstern der niedrigen, im Laub erschauernden Fassade vortastet.

Venedig ist in den Farben des Lichts erbaut worden.

Im Lichte Venedigs ist der Morgen morgendlicher als irgendwo anders und die Dämmerung dämmriger.

Mittagszeit. Campo Sant'Agnese. Die alte Glocke der Kirche läutet gut sichtbar in ihrem armseligen Campanile. Ich sehe, wie sie sich bewegt, wie sie geschäftig hin- und herwippt, demütig, rasch wie eine rüstige Hausfrau. Vom Brunnenrand fliegt eine Taube auf. Wäsche trocknet an aufgespannten Schnüren; ein Windstoß bläht sie.

Eines Abends kam ich auf dem Rückweg von den Zattere durch die dunklen Calli, als die Glocken sich in Bewegung setzten. Sie läuteten ganz nahe neben mir, direkt über meinem Kopf, denn es waren die benachbarten Glocken der Salute, der Gesuati. Sie erfüllten den Schatten mit einem Fest aus tönendem Metall, das in den Lüften seinen ganzen nächtlichen Reichtum entfaltete.

Wir standen vor Santi Giovanni e Paolo. Der Colleoni reckte sich stolz auf seinem Podest. Tauben flogen herbei und gruppierten sich rund um den Heldensockel wie eine ständig zerstörte und wiederhergestellte Dekoration. Wir sind weitergegangen bis zum Ponte dei Mendicanti und zu den Fondamente Nuove. Von dort aus erscheint in der durchsichtigen Luft Murano manchmal so unwirklich transparent, als säße die Insel direkt auf dem Wasser auf.

Auf dem Campo San Vio ist ein Volksauflauf, Leute aus dem Viertel, Passanten, Mädchen im Schal, Kinder. Ein Mann führt gelehrige Papageien vor, eher Kakadus, denn sie sind weiß mit einem gelben Haarschopf. Auf einem Brett, das über einem Gestell aufgebaut ist, machen sie verschiedene Kunststückchen. Einer balanciert auf einer Kugel, der andere sitzt auf einem Stühlchen, das ein anderer vor sich herschiebt, der Geschickteste steigt auf ein Fahrrad und fährt damit umher. Sie sind traurig, träge, haben ein würdevolles Aussehen und sind übellaunig.

Die Segel mancher Barken sind mit ihren kunstvollen Mustern, mit ihren geheimnisvollen Arabesken genau so schön wie die Fassaden der Paläste.

Wo mag er sein, der Palazzo, an welchem ärmlichen Rio, in welchem elenden Viertel? Ich weiß es nicht mehr, aber ich mochte ihn, so feucht, so verfallen. Er war nicht besonders alt, seine fast schmucklose Fassade war von einem außergewöhnlichen Gelb, und alle seine Fenster waren mit grünen Läden verschlossen, von einem verwaschenen Grün und wie vergiftet.

Es gibt enge Gäßchen, wo man im Schatten, im Schweigen und im Geheimnis schreitet.

Rio Foscari. Aus einem Garten, gegen eine rosa Mauer das dunkle, einsame, wunderbare Aufstrahlen einer hohen Zypresse.

Ich war auf dem Weg nach Murano. Es war Ebbe. Die Gondel hatte sich in den langen Algen auf dem Meeresboden verfangen. Um sie wieder freizubekommen, stießen die Gondoliere die Ruder auf den Grund, und die Gondel drehte sich um sich selbst, als sei sie in eine Falle geraten.

Man führt hier das Leben glückseliger Schatten im allerschönsten Licht.

Heute morgen sehe ich, wie sich auf dem sonnenbeschienenen Vorhang aus weißem Musselin, der das Fenster verhüllt, schwarz das Laub der Glyzinien abzeichnet, die es draußen umranken. Ab und zu löst sich eines dieser schwarzen Muster und fällt mitsamt dem Blatt, dessen Schatten es ist, zu Boden.

Abendandacht in der Gesuati-Kirche auf den Zattere. Die Kirche ist von dicken Kerzen erleuchtet, die Pfeiler sind mit rotem Tuch verkleidet. Unter einem Baldachin steht eine Madonna im goldenen Gewand. An der Decke sieht man die schönen leichtgetuschten, hingehauchten Fresken Tiepolos. Es wird gesungen, Leute treten ein, beten einen Augenblick, plaudern. Ein Sakristan sammelt Geld und gibt einem für jede Spende ein Bild. Beim Hinausgehen aus diesem illuminierten Schatten taucht hinter den schweren Vorhängen der Pforte ein graues Venedig auf, und über ihrem Kanal zeichnet sich in einer dicken aschgrauen Wolke die Giudecca ab.

Man fühlt sich wohl im alten bizarren Palazzo Venier, in diesem großen Zimmer mit der weißen Holzverkleidung, in diesem Schweigen voll von kleinsten Geräuschen, Mäusegetrappel, Blätterrascheln, der zusammengekehrten Asche von den ersten Kaminfeuern.

Auf einer Dahlie im Garten ein großer braunroter Skarabäus, den ein rotschwarzer Schmetterling besucht.

In der Gondel, hinter San Giorgio Maggiore. Die Glocken läuteten, dann ist die Dämmerung hereingebrochen. Wir sind langsam bis zur Insel San Servolo gefahren. An der äußersten Spitze der Insel kläffte ein Hund. Der Mond ging über dem Lido auf. Ganze Algenbänke wurden sichtbar.

Im Garten. Die Sonne ließ den Salbei auf den Beeten aufleuchten. Die noch feuchten Wege trockneten. Eine schwarzweiße Katze wärmte sich. Ich bewunderte den Schornstein auf dem Dach des Palastes, ein Meisterwerk venezianischer Ofenbaukunst. Er besteht aus einer Art von gemauertem Backsteinturm, überragt von einem Rundtempelchen, dessen Säulen eine zinkgekrönte Kuppel tragen. Er hat die Form einer zur Hälfte gefalteten Spielkarte, das Ganze wird von einer Wetterfahne überhöht.

Die Mittagskanone hat gekracht. Die Glocken läuteten in einen Himmel, wo die Wolken große Abstände zwischen sich ließen, von einem frischen Blau, verwaschen, sehr reizvoll. Der Wind bewegte die Blätter der Bäume, Hummeln ließen sich auf den Blumen nieder.

Das Ruder des Gondoliere scheint dem Schweigen im Wasser ein Grab zu schaufeln und es mit seinen Tränen zu beweinen.

Heute morgen sah ich durch das offene Fenster, wie sich im Spiegel des Zimmers die blühenden Beete spiegelten, sich von ihm einrahmen ließen und so ein ungemein reizvolles Blumenbild bildeten.

Ich denke über eine Beerdigung nach, die ich auf dem Canal Grande vorbeidefilieren sah. Zuerst kam ein vollbesetzter Vaporetto, der eine große, mit goldenen Figuren geschmückte Barke im Schlepptau hatte. Auf dieser Barke, die der Bucintoro des Beerdigungsgewerbes zu sein schien, erhob sich der Katafalk mit silberdurchwirkten Tüchern, auf dem sich Kränze und Blumengebinde häuften. Angehängt an diese Trauerbarke war ein Dutzend Gondeln, voll von Menschen, die den Trauerzug bildeten. Und so zog sie langsam dahin, die Flottille, dieser pompöse Trauerzug, auf dem von einer klaren Sonne freundlich erhellten Wasser, auf dem Wasser, das der Wellengang des Vaporetto mit dem Geräusch von nasser Wäsche ans Ufer plätschern ließ wie das Klatschen tränennasser Taschentücher.

Nachts wirken die Fassaden mancher Paläste auf fast schmerzliche Weise abgezehrt und ausgemergelt.

Die Orte, an denen man häufig gelebt und die man liebgewonnen hat, werden zu Persönlichkeiten. Der Umgang mit ihnen wird zur Passion. Die Sinneseindrücke werden zu Gefühlen.

Der Gondoliere hat uns um eine Blume gebeten, um sie in das kleine kupferne Horn zu stellen, das sich im Bug der Gondel befindet. Das ist, sagt er, »per la bella figura«.

Überall ist hier ein wenig Komödie im Spiel. Carlos Tochter Lisetta ist gekommen, um Madame de la Baume um Lohnerhöhung zu bitten, und um ihrer Eingabe mehr Pathos zu verleihen, hat sie sich nicht gekämmt und auch nicht das übliche hübsche Halstuch angelegt.

Die Gondel gleitet an der hohen roten Mauer des Arsenal entlang. Mit seinen kriegerischen Backsteinen, seinen sarazenischen Schießscharten könnte man meinen, es sei die Festungsmauer irgendeiner Kreuzfahrerstadt, einer muselmanischen Stadt aus einem Gemälde von Bellini.

Im großen Saal des Palazzo Labia, der gänzlich ohne Möbel ist, ist die alleinige Anwesenheit der Fresken des Tiepolo ein Fest. Hier ist das Schweigen freudig, hier tanzt die Einsamkeit. Salut dir, Tiepolo, du Veronese des Rokoko!

Bei dem miesen kleinen Antiquitätenhändler von San Zaccaria hängt das seltsame Porträt eines Arztes, langgezogenes Eselsgesicht mit Perücke. In der Hand hält er ein Band, auf dem man liest: *Obstetriciam reddo facilem*. (Ich mache die Geburt leicht.)

Der Brauch, alles auf dem Wasser zu transportieren, führt in

Venedig zu den kuriosesten Anblicken. Ganz allein in einer Barke, hochzeremoniell, schien ein Sessel einem andern Möbelstück aus der Bekanntschaft einen Besuch zu machen.

Es gibt Orte, an denen es angenehm ist, traurig zu sein.

Es scheint, daß man hier, wo man sich doch dem egoistischen Wohlleben hingibt, Vergessensein, Undankbarkeit, Ungerechtigkeit besser ertragen könnte. Man lebt wie in einem Labyrinth, wo die Kümmernisse mehr als anderswo Mühe haben, bis zu einem vorzudringen. Alles erreicht einen nur im Widerschein, im Widerhall. Jeder Tag hier ist ein wenig Ende des Lebens.

*Fantasio** hätte in Venedig zu den Akkorden einer Mozart-Sonate entstehen können.

Das Andenken an Venedig bleibt einem im Gedächtnis wie zu Asche gewordenes Licht.

Auf der Giudecca. Aufgereiht auf eine Fensterbank eine Batterie von Flaschen. Könnte man nicht sagen, sie schließen in ihren geflochtenen Bäuchen den Wein wie in einem Käfig ein?

Nichts ist reizender als die Himmel des herbstlichen Venedig, wenn nach dem Regen die Wolken im Blau schmelzen und die verrückten Mauersegler mit ihren schwarzen Flügelspindeln ein wahres Netz aus Schreien über Venedig spinnen.

Über dem Kamin hängt ein alter Spiegel, von dem das Gold abblättert. Auf der Marmorplatte zwei weiße Vasen in Bassano-Fayence, ein Glasgefäß mit blauen Perlen und ein dickes gelbes Pfefferkorn, das sich bläht und windet und in seiner Lackschale leuchtet.

Wir sind zur Insel San Lazzaro zu den Armeniern gefahren. Es war einer dieser schönen, klaren Tage des venezianischen Herbstes, wo die Luft von Glück und Melancholie gesättigt ist. Von weitem gleichen die Ziegelmauern des alten Klosters einem

* Komödie von Alfred de Musset aus dem Jahr 1834. (Anm. d. Ü.)

alten rosafarbenen Brokatstoff, von dem sich der dunkle Samt der Zypressen abhebt. Man hätte meinen mögen, es sei das Motiv eines orientalischen Stoffes oder ein persisches Teppichmuster. Im Garten des Klosters breitete eine Zeder ihre Zweige aus, und den haarigen Stamm einer Palme kletterte eine Ackerwinde empor, deren Blüten von dem reizendsten, sanftesten, klarsten Blau waren, das ich jemals sah. Nachdem wir in der Galerie des Klosters eine ägyptische Mumie und die Handschriften Lord Byrons bestaunt hatten, sind wir draußen herumspaziert. Der Garten der Mönche hat uns seine ruhigen Alleen dargeboten, die von gekrümmten Rebengeländern gesäumt sind, und wo im Sand flinke Eidechsen vorbeihuschen. Hier und da zwischen zwei Weinstöcken haben Spinnen ihre schwankenden irrisierenden Netze aufgehängt. Man sieht ihnen zu, wie sie sich wiegen, die emsigen Spinnerinnen, die Spitzenklöpplerinnen der Lagune. Sie sind es, die die Windeln und das Leichentuch der Stille spinnen.

Seit gestern ist Venedig voller Wind, ein Wind, der vom Meer kommt und das Hochwasser begünstigt. Der Canal Grande bäumt sich auf. Ich liebe dieses turbulente Venedig, das der Wind belebt. Er macht es wieder maritim, er lüftet es durch, macht es widerstandsfähig. Heute nacht hat er im Garten des Palazzo Venier das Laub abgeschüttelt, es gab ein buntes, dumpfes Gepolter. Morgens gab es abgebrochene Äste, umgeworfene Blumentöpfe.

Der Palazzo Dario ist geschlossen. Madame de la Baume ist verreist, aber sie hat uns die Schlüssel des Palazzo Venier überlassen und Antonio, ihren italienischen Diener. Er ist ein netter Bursche, er wird uns bedienen und sich darum kümmern, den »großen Ofen« anzuzünden und das Feuer zu unterhalten, denn wir haben inzwischen November. Es kann kalt werden, und der Palazzo ist feucht. Antonio unterzieht sich seiner Arbeit mit großem Eifer. Er haust in einer winzigen bizarren Wohnung, aus der er wie aus einer Überraschungsschachtel herauskommt. Er ist sehr zuvorkommend, aber seine Fähigkeiten beschränken sich darauf, zu wissen, wie man Wasser siedet, wie man Früchte und Kuchen für den Nachmittagskaffee auf einer Schale garniert und die Briefe auf einem Silbertablett ins Zimmer bringt. Aus Höflichkeit läßt er seine eigene Post neben der unseren liegen. Seine Briefe tragen die Anschrift: *All'eccellentissimo Signor Antonio*. Er bekommt viel Post. Er ist galant, und in seiner Behausung bekommt er häufig geheimnisvollen Besuch. Es gibt auch noch einen Gärtner, der die Wege harkt. Das ist ein kleiner dunkler Mann mit jähzornigem Charakter. Kürzlich machten Antonio und er Miene, unter fürchterlichen Gesten mit dem Rechen aufeinander loszugehen. Das ging schnell vorbei. Es war ja nur eine *dimostrazione*.

Heute ist Allerheiligen, und alle Glocken Venedigs läuten in einem silbriggrauen Himmel, in einem perlfarbenen Himmel, doch es sind Perlen ohne Glanz, es sind tote Perlen...

Erinnern Sie sich an den ersten November des Jahre 1907? Erinnern Sie sich an unsern alten Palast, halb begraben unter seinem roten wilden Wein und seinen welken Glyzinien, die eine nach der andern ihre schlaffen, zerknitterten Blätter verloren? Es waren Tage des abgeschiedenen Lebens, dieses venezianischen Lebens, das uns so teuer ist, so passend für Müßiggang und lange Träumereien, bestehend nur aus den winzigen täglichen Ereignissen, wo man die eigene Nutzlosigkeit und die Schönheit der Dinge schätzt. Es hat den Charme der Monotonie, es hat Gleichmaß und Dauer, den Glanz eines lebhaften oder verschleierten Lichtes, eines Spaziergangs, es hat diesen Satz und jenen Gedanken und jenen Traum, die sich so schnell in Erinnerungen verwandeln. Es macht aus der Zeit ein Tuch, das locker und dicht ist, das einen mit seinem Frieden und seiner Schwermut einhüllt. Man wird sensibel für alles, für Lärm, für Farben, für Nuancen, für Schweigen. Der November eignet sich gut für das virtuose Spiel des inneren Instrumentariums und liefert ihm alle die klassischen Themen: strahlende Morgen, herrliche Abende, sanfte Nachmittage, kalte Vormittage, regenschwere Dämmerungen, mal weich wie im Sommer, mal hart wie im Winter.

Erinnern Sie sich noch an die Nebel, die einen so rosa, so durchdrungen von einer unsichtbaren Sonne, die andern so schwer von aschiger Feuchtigkeit, in der Paläste und Kanäle verschwanden und in der Venedig nur noch eine Ebene im stummen Dunst war?

An solchen Tagen schlossen wir uns mit den Büchern ein. Sie schrieben gerade an einem auf großen weißen Blättern, die Sie eins nach dem andern wie müde Flügel auf den Teppich schweben ließen. Ihr Buch hieß: *Le Temps d'aimer*. (Die Zeit zu lieben.) Es war eine ironische und zärtliche Geschichte, romantisch und leidenschaftlich, schmerzlich und voller Charme. Sie schrieben vor dem Kamin, wo die Holzscheite flammten, denn Antonios »Kanonenöfchen« genügte nicht immer, um den feuchten alten Palast zu heizen. Sie schrieben fleißig vor sich hin, ab und zu gestört von irgendeinem vertrauten Geräusch. Eines dieser Geräusche stammte vom *taupo*. Taupo war eine Ratte, die mit flinken Füßchen an der Decke entlangtrippelte und manchmal dreist ihre schnurrbärtige Schnauze zeigte. Ein zusammengeknülltes Papier genügte, um sie in ihr Loch zurückzujagen. Sie hatten jedoch noch andere Zerstreuungen, und eine davon war der Garten. Sie benutzten gern die kleine Außentreppe, die aus dem Raum, in dem Sie arbeiteten, hinabführte. Chrysanthemen hatten die Salvien, die Rosen und Dahlien ersetzt. Sie verbreiteten ihren herben Duft. Manchmal gingen Sie auch weiter nach vorn, um sich an die Balustrade der beiden kleinen Terrassen zu lehnen, die ein Rondell über dem Canal Grande bildeten. Wächter waren die beiden drolligen Figuren aus istrischem Stein, die, den Mantel um die Schultern und den Dreispitz im Nacken, die eine die Laterne, die andere das Wärmeöfchen trägt. Sie sahen Sie gewiß freudig kommen, hatten sie doch niemand anderen als Sie, dem sie ihre Dienste anbieten und ihre treuherzigen Mienen zeigen konnten.

Wahrhaftig, er war einsam, unser Palast! Keine Gondel legte an den Stufen seines Wassertores an. Keiner tat einen Schritt durch das Eisengitter, das in den Garten führt, keine Hand zog am Klingelseil. Die Tage flossen monoton dahin. Eines Abends besuchten wir im Minerva-Theater im Calle San Moisè ein Marionettentheater. Es waren reizende winzig kleine Ballerinen, perfekt im Zusammenspiel, und ein niedliches Knochengerippe, das beim Tanzen seine Knochen verlor und sie mit fabelhafter Geschicklichkeit zur großen Freude des rührenden venezianischen Publikums wiederfand. An anderen Abenden hatten wir in einem Restaurant gegessen, flanierten dann noch unter den Arkaden der Prokuratien und gingen auf Umwegen nach Hause zurück.

Bei unserer Rückkehr verströmten die letzten Tuberosen ihre duftende Seele in dem weißen, holzgetäfelten Saal. Unsere Rückkehr störte auch den Taupo beim Nagen.

Und so ging es weiter in diesem November. Erinnern Sie sich noch? Sie wurden krank. Das ist nicht gut, in Venedig, in einem alten einsamen Palast, wo man nur einen Antonio zur Verfügung hat, dessen guter Wille nur noch durch seine Unfähigkeit übetroffen wird. Weil Sie nicht ausgehen konnten, war ich es, der Ihnen etwas zu essen holen mußte. Wie oft bin ich – wie eine Figur aus einer Goldoni-Farce – durch die Calli zurückgekommen, in den Händen ein kaltes Huhn, dazu einige Bananen und eine Flasche Chianti balancierend! Inzwischen ging der November zu Ende, und die Feuchtigkeit breitete sich trotz Antonios großer Feuer und seines großen Ofens überall aus. Morgens waren die Schuhe von einer leichten Schimmelschicht überzogen. Es ging Ihnen besser, und für uns wurde es Zeit, abzureisen. Übrigens hätte Antonio uns verlassen. In Bologna wartete auf ihn eine »fabelhafte Stelle«, und er würde seinem neuen Herrn das lobende Zeugnis mitbringen, das auszustellen ich gerne bereit war.

Endlich kam der Tag der Abreise. Unsere Koffer wurden auf eine Gondel geladen, durch die beschlagenen Scheiben des Felze sahen wir Antonio auf den Stufen des Palastes stehen, zwischen den beiden kleinen Dienern aus istrischem Stein, deren Dreispitze vor Nässe trieften und deren Laterne und Wärmeöfchen längst hätten erlöschen müssen. Er winkte uns zum Abschied im

Schutze eines durchnäßten Regenschirmes nach, denn wir verließen Venedig in einem heftigen Regenguß, der – Sie werden sich erinnern – einem Regen aus Glasfäden ähnlich sah.

Unter dem Chinesen

Venedig, im Oktober 1909

»Um fünf Uhr unter dem Chinesen...«

Der Chinese ist eine entzückende Figur. Auf der Wand, auf die er gemalt ist, steht er liebenswürdig, lächelnd und stolz. Er ist mit einem kurzen Gewand aus blauer Seide bekleidet, das Korallenknöpfe schließen, und an den Füßen trägt er zierlich geformte Schuhe. Er hat die Gesichtszüge seiner Rasse und eine angenehm gelbe Hautfarbe. Sein langer feiner Mandarinbart hängt herab, wie es sich schickt und ganz nach der Mode seiner Artgenossen auf den chinesischen Vasen. Die Ärmel seines Gewandes sind natürlich »pagodenförmig«. Unter der Kappe, die seinen Kopf bedeckt, quillt ein schöngeflochtener Zopf hervor. Seine Schlitzaugen betrachten einen mit freundlichem Lächeln, das nicht ohne Ironie ist. Er ist stolz und er hat Grund, es zu sein, er ist nämlich nicht nur ein Chinese, sondern *der* Chinese, er ist sogar *der* Asiate, denn er verkörpert Asien in der Schar der kostümierten Figuren, die auf den anderen Paneelen die Erdteile symbolisieren und die die Dekoration in einem der Säle des Café Florian bilden. Oft suchen wir unseren Platz in der Ecke, die er besetzt und die er uns freizuhalten scheint. Er ist zu einer Art Treffpunkt geworden, und der Satz: »Um fünf Uhr unter dem Chinesen« besagt, daß man sich zu dieser Tageszeit im Florian, auf der roten Samtbank an dem Marmortischchen, treffen wird, wo uns der Punsch aus Kermes-Likör oder ein Gläschen Maraschino serviert werden, denn zu einem Café comme il faut gehört in Venedig immer ein Grappa.

Es mangelt in Venedig nicht an solchen Cafés, die im städtischen Leben eine Rolle spielen, wo viele Venezianer viele Stunden verbringen und wohin sie sich sogar ihre Post schicken lassen. Die berühmtesten dieser Etablissements befinden sich auf dem Markusplatz: das Florian unter den Neuen Prokuratien, das Quadri unter den Alten Prokuratien, die beide in der schönen Jahreszeit ihre Tische und Stühle auf das Pflaster der Piazza stellen. Neben dem Quadri empfängt die Konditorei Lavena ihre zahlreichen Gäste, während auf der Piazzetta unter den Arkaden der Libreria Vecchia sich das Café Aurora der Kundschaft öffnet, es sei denn, sie ziehen ihm das Café Orientale auf der Riva degli Schiavoni oder die Bar von Giacomuzzi an der Ecke des Calle Vallaresso und der Salizzada San Moisè vor. Aber trotz dieser Konkurrenz ist und bleibt das Florian *das* Café, wo sich jeder echte Venezianer mehr oder weniger häufig sehen läßt und wo man auch heute noch ein wenig das Venedig von einst finden kann. Nicht, daß es noch Ähnlichkeit mit jener charmanten *Bottega di Caffè* hätte, die Pietro Longhi malte, in der man eine Venezianerin in ihrer schönen Robe aus Taft, den eleganten Dreispitz keck auf das Ohr geklemmt, das göttliche Getränk schlürfen sieht, während ihr von der Tür aus eine mit Tabaro und Bautta maskierte Gestalt einen hingebungsvollen Gruß zuwinkt. So wie es heute aussieht, ist davon im Florian nur wenig übriggeblieben, doch mit seinen niedrigen kleinen Räumen, mit Fresken und Spiegeln dekoriert, hat es immerhin noch ein entzückend altmodisches Gesicht.

Das Florian also besteht aus einer Vielzahl dieser kleinen Säle. Alle sind mit den gleichen Möbeln ausgestattet: Bänke und Stühle sind mit rotem Samt bezogen. Die Tische haben bewegliche Marmorplatten, die sich auf einem kräftigen Fuß drehen, daneben gibt es Beistelltischchen aus Holz, die man nach Belieben verrücken kann. Einer dieser Säle, der größte, zeigt, eingelassen in die Wandtäfelung, die Porträts berühmter Venezianer; die Wände und Decken der übrigen Säle sind ganz mit Fresken ausgemalt, mit Ornamenten und Phantasiegestalten, mit Blumenbuketts und Girlanden, das Ganze in heiteren frischen Farben leicht hingetupft, dazu noch Spiegel und Goldverzierungen. Wegen des Tabakqualms sind diese Malereien durch Glas geschützt. Das Ganze bildet eine liebenswürdige Dekoration in einer Art Louis-Philippe- und Empire-Stil. Wie auch immer, diese kleinen Säle sind einladend wegen der schön verlaufenden Linie der Sitze, wegen der intimen Atmosphäre. Schnell fühlt man sich hier wohl und unter dem freundlichen Blick des Chinesen fast wie zu Hause.

Zu diesen Annehmlichkeiten kommt noch, daß im Florian hervorragender Kaffee und alle möglichen Sorbets serviert werden. Und stets trifft man Stammgäste, echte Venezianer, besonders wenn die Touristenschwemme vorüber ist. Dann hat man den Eindruck, nicht mehr nur ein Teil der kosmopolitischen Überflutung zu sein, und das Florian wird einem um seiner selbst willen zur lieben Gewohnheit. Man sitzt dann Stunden um Stunden dort, plaudernd oder vor sich hin träumend, es sind die Stunden des süßen venezianischen Nichtstuns, an die man sich später so gern erinnert. Wenn man nicht gern eingesperrt ist und wenn die Jahreszeit nicht zu fortgeschritten ist, kann man draußen auf einer der wuchtigen Lederbänke Platz nehmen, die sich an die Pfeiler der Arkaden anlehnen, oder wenn man lieber ganz im Freien sitzt, auf den Stühlen, die sich auf dem Pflaster der Piazza aufreihen. Mehr als einmal haben wir das zu Beginn dieses schönen Oktobers schon getan, denn dieses Jahr sind wir noch im Oktober nach Venedig gekommen, um uns »unter dem Chinesen« zu treffen. Er ist so entzückend, er empfängt uns in seinem Reich, er ist stets gastfreundlich gegenüber dem Besucher, denn das Florian ist Tag und Nacht geöffnet. Hat man keine Lust zu schlafen, so kann man hier bis zur Dämmerung ausharren, und hat man seinen Schlüssel verloren, kann man auch auf den Morgen warten. Gewiß ist es unwahrscheinlich schön anzusehen, wie sich die Morgenröte über den Markusplatz breitet, aber auch der Schlaf ist eines der Vergnügen von Venedig. Es schläft sich so gut in seinem nächtlichen Schweigen, wenn man den ganzen Tag die seidige Luft der Lagune geatmet hat und wenn man sich stundenlang von der Gondel hat wiegen lassen, noch besser, wenn man die Stufen unzähliger Brücken geklettert ist und das grobe Pflaster der Calli unter den unermüdlichen Sohlen gespürt hat.

Diesen langen Schlaf des Venedigs der linden Oktobertage,

diesen Schlaf, tief und erwartungsvoll zugleich, wo die Impressionen des Tages in subtilem Dunst an einem vorbeigleiten, finde ich nicht in dem hohen Zimmer des Palazzo Dario oder in der barocken Wohnung des Venierpalastes. Beide sind sie verschlossen, und unsere Freundinnen sind nicht in Venedig. Wieder einmal wohnen wir in der Casa Zuliani. Nichts hat sich dort seit unserm Aufenthalt im Jahre 1904 verändert. Die Sorelle sind immer noch da. Sie müssen ihre kuriose Sammlung alter Parfümflaschen noch vergrößert haben. Die Klingel im Vestibül tönt immer noch gleich, und der unsichtbare kleine Hund kläfft noch immer hinter der Tür. Die einzige Neuerung ist die, daß das Dienstmädchen nicht mehr Eufemia heißt, sondern auf den Namen Vittoria hört, wobei allerdings der Service nicht gewonnen hat. Die Casa bleibt, wie sie ist, nur haben wir in diesem Jahr unsere Einrichtung durch das Mieten eines *salotto* ergänzt. Es ist ein kleines Zimmer, rosagetüncht, mit dem üblichen »zulianischen« Mobiliar, dem wir noch dies und das hinzugefügt haben, was wir bei den Antiquitätenhändlern erstanden haben. Es hat den Blick auf den Garten des Palazzo Venier, genauso wie das Zimmer, in dem Paul Alfassa wohnt. Durch unsern Freund Jean-Louis Vaudoyer haben wir diesen angenehmen Nachbarn kennengelernt, der in allen Fragen der Kunst sehr beschlagen ist; außerdem ist er bemerkenswert gebildet und wirklich kompetent. Was Vaudoyer angeht, so hat er eines der Zimmer in der Casa auf die Fondamenta Venier und den Rio della Torresella hinaus. Er ist ein geistvoller und charmanter Kumpan, ein talentierter Dichter, empfindsamer Schriftsteller, voll jugendlichen Feuers und versessen auf alles Schöne, ob geschrieben, gemalt oder in Stein gehauen. Schon als wir 1907 im Palazzo Venier logierten, hatten wir ihn in Venedig getroffen und mit ihm eine kurze Reise nach Padua, Vicenza, Verona und Mantua gemacht. Wie Paul Alfassa ist auch Jean-Louis Vaudoyer ein Liebhaber der Kunst, passionierter Besucher von Museen, Kirchen und Palästen, begabter Antiquitätenjäger und vor allem ein Kenner der Malerei. Ich weiß, daß er viele Hefte mit Notizen vollgeschrieben hat und daß sein Koffer von Fotografien und

Katalogen überbordet, was ihn aber nicht hindert, die schönen Seiten des Lebens mit aller Lebhaftigkeit zu genießen und sie heiter und phantasievoll zu kommentieren. Gerne würde er den Chinesen aus dem Florian an seinem Zopf ziehen, wenn wir uns fast täglich nach einer Kirchenbesichtigung oder einem Museumsbesuch unter ihm treffen.

Ich begleite ihn und Paul Alfassa oft auf ihrer künstlerischen Spurensuche. Der Anblick eines schönen Bildes, einer schönen Statue, eines schönen Gegenstandes, jeder Art Kuriositäten war mir stets angenehm. Allerdings kann ich die Kunstwerke nicht mit der gleichen methodischen Sorgfalt wie meine jungen Kameraden beurteilen. Ich gestehe, daß ich zuwenig von allgemeiner Ästhetik weiß, daß ich zuwenig beschlagen bin in der Geschichte der Schulen, der Abhängigkeiten und der Besonderheiten von Technik und Komposition. In einem Bild, in einer Skulptur, suche ich vor allem eine visuelle Befriedigung, ein sinnliches Vergnügen, ein angenehmes Gefühl, einen Gegenstand zum Träumen, einen Vorwand, um den Geist zu trainieren. Natürlich interessiert mich das Kunstwerk um seiner selbst willen, doch vielleicht besonders um des Wohlbehagens willen, das es mir vermittelt. Auch gehe ich instinktiv allem nach, was meine Erinnerung befruchtet, wenn ich vom Schmelz der Schönheit oder ihrem eigentümlichen Flair angezogen werde. So habe ich mir eine Auswahl von Werken zusammengestellt, auf die ich immer wieder aus reinem Vergnügen und ohne große Sorge um die Hierarchie ihrer Wertung zurückkomme. Ich habe Vorlieben, die ich kaum begründen kann, die venezianische Kunst hat mich damit wohlversorgt. Ich bin unabhängig genug, um mich wenig darüber zu beunruhigen, ob sie allgemeiner Bewunderung würdig sind. Der Chinese im Florian hört mich gelegentlich Meinungen äußern, die ich sonst niemandem mitteile. Sie sind aufrichtig, wenn sie auch nicht unbedingt die Vortrefflichkeit meines Urteils beweisen.

Genau so frank und frei betrete ich die Säle der Accademia. Aus der antiken Scuola di Santa Maria della Carità ist ein sehr schönes Museum entstanden, das wie alle Museen eine Menge

Bilder enthält, die eigentlich nur für Kunstkritiker von Interesse sind und lediglich Dokumentationswert für die Geschichte der Maler und der Malerei haben. Nicht vor diesen bleibe ich stehen, obwohl ich die Werke zweitrangiger Künstler keineswegs geringschätze, inspirieren sie einen doch manchmal mehr als manches berühmte Werk hochgeschätzter Meister. In den Sälen, die der frühen Kunst vorbehalten sind, finde ich außer einigen ausdrucksstarken Gesichtern von Madonnen oder Heiligen, einigen Gesten oder Draperien, die sich von dem alten Goldgrund eines Altarblattes oder eines Triptychons abheben, kaum etwas, was mich reizt. Doch mündet diese religiöse Kunst, die aus dem hieratischen Stil der byzantinischen Mosaiken entstanden ist, im 15. Jahrhundert in die wundervolle Kunst der Bellini und des Carpaccio. Die beiden Brüder Bellini, Gentile und Giovanni, die Söhne des alten Jacopo, waren überaus begabte Künstler. Giovanni verleiht seinen verführerischen Madonnen, die er mit den schönsten Architekturen umrahmt, Schönheit, Grazie und Zärtlichkeit. Er kleidet sie in weiche Stoffe, schmückt sie mit köstlichem Geschmeide, umgibt sie mit stattlichen Heiligen und lieblichen Engeln. Als Porträtist hat Giovanni die Gabe, das menschliche Antlitz höchst lebendig darzustellen, wie sein Porträt des Dogen Mocenigo beweist. Er war von neugieriger Geistesart und nicht unschwierig, wie die Allegorien zeigen, in denen er Anklänge an gotische Meßbücher mit Einflüssen antiker Steinmetzkunst, Symbolisches mit Mythologischem mischt. Man bekommt seltsame Figuren zu sehen: eine nackte Frau, die in der Hand eine Kristallkugel trägt, einen Mann, der halb aus der Volute einer Muschelarbeit heraustritt, rätselhafte kleine Kompositionen, sorgfältig ausgearbeitet, bizarr. Wie sein Bruder Giovanni ist auch Gentile Porträtist. Nie mehr vergißt man seinen wunderbaren Mahomet II. aus der Sammlung Layard. Aber er ist auch der Maler der Zeremonien und der Volksfeste. Seine *Prozession auf dem Markusplatz*, sein *Wunder des Heiligen Kreuzes* lassen das alte Venedig in seinem orientalischen Glanz und seinen pompösen Umzügen wiederaufleben, wie wir es in seiner Eleganz und in seinem

Raffinement in den Bildkompositionen des Carpaccio wiederfinden, wo er uns in so naiven wie subtilen Bildern durch seinen Pinsel die Legende der heiligen Ursula erzählt.

Diese Folge von neun Bildtafeln füllt einen ganzen Saal der Accademia. Auch dort sind wir ganz im alten Venedig. Carpaccio zeigt uns seine Architektur, seine Kostüme, seine Atmosphäre. Seine genaue, dabei geschmeidige Zeichnung paart sich mit einer Farbgebung, die frisch, solide und wie emailliert wirkt. Die luftigen Perspektiven vermitteln einen Eindruck von Ordnung und Weiträumigkeit. Blätter flattern im Wind. Ein klares Licht erhellt die Personen und die Gegenstände. Kleinste Einzelheiten werden sichtbar, die Stickerei eines Kleides wie die Adern im Marmor. Alles ist peinlich genau und ernsthaft gearbeitet, nicht gefühlvoll, jedoch von außerordentlicher Finesse. Man bewundert entzückt und doch irgendwie gleichgültig. In dieser ruhigen Vollkommenheit wirkt nichts überspannt, hier und da auch ein vertrauliches und rührendes Detail: die Gräser und Blumen, die zwischen den Pflastersteinen sprießen, die niedlichen Pantöffelchen, die neben dem Bett stehen, auf dem Sankt Ursula schläft, der Vogel, der würdig neben dem Pavillon stolziert, wo die englischen Botschafter Abschied von König Maurus nehmen, während ein grimassenschneidender kleiner Affe sich fröstelnd in seinen roten Kittel kuschelt.

Die Tiere, die die Szenen der Legende des Carpaccio beleben, finden wir auch bei den beiden Kurtisanen wieder, die der Maler uns sitzend, mit all ihrem Schmuck behängt, in seinem Bild im Museo Civico zeigt. Mit ihrem aufwendigen Kopfputz und ihren gezierten Hüten bieten sie ein Bild vollkommener Dummheit. Die eine läßt ein Hündchen schön machen und ärgert ein anderes mit einem Stöckchen. Ihre Begleiterin interessiert sich nicht einmal für die Tauben, die auf dem Marmorgeländer sitzen, auf das sie ihren Arm stützt. Aber das – die Frauen eingeschlossen – ist noch nicht das ganze Bestiarium des liebenswürdigen Carpaccio. Wenigstens ein Löwe und ein Drache, derjenige, den Sankt Georg mit der Lanze durchbohrt, gehören noch dazu. Löwe und Drachen, machen wir ihnen unsere

Aufwartung. Wir finden sie in der Scuola di San Giorgio degli Schiavoni am Rio della Pietà, nicht weit von der Kirche San Giovanni in Bragora. Danken wir den Slawonen, daß sie die Ausmalung ihrer Scuola dem liebenswürdigen Maler der heiligen Ursula anvertraut haben. An einer uralten schuppenfarbenen Holzwand hängen die Szenen aus dem Leben des heiligen Georg, dem Leben des heiligen Hieronymus und die Legende von Sankt Triphon. Hier spielen Drache und Löwe ihre Rollen. Was den Drachen angeht, so ist es seine Rolle, sich von einem eleganten Ritter töten zu lassen, die des Löwen ist es, die entsetzten Mönchlein in die Flucht zu schlagen. Der Löwe und der Drache agieren in der Weise, wie man es von ihnen erwartet und in der schönen Bernsteinfarbe, die dem Carpaccio so teuer war. Diese ganze fromme Bilderwelt ist von reizender Naivität, aber der kleine Saal der Scuola degli Schiavoni ist leider so dunkel, daß der Aufseher uns einen großen Spiegel aus Zinn geben muß, damit die undeutlichen Tafeln wenigstens etwas heller werden. Gewiß würde man sie in einem Museumssaal besser sehen, aber hier sind sie an dem Platz, den sie von jeher innehatten, für den der Maler sie malte, wo er sie selbst aufhängte; diese perfekte Anpassung von Platz und Kunstwerk ist ein so rares Vergnügen, daß man es verständnisvoll auskosten sollte.

Das gleiche Vergnügen vermittelt einem in der Accademia Tizians wunderbare *Darstellung Mariens im Tempel* in ihrer nüchternen und schlichten Schönheit. Sie hat den Platz wieder eingenommen, für den sie bestimmt war, während die *Himmelfahrt der Jungfrau* den Hochaltar der Frari mit der Wand im Museum vertauscht hat. Die allgemeine Zustimmung hat sie dahin begleitet, aber ich gestehe, daß ich die Gefühle für dieses berühmte Gemälde nicht unbedingt teile. Tizians Ruhm gründet sich mehr auf andere Meisterwerke, in denen die tragische Würde und die schwelgerische Heiterkeit seines Genies wie ein Wunder hervorbricht. Ist nicht Tizian mit Veronese einer der ganz großen Namen der venezianischen Renaissance? Wenn jedoch Veronese den unvergleichlichen Sinn für die Schönheit des Maßes und der Architektur besaß, wenn er der Maler der Prachtentfaltung und der Triumphzüge, ein wahrhafter Malerfürst war, ist dann nicht Tintoretto von den drei großen Renaissancekünstlern Venedigs das stürmische Genie, das genialste dramatische Talent?

Die Accademia besitzt einige seiner bedeutendsten Werke, wo sich seine Doppelbegabung, die des kraftvollen Realisten und die des feurigen Phantasten zeigt: Sein *Wunder des Heiligen Markus* und sein Porträt des Dogen Alvise Mocenigo unter vielen anderen, doch muß man sich in die Scuola di San Rocco begeben, um von ihm überwältigt zu werden. Die Scuola gehört ihm ganz und gar, und er hat ihre weiten Hallen mit der wundervollen Arbeit seines Pinsels gefüllt. In diesem außergewöhnlichen Menschen stand eine unermüdliche, nicht auszuschöpfende bildnerische Kraft ganz im Dienste eines nicht müde werdenden dramatischen Talentes. Ob er uns den *Bethlehemitischen Kindermord,* die *Plage der Schlangen* oder die *Verkündigung* und die *Flucht nach Ägypten* zeigt, ob er uns in ein Menschengewühl oder in die Einsamkeit der Wüste führt, er dramatisiert, und er tut es mit einer bewegenden Kühnheit der Gesten und der Haltung, in einem Licht der Finsternis und Katastrophe. Von seinen Bildern geht wildes Getöse aus, wenn nicht das schrecklichste Schweigen auf ihnen lastet. Sie sind durchzogen von Engelsflug und von verzerrten Gladiatoren, von Flügelschlag und von erschlafften Muskeln. Manchmal wird der große Visionär zum unerbittlichen Zeugen. Man betrachte seine *Kreuzigung* von San Rocco, dieses gewaltige Bild, wo sich um den göttlichen Märtyrer soviel barbarische Wut bewegt, dieses Bild, dessen Ambratöne gallig verfärbt sind, wo man wirklich glaubt, daß der Schwamm, den der Henker an die sterbenden Lippen Christi führt, mit Galle getränkt wurde. Kein leerer Raum, den mit Farbe zu bedecken, diese unermüdliche Hand in Verlegenheit brächte. Sein *Paradies* im Dogenpalast ist eines der größten bekannten Gemälde überhaupt. Es quillt über vor lauter Auserwählten. Tintoretto versteht sich auf alle Dimensionen, auf die quadratische Fläche einer Wand wie auf das Oval einer Decke. Im Dogenpalast malt er Episoden aus der Geschichte Venedigs, und er scheint sich von dieser öffentlichen Auftragsarbeit in den vier herrlichen mythologischen Szenen zu entspannen, wo das Leben in der Grazie und der Schönheit edler heidnischer Körper atmet. Überall beweist er die gleiche despotische Meisterschaft. Er frischt sich auf, indem er sich wiederholt. Seine *Kreuzigung* von San Rocco und seine *Kreuzigung* in der Accademia, stehen sie in ihrer tragischen Aussage vor der in der Kirche San Cassiano zurück, wo der Kalvarienberg von oben bis unten mit spitzen Lanzen gespickt ist? Auf Schritt und Tritt begegnet man ihm in Venedig. Er ist in der Salute zugegen mit der *Hochzeit zu Kana,* in San Giorgio Maggiore mit dem *Abendmahl,* in der Madonna dell' Orto mit der *Anbetung des goldenen Kalbes* und dem *Jüngsten Gericht* und auch mit der *Darstellung der Jungfrau,* die ein so edles, so reines, so zärtliches Pathos hat, wo auf der letzten Stufe des Tempels in seiner unschuldigen Grazie das auserkorene Kind am Himmel erscheint, das eines Tages die Schmerzensmutter sein wird.

Diesen großen Namen der venezianischen Renaissance muß man noch den des Giorgione hinzufügen, aber Giorgione ist in Venedig kaum vertreten. Die Fresken, mit denen er die Fassade des Fondaco dei Tedeschi schmückte, sind verschwunden. Um ihn bewundern zu können, muß man mit *Apollo und Daphne* im Seminario Patriarcale vorliebnehmen, an dem es nichts Besonderes zu bewundern gibt, und mit der *Familie des Malers* im Palazzo Giovanelli. Gehen wir hin, wenn wir die Madonna dell'Orto verlassen, wo Tintoretto begraben liegt, nicht weit entfernt von seinem Wohnhaus, das heute noch steht. Wir sind nun in einem der abgelegensten Viertel Venedigs und einem der ärmsten dazu. Seine Rii spiegeln armselige Fassaden wider, deren Altertümlichkeit eine Tristesse umgibt, die nicht ohne Charme ist. Das wenige Leben, auf das man hier trifft, ist das der kleinen Leute. Überqueren wir den Rio della Sensa, so kommen wir durch den Calle Lunga an die Fondamenta della Misericordia und ihren Rio, um schließlich die Kirche San Marziale und weiter den Rio del Trapolin und den Rio di Santa Fosca zu erreichen. Wir betreten den Palazzo Giovanelli. Von seiner ursprünglichen Dekoration ist nur der Ballsaal übriggeblieben, den die lichten Architekturbilder des Canaletto schmücken. Auf einer Staffelei steht der berühmte »Quadro« des Giorgione. Ich kann das Bild nicht ohne Enttäuschung betrachten. Diese Landschaft, in der nichts zusammenpaßt, darin Werkstätten, eine Brücke, Trümmer von antiken Säulen, Bäume, ein Fluß, der Schäfer in der einen Ecke, die halbentkleidete Frau, die ihr Kind stillt! Diese Familienidylle berührt einen kaum, und ich spare mir meine Bewunderung für das wunderbare *Ländliche Fest* im Louvre, dessen üppige Schönheit die sanfte Wärme eines schönen Sommertages ausstrahlt und wo Musik und Licht in harmonischem Gleichklang üppige weibliche Formen einhüllen, müßig, heiter, nackt und für die Liebe geschaffen.

Wir tauschen unsere Eindrücke von den Bildern aus, die allesamt aufrichtig und doch so unterschiedlich sind, und kehren von unsern Ausflügen durch die venezianische Bell'Arte zurück. Wie angenehm ist es doch, an einem warmen Oktobertag von sanften Lüften umfächelt, im milden Licht durch Venedig zu schweifen, freimütig zu diskutieren und in aller Offenheit seine Meinung zu sagen! Die Stunden sind über einem Fest für die Augen vergangen, so schön, daß es jeder Erinnerung standhält. Jetzt kündigt sich die Dämmerung an, die Stunde des »Chinesen« nähert sich. Schon sitzen wir zu seinen Füßen. Unter seinem spöttischen Blick verliert die Unterhaltung ihren ernsten Ton und wird vertraulicher. Man plaudert über dieses und jenes und bedauert die Abwesenden, daß sie nicht hier sein können, auf der gastlichen Bank des Florian. Wie kann man nur anderswo sein als an diesem Ort, wo es sich so gut leben läßt! Man bespricht das Menü des nächsten Tages, man macht Vorschläge für neue Ausflüge. Einmal soll es nach Torcello gehen und ein anderes Mal nach San Francesco del Deserto. Man spricht über ein Buch, das man gerade gelesen hat, in dem ein geschätzter Schriftsteller der gloriosen Stadt seine Huldigung dargebracht hat. Man macht eine Bemerkung über ein gelehrtes Kapitel bei

Taine, einen musikalisch morbiden Satz bei Barrès, eine unnachahmliche Seite bei Théophile Gautier.

Bei diesem Namen scheint der »Chinese« zu lächeln. Der gute Théo, hatte er nicht auch seinen Chinesen, war er nicht per Zufall jenem Tin-ton-lin begegnet, hatte er ihn nicht an sich gebunden, den Tin-ton-lin mit seinem langen Zopf, war er nicht ein Teil der »intimen Menagerie« des Dichters, unterrichtete er nicht seine Tochter, die schöne Judith, damit sie die chinesischen Schriftzeichen lesen und schreiben konnte? Tin-ton-lin, war er nicht für Gautier die Sehnsucht nach dem fernsten aller Oriente, fand er seinen Einfluß nicht im asiatischen Rußland, im sarazenischen Spanien, im byzantinischen Italien ebenso wie im Kreml in Moskau, in der Alhambra von Granada und im Dogenpalast von Venedig? Sein Aufenthalt hier war für Gautier eine der Freuden seines harten Schriftstellerlebens. Er liebt alles an Venedig, seinen Himmel, sein Licht, das Wasser, die Farben, die Dekorationen, die Künste, die Sitten und Gebräuche, er legt seine Eindrücke in einem genauen und ruhigen Buch nieder. Scheinbar leidenschaftslos, ist er doch von einer diskreten Liebe durchdrungen, wenn er mit gelehrter Akkuratesse den Glanz des Markusdomes beschreibt oder die schlichte Form einer Gondel, den verschnörkelten Umriß einer Glasarbeit oder das schmelzende Eiskügelchen in einem Sorbet. Venedig behält er in verzauberter Erinnerung. Es inspiriert ihn zu den geistreichen Variationen der *Emaux et Camées** und des *Musée secret,* wo die nackten Frauen Tizians in ihrer üppigen blonden Schönheit evoziert werden. Erzählen uns nicht eines Abends im Theater die Goncourts zwischen den zwei Akten eines Vaudeville von seiner unheilbaren Nostalgie und daß er im Besitz von Liebestränken sei, die ihm die Magierin der Adria in ihren irisierenden Becher gegossen habe?

Wenn der Name des guten Théophile Gautier so oft in unsern Gesprächen »unter dem Chinesen« vorkommt, tauchen noch zwei andere Namen immer wieder auf, zwei Namen, die ein

* Gautiers lyrisches Meisterwerk von 1852. (Anm. d. Verl.)

unauflösbares romantisches Band zusammenhält. Die Liebe hat aus George Sand und Alfred de Musset die Liebenden von Venedig gemacht, und es ist schwer, wenn man über den Kai der Schiavoni spaziert und die Augen zu den Balkonen des Hotel Danieli erhebt, die kleeblattförmig sind wie ein günstiges Omen, nicht an die tragikomische Liebesgeschichte zu denken, die sich hier zwischen drei Menschen, der großen Schriftstellerin, dem großen Dichter und zugunsten des honorigen Doktor Pagello abspielte.

Dieses venezianische Abenteuer hat die Nachwelt ebenso wie die Zeitgenossen bewegt und bleibt das berühmteste Beispiel einer romantischen Liebe. Man ertappt sich selbst bei einer merkwürdigen Reaktion: anstatt ganz unparteiisch, ob amüsiert oder bewegt, dieses Abenteuer zweier brennender, junger, genialer Herzen zu betrachten, ist man in diesem Gefühlskonflikt entweder ein Anhänger oder ein Gegner der beiden Akteure: Man ist »Sandist« oder »Mussetist«. Dagegen sehe ich keinen Pagello-Freund, denn der brave Pagello erweckt nur ein mäßiges Interesse. Seine Rolle besteht nur darin, »nützlich« zu sein und dazu gedient zu haben, die leidenschaftlichen Ereignisse, die sich schon vor der Venedigreise abgezeichnet hatten, auf den Punkt zu bringen. Von Anfang an deutete alles darauf hin, daß die Verbindung von George und Alfred stürmisch sein werde; die Schwierigkeiten begannen prompt, verursacht durch Unvereinbarkeit der Charaktere, der Gefühle, der Temperamente. Das Drama von Venedig war selbst in seinen Extravaganzen und in seinen Verrücktheiten ein schicksalhaftes Ereignis. Zwei Wesen näherten sich einander, die nicht in einem Punkt eine Seelenverwandtschaft zeigten; diese Verbindung war gegen jeden gesunden Menschenverstand zustande gekommen und ein Paradox gegen jegliche Einsicht.

Amor, wie man weiß, ist ein perfider Gott. Sobald zwei Sterbliche, einig in ihrer Seele, in Gedanken, im Herzen und Geschmack, einig in allem, sich seinen Gesetzen unterwerfen, kaum ist einer dem andern gegeben, schon beginnt der geflügelte göttliche Knabe sie zu entzweien und das Bündnis zu brechen, dessen geheimnisvolle Kraft er ihnen so heimtückisch wie maliziös enthüllt hatte. Hätten sie zu diesen Auserkorenen gehört, George und Alfred wären nie dem Schicksal aller Liebenden entronnen, und das um so weniger, als sie nicht dazu geschaffen waren, diesem Druck der sentimentalen Trennung eine tiefe innere Bindung entgegenzusetzen. Überall wären George Sand und Alfred de Musset unglückliche Liebende gewesen, aber ihre Geschichte entbehrt nicht der Schönheit, weil sie als Rahmen Venedig gehabt hat, dessen Romantik die ihre noch steigert, und wo man nicht müde wird, sich im Geiste den blonden Dandy der *Contes d'Espagne et d'Italie* vorzustellen, wie er in seiner nervösen und schlanken Grazie den Markusplatz überquert, um in irgendeiner Spelunke zu tief ins Glas zu schauen oder sein Geld beim Spiel zu verlieren, während seine türkisch gekleidete und orientalische Zigaretten rauchende Geliebte für Buloz* Abschriften machte. Dann tauchte unter den bekannten Umständen bei dem zerstrittenen Paar der robuste venezianische Doktor auf, der dem Abenteuer die dritte Person hinzufügte, deren Intervention die Romanze zu einem Höhepunkt schwärmerischer Exaltation und paradoxer Komik führte. Doch war er nicht schließlich der Glücklichste von den dreien, der »stupide Pagello«?

Behielt er nicht bis in sein hohes Alter die Küsse der Dame wie auch die unvergleichlichen Saucen, die sie zu komponieren wußte, in bester Erinnerung? Während Musset nach Paris gereist war, hatte er in seiner bescheidenen kleinen Wohnung in San Fantin alles für sich: Die Französin mit den schwarzen Augen, für die er, so dumm er auch sein mochte, die charmante *Serenata* im Dialekt reimte, in der sich die schlichte Seele eines Lagunen-Epikureers ausdrückt. Ich stelle ihn mir gern vor, wie er, als er Venedig bereits verlassen und nach Belluno gegangen war, manchmal – inzwischen weise und fett geworden – zurückkam und sich für eine Tasse Kaffee, so schwarz wie die dunklen Augen, die ihn verhext hatten, auf die Bank des Café Florian

* frz. Publizist, Gründer der *Revue des deux mondes.* (Anm. d. Ü.)

setzte, wo man »unter dem Chinesen« noch heute von ihm spricht.

Wieder sitzen wir hier vereint, doch hat sich unsere kleine Gesellschaft um ein neues Mitglied vergrößert, dem der Chinese sein sympathischstes Lächeln schenkt: der Neuankömmling kann ihm nämlich Neuigkeiten von seinen göttlichen Landsleuten überbringen. Er kennt China, das wirkliche China, denn er ist weitgereist. Als Schriftsteller nennt er sich Claude Farrère*. Von seinem Leben zur See hat er ein paar schöne Bücher mitgebracht: *Fumée d'Opium* und *Les Civilisés*. 1904 hatten wir ihn in Konstantinopel getroffen, als Pierre Loti der Befehlshaber des französischen Kreuzers *Vautour* war. Weil in der Casa Zuliani nichts mehr frei war, haben wir für ihn eine Bleibe in der Casa Biondetti gefunden. Das ist eine kleine Familienpension, zwischen dem Palazzo Venier und dem Palazzo da Zula gelegen. Die Wohnung, die er dort bezogen hat, ist eine richtige Seemannswohnung. Der Fußboden liegt unter dem Niveau des Canal Grande und die Fensterbank gerade auf Wasserhöhe. Man ist inmitten einer sehr venezianischen Feuchtigkeit, der sich unser Reisender freudig anpaßt. Er hat die Angewohnheit, Glückssymbole um sich auszubreiten. Gleich nach der Ankunft hat er aus dem Koffer ein Sortiment von Pfeifen gezogen, geheimnisvolle Fläschchen und Nadeln. Er braucht nur noch die Lampe anzuzünden und das Kügelchen rotieren zu lassen, doch diese Vergnügungen des Fernen Ostens reizen uns nicht besonders. Es gibt in Venedig besseres zu tun, als sich in einen Kimono zu werfen, sich auf einer Matratze auszustrecken und Schwaden vergifteten Rauchs einzuatmen. Das ist schließlich auch die Meinung des Gastes aus der Casa Biondetti, der seine Utensilien gerne einmal liegen läßt, um uns auf unsern Ausflügen zu begleiten. Oft wären sie um ein Haar böse ausgegangen, denn der Leutnant zur See Claude Farrère behandelt die Gondeln wie ein Schlachtschiff, und mehr als einmal wären wir fast gekentert, wenn er mit schwerem Seemannsschritt auf die Barke springen wollte.

* frz. Romancier (1876–1957), Schüler Pierre Lotis. (Anm. d. Verl.)

Im übrigen glaube ich nicht, daß Claude Farrère die Schönheit Venedigs sehr genossen hat, sein Aufenhalt war einfach zu kurz. Das kann ich von Abel Bonnard* nicht behaupten, der auch gleichzeitig mit uns hier ist. Er kommt gelegentlich von der Casa Petrarca in San Silvestro, wo er wohnt, vorbei und setzt sich in den Salotto der Casa Zuliani, der sich mit allerlei sympathischem Trödel zu füllen beginnt, ein Beweis dafür, daß wir schon seit mehreren Wochen in den Antiquitätenläden herumstöbern. Mit Abel zu plaudern, ist stets die reine Freude. Er ist äußerst eloquent und geistreich, seine Sätze sind gespickt mit treffenden Aperçus, eigenen Ansichten, mit Anleihen bei Dichtern und Psychologen. Er ist ein Kenner Italiens und spricht mit Verve über Land und Leute. Was er sagt, ist gründlich bedacht und geschickt gerafft: Die Plauderstunden in dem kleinen Zimmer mit den rosa Wänden sind stets amüsant. Das Fenster über den Garten Venier und den Canal Grande hinweg bildet den Rahmen für die edle Fassade des Palazzo Corner und für ein Stück venezianischen Himmel, der noch leuchtend herbstlich und lieblich ist.

Dieses Mal gehen wir nicht fort, ohne nicht wenigstens einmal auf der Insel Torcello gewesen zu sein. Die Strecke ist lang, wenn man sie in der Gondel zurücklegt, aber man muß einfach die Gondel nehmen. Diese ferne, abgeschiedene Insel erscheint noch einsamer und ferner, wenn man durch das Schweigen und die melancholische Weite der Lagune auf sie zufährt. Der lärmende Vaporetto mit dem Stampfen seiner Maschine würde den Eindruck trüben, der von diesen verlassenen Gewässern ausgeht, wo die gewundene Fahrrinne sich zwischen Markierungspfählen und Algenbänken hindurchwindet. Das Gleiten der Gondel, ihr Wiegen, der regelmäßige Rhythmus der Ruder sind in harmonischem Gleichklang mit der marinen Landschaft, die man durchquert und die nur aus Farbe und Raum besteht. Suchen wir uns also einen schönen Tag aus, eine Gondel mit

* frz. Lyriker, Romancier und Essayist (1883–1968). (Anm. d. Verl.)

bequemen Kissen und zwei gute Ruderer, damit sie uns zu der berühmten Insel führen, die in grauer Vorzeit die Ahnherrin venezianischen Glanzes war und die nun an der Grenze der inneren Lagune, in der Tristesse der Einsamkeit und im Stolz der Erinnerungen, allmählich im Schlamm versinkt.

Das Wetter ist gut, die leuchtende Süße des Herbstes breitet sich zwischen Himmel und Wasser aus. Unter den edlen Bogen der Seufzerbrücke, der Meerespforte Venedigs, taucht die Lagune auf. Vor uns Murano, doch bevor wir es erreichen, fahren wir an San Michele entlang, der roten Insel im Schwarz ihrer Zypressen, ihrer weißen, marmornen Kirche, die so orientalisch wirkt und vor der die einzigen Felsen Venedigs liegen, die wie Bühnenfelsen aussehen. Keine Stimme, keine Musik stört das große Schweigen, das einen umfängt, hat man erst einmal Murano hinter sich gelassen. Unendlich und stumm liegt die Lagune vor uns. Die leichte Luft teilt sich vor dem spitzen Eisen des Bugs und schließt sich wieder hinter uns. Das sanfte Geräusch der Ruder scheint die Flucht der Zeit zu skandieren. Warum auch einem Ziele zustreben? Gibt es ein anderes als so in alle Ewigkeit herumzuschweifen? Doch dieser leicht geneigte Campanile, macht er uns nicht ein Zeichen, daß wir näherkommen sollen? Es ist Burano mit seinen verfallenden Häusern, seinem gepflasterten Kai, der an einem schmalen Kanal entlangläuft. Eine Horde zerlumpter kleiner Bettler eskortiert uns bis zur Spitzenfabrik. Die Klöpplerinnen sitzen in einem großen Saal vor ihren Webstühlen, Nadel und Spule zwischen den Fingern; der Faden zwischen ihren geduldigen Händen zeichnet zarte Arabesken auf den Tüll.

Torcello ist von Burano nur durch die Breite eines schiffbaren Kanals getrennt. Die Lagune mit ihrem Schweigen umrahmt tiefliegendes schwammiges Land. Das Gras wächst in Fülle auf diesem feuchten, lockeren Boden. Torcello ist eine grüne und traurige Insel. Nichts Tragisches in dieser ruhigen ländlichen Betrübnis, wo die Luft weich ist und sumpfig schal. Wir gehen an Land. Man geht zu Fuß einen kleinen Kanal entlang, im schlammigen Wasser wachsen Pflanzen und über den Kanal führt eine halbzerfallene Brücke, deren Ziegelsteine von einem kränklichen Rosa sind und deren Marmortrümmer wie ein Knochengerüst aussehen. Noch wenige Schritte und wir stehen auf einem schmalbrüstigen verlassenen Platz vor den Kirchen.

Treten wir ein. Gleich hinter der Kirchenpforte öffnet sie sich ganz, die alte Kathedrale von Torcello mit ihren drei Schiffen und ihrem Stufenchor, der von dem Bischofssitz beherrscht wird. Man schreitet über einen herrlichen Mosaikboden, bucklig und ausgetreten. Die Feuchtigkeit macht die Farben lebhafter, man atmet die feuchte Frische ein. An den Wänden weitere Mosaiken von naiven oder schreckerregenden Figuren in ihrem byzantinischen Archaismus. In der Kuppel der Apsis eine große Madonna in ihrem Gewand aus goldenem Geschmeide, mit gefalteten Händen, die einen mit ihren riesigen Augen anschaut. In der Nachbarschaft, ebenso byzantinisch, doch mit romanischen und arabischen Elementen, die seltsame kleine Kirche Santa Fosca. Die Schritte hallen auf den Fliesen, man schämt sich ihres menschlichen Lärms. O Jungfrau von Torcello, du bist unsere liebe Frau von der Verlassenheit!

Wir sind wieder hinausgegangen. Die beiden Kirchen werden von ihrem hohen Campanile beherrscht, den man schon von weitem sieht. Er wacht über die beiden Vergessenen. Schweigen, Schweigen... Der Kirchendiener klimpert mit seinen Schlüsseln... Was bewacht er, was bewachen sie? Wer wohl könnte diese säkulare Ruhe stören? Wozu bedarf es dieser massiven Fensterläden, die aus einem einzigen gewaltigen Stein, einem Grabstein ähnlich, gearbeitet und an bronzenen Türangeln aufgehängt sind, um die Fenster des alten Kirchenschiffes zu verschließen, das im Schlamm versinkt und um das die weite traumverlorene Lagune in allen Regenbogenfarben schillert und sich mit dem reichen Gelb des Sonnenunterganges vergoldet? Im Licht des Herbstes stirbt Torcello dahin, stumm und gottergeben. Wir sind zur Gondel zurückgegangen und haben den kleinen zugewachsenen Kanal überquert, haben die zerbrochene Brücke passiert und sind nach Hause gefahren. Vor dem klaren leuchtenden Himmel schien der Campanile so leicht, so unwirklich, so zum Umblasen, daß man hätte meinen können, er löse sich gleich in eine farbige Staubwolke auf...

An jenem Abend sind wir nicht mehr »zum Chinesen« gegangen.

Wir reisen übermorgen ab. In den Tagen vor einer Abreise ist das Band, das einen an die Dinge bindet, schon halb zerrissen, und man lebt bereits in Erinnerungen. Unsere Gondoliere von Torcello haben uns heute nach San Francesco del Deserto geführt. Da wo man an Land geht, haben wir uns unter den Zypressen niedergelassen. Es herrscht Ebbe. Die Insel ist von einer ganzen Algenwiese umgeben. Im Garten des Klosters wächst eine große Kiefer.

Die tollen Tage im Palazzo Carminati

Venedig, April–Mai 1911

Meine Freunde Julien und Fernand Ochsé haben ihr amüsantes Haus in Neuilly verlassen, um die Frühlingsmonate in Venedig zu verbringen. Ich kenne sie beide schon sehr lange: Julien ist ein feinsinniger Dichter, Fernand, ein exzellenter Musiker, ist sehr vielseitig begabt; er ist auch Dichter und Maler, ein passionierter Sammler von Altertümern, begeistert für alles Skurrile und Altmodische, und hat eine besondere Vorliebe für die Gegenstände und die Mode des Empire, liebt Offenbach und Stevens*, Polstermöbel, Perlmutt, die Stoffe, die auf Bällen in den Tuilerien und zu den Soiréen von Compiègne getragen wurden. Mit solchem Bric-à-brac von gestern hat er das merkwürdige Haus in Neuilly angefüllt, in dem sie gemeinsam leben. Die Ausstattung ist wie aus einem Feenmärchen, zwischen altmodischen Daguerrotypien gibt es kostümierte Schaufensterpuppen, Vitrinen mit mechanischem Spielzeug. An manchen Abenden werden in diesem Haus lebende Bilder gestellt, zu denen der einfallsreiche Fernand die Musik schreibt, die Kulissen malt, die Tricks austüftelt und sich die Auftritte mit subtiler Phantasie überlegt und für die die charmante Madame Ochsé das Atelier ausräumt, wo sie sonst als Bildhauerin origineller Büsten tätig ist. Es ist ein gastfreundliches und ein spaßiges Haus, in dem Meißel, Feder und Piano nahe beieinander wohnen, wo das Hauspersonal Akkordeon spielt und wo man bisweilen in einer Sofaecke eine Gestalt, wie Madame de Castiglione gekleidet, sitzen sieht, die sich von einer Markise beschatten läßt, die dort einfach, »weil es sich so gut macht«, zu einem rein dekorativen Zweck plaziert wurde.

* Alfred Stevens (1828–1906), belg. Maler. (Anm. d. Verl.)

Natürlich haben meine Freunde Ochsé ihre geliebten Nippes nicht mit nach Venedig nehmen können, doch kaum waren sie eingetroffen und der erste Rausch vorbei, haben sie schnell zu ihrer Lieblingsbeschäftigung zurückgefunden und standen bald mit allen Antiquitätenhändlern auf vertrautem Fuß. Von ihren Spaziergängen sind sie noch nie mit leeren Händen zurückgekehrt. Man merkt es, wenn man die Zimmer betritt, die sie in der Casa Zuliani bewohnen. Hier herrscht die schönste Unordnung. Geöffnete Koffer und Reisetaschen lassen Wäsche und Kleider herausquellen, die an den Kleiderhaken der Garderobe und auf den Sessellehnen keinen Platz mehr gefunden haben. Ist man eigentlich im Zimmer von Reisenden oder im Laden eines Kuriositätenhändlers? Was haben in der honorigen Casa Zuliana diese alten Stoffe zu suchen, diese gestickten Westen, diese Stapel von Glasketten auf dem Tisch, diese antiken Spiegel mit den abblätternden Goldrahmen, diese Statuen in Bassano-Fayence, diese großen Holztabletts, bemalt mit Blumen und Figuren, diese beschädigten Kästchen, von denen einem Chinesen auf Wandschirmen und türkische Komödianten entgegengrinsen, diese Marionetten, unter denen einer der Heiligen Drei Könige besonders hervorsticht, mit einem Kleid aus Goldflitter, auf dem Kopf einen majestätischen Turban aus scharlachroter Seide, von dem ein zerbrochener Helmbusch funkelt, und der würdevoll einen dicken Globus auf dem Gestell neben sich anstarrt, nicht weit weg von einem Sortiment Vogelpfeifen und Spieldosen?

Das alles ist das Ergebnis der venezianischen Einkäufe der Brüder Julien und Fernand Ochsé. Nein, sie haben ihre Zeit nicht vertrödelt, die beiden Brüder, doch ist Fernand am meisten von seinen Funden angetan und zeigt es allen, indem er Verse rezitiert oder aus vollem Halse singt, um den ewig gleichen Singsang seiner geliebten Spieldose zu begleiten. Dabei läßt er seinen König Walzer tanzen, daß die Flitterkleider nur so über den Pavimento schleifen, den Fußboden, den Julien bei seiner Reinigungsprozedur in der komischen Zinkwanne naß spritzte. Die Signora Z. nennt sie etwas übertrieben *il bagno* und berechnet für *aqua calda* täglich den Preis von *quindici centesimi*.

In diese fröhliche Bohème der Ochsé-Brüder gehört auch, ein wenig ernster und lächelnd, der weise Edmond Jaloux*, der ebenfalls gekommen ist, um den venezianischen Frühling und die unschuldigen Freuden, die er mit sich bringt, kennenzulernen. Auch er ist vom Charme dieses fröhlichen Lebens gefangengenommen und überläßt sich der geruhsamen Trägheit dieser venezianischen Ferien. Auch er schätzt die bemalten Tabletts über die Maßen, die Glasketten und die Lackmöbel, die Kästchen mit den chinesischen und türkischen Figuren darauf, so nutzlos wie verführerisch, verwandt mit jenen, in die die Porzia aus dem *Kaufmann von Venedig* ihre maliziösen Geheimnisse einschloß... Ich kann ihn deswegen nicht tadeln, empfinde ich doch den gleichen Überschwang, die gleiche Begeisterung, wenn ich in feuchten Ladenstuben alte Gegenstände aufstöbere, die nur darauf zu warten scheinen, in ihrem neuen Besitzer einen Liebhaber ihrer bezaubernden oder kuriosen Altertümlichkeit zu finden. Auch ich kenne diese Selbstgespräche im stillen Kämmerlein, wo man mit sich zu Rate geht, wie zweckmäßig oder unsinnig dieser oder jener Kauf ist. Mit welchem Vergnügen nehme ich an allen Besprechungen und an der ganzen liebenswürdigen Unruhe teil, die sich rund um mich der ruhigen Casa Zuliani bemächtigt. Denn auch in diesem Jahr konnte ich wieder einmal dem Ruf Venedigs nicht widerstehen, der Ausstrahlung von Himmel und Wasser, dem Duft seiner Gärten, in denen die *olea fragrans* in Blüte steht, seinem Licht und seinem Schweigen. Es war klug von mir, hierherzukommen, um die Sorgen des Lebens, das so unerbittlich dahingeht, zu vergessen, um hier einige freie und phantasievolle Wochen zu verleben, wieder »unter dem Chinesen« zu sitzen, liebgewordene Erinnerungen aufzufrischen, im Vapore Scampi zu essen und mich in das Bagno von Signora Z. einzutauchen. Die Bewohner der Casa haben mich freundschaftlich als ihren Alterspräsidenten empfangen und haben mich, weil ich mich in Venedig auskenne, zum »Bandenchef« ernannt.

* frz. Kritiker und Erzähler (1878–1949). (Anm. d. Verl.)

Und es ist kein gewöhnliches Schauspiel zu sehen, wie die »Bande« die Casa Zuliani verläßt, um sich ins Restaurant zu begeben oder um irgendeinen Ausflug zu machen. Der Aufbruch vollzieht sich meistens per Gondel, denn man muß wissen, Fernand Ochsé ist über die Maßen faul. Außerdem friert er leicht, denn trotz der schönen Jahreszeit schwanken die Temperaturen in Venedig. Man erkältet sich leicht, wenn man von der Sonne in den Schatten wechselt, und die Feuchte der Kanäle ist geradezu perfide. Die Gondel ermöglicht es unserm verfrorenen Freund, Mäntel, Decken und passende Halstücher mitzunehmen. Sie hat aber noch einen weiteren Vorteil für ihn, den nämlich, sich von dem einen oder anderen seiner Lieblinge begleiten zu lassen. Der König macht in der Gondel eine gute Figur, und der dicke Globus vorne im Bug sieht vorteilhaft aus, doch die Favoriten unseres verspielten Künstlers sind die Spieldosen. Er besitzt so köstlich bunt bemalte Exemplare. Wie ist es vergnüglich, sie mit dem Schlüssel aufzuziehen, ihre Kurbel zu drehen und sie nicht nur in der Gondel, sondern auch am Tisch des Restaurants eine kleine Melodie spielen zu lassen, wo ihre unerwartete schrille Stimme die Gäste die Köpfe wenden läßt, während der Cameriere wie angewurzelt dasteht, die Serviette unterm Arm und die gegrillten Scampi in der Hand!

Er hat die längliche Glaspistole auf dem Tisch zurechtgelegt, und aus einem viereckigen Kästchen mit bemaltem Deckel zieht er zwei Paar Handschuhe heraus, ein Paar lange in lebhaftem Grün, ein Paar kurze in einem verblichenen Blau.

Man verschickte früher solche Glaspistolen als Geschenk, nachdem sie mit Parfums oder mit Riechwasser gefüllt worden waren. Auch solche Handschuhe pflegte man zu verschenken. Eine ganze *guanteria* war damit gefüllt, und in jedem Palazzo gab es davon eine im Vestibül. Die Besucher wählten sich ein Paar nach ihrem Geschmack aus und tauschten dagegen das Paar, das sie draußen getragen hatten.

Er spricht französisch mit einem kleinen italienischen Akzent. Er ist ein Mann in den Vierzigern, mittelgroß, schmal, mit lebhaften Gesten, mit frischer Gesichtsfarbe und feingeschnittenen Zügen und mit maliziösem Blick. Sein Name ist M. D. B. Er stammt aus einer alten Patrizierfamilie, die der Republik einen Dogen geschenkt hat. Ein Calle und ein Campiello tragen seinen Namen. Auch seine Visitenkarte bezeichnet ihn als Adeligen, und dazu passen seine Miene und sein Auftreten. Sein Antiquitätengeschäft in San Samuele am Canal Grande ist eines der bestbestückten von ganz Venedig, was venezianische Raritäten und Kuriositäten angeht. Hier ist man den vielfältigsten Versuchungen ausgesetzt und bekommt viel zu hören über Sitten und Gebräuche aus der alten Zeit. M. D. B. ist gebildet und hat angenehme Umgangsformen. Gerade geht er zu einer Vitrine und holt zwei Masken heraus. Es sind keine groben modernen Imitationen, sondern sie sind aus dem feinsten gewachsten Stoffmaterial, anschmiegsam und wunderbar leicht. Die eine ist weiß, die andere schwarz. Die schwarze ist eine Trauermaske. Wir halten sie ein Weilchen in der Hand, dann legt er sie mit einem Achselzucken auf ihren Platz zurück. Ob er sich nach der Zeit zurücksehnt, als man sie zu Bautta und Tabaro trug? Er schweigt, dann zündet er sich eine lange Virginia an. Der Rauch kräuselt sich bis zur Decke der weiträumigen Galerie, die mit Möbeln und Bibelots vollgestopft ist. Man könnte hier gefährlicherweise Stunden verweilen und stöbern, doch es wird Zeit, daß wir gehen, sonst würde Edmond Jaloux den reizenden Goldrahmen mit den Inkrustationen aus blauem Glas kaufen, Julien Ochsé nähme die Parfumpistole, und sein Bruder würde ohne das Paar grüner Handschuhe nicht wegzuschlagen sein, wenn er nicht gleich alles mitnähme, was die Guanteria enthält. Als wir uns verabschieden, meint M. D. B.:

»Haben Sie nicht Lust, sich in San Boldo den Palazzo Carminati anzusehen? Er gehört mir. Ich habe ein paar Sachen dort, die Ihnen gefallen werden ...«

Und er kritzelt auf seine Karte ein paar Zeilen, um uns bei der Hausmeisterin des Palazzo einzuführen.

Es ist weit von San Samuele nach San Giacomo dall'Orio, wo sich am Rio di San Boldo der Palazzo Carminati befindet. Es ist noch früh am Tag, doch würden wir noch länger zögern, der König aus dem Morgenland, der in der Gondel schon auf uns wartet, würde uns sicher führen: Wir brauchten nur dem Stern zu folgen! Doch ist es sicher besser, seine Dienste nicht in Anspruch zu nehmen. Wir sind bereits unterwegs. Die Gondel folgt dem Canal Grande, der in seinem leichtgetönten Wasser die angrenzenden Fassaden widerspiegelt.

Hier der Palazzo Malipiero, dort der Palazzo Grassi, vor uns der Palazzo Rezzonico, wo Robert Browning wohnte, der Palazzo Giustiniani, wo Richard Wagner lebte, und der gotische Foscari. Wir fahren am opernhaften Dekor des Palazzo Balbi vorbei, am Palazzo Persico, am Tiepolo mit seinen Obelisken, dem opulenten Pisani. Wir passieren am anderen Ufer den großen Palazzo Moro-Lin und die drei Palazzi Mocenigo, von denen einer die venezianischen Phantastereien Lord Byrons beschützte, den charmanten Corner-Spinelli, der Maria Taglioni gehörte. So erreichen wir schließlich den Rio di San Polo, den der Rio di Sant'Agostin fortsetzt, von wo man in den Rio di San Giacomo dall'Orio einschwenkt und von da in den kleinen Rio di San Boldo. An dieser Stelle liegt der Carminati.

Da steht er massiv und grau, breitbeinig und ein wenig griesgrämig, mit seinen drei Stockwerken und den breiten Fenstern. Seine Wasserstufen reichen bis an die hohe Pforte. Vom Türsturz herab betrachtet ein gemeißelter weiblicher Kopf mit niedergeschlagenen Augen den Ankommenden. Es gibt viele dieser Köpfe an den Pforten venezianischer Paläste. Manchmal in Gestalt von Göttinnen, manchmal sind es kahlköpfige oder bärtige Götter; es gibt Amazonen, behelmte Kriegerinnen, mit Algen und Korallen geschmückte Meerjungfrauen. Zuweilen sind es Türken und Barbaren, die einen unter ihren hochgetürmten Turbanen anstarren. Man könnte aus solchen Eingangsfiguren eine kuriose Sammlung zusammenstellen, und ich wundere mich eigentlich, daß noch niemand daran gedacht hat. Es gibt sehr Schöne darunter, Überhebliche und Scheue, Argwöhnische, Lächelnde und Melancholische, Junge und Alte, Demütige und Hochmütige, auch Groteske,

Grimassenschneidende und Furchterregende. Jene, die auf der Schwelle des Palazzo Carminati wacht, ist melancholisch, und nichts lenkt sie von ihrer Trauer ab; der Rio ist kaum befahren, und das Viertel ist abgelegen. Die Pforte, die sie bewacht, ist morsch, die Farbe blättert ab. Die Marmorstufen, die zu ihr hinführen, sind ausgetreten und schlüpfrig. Traurig ist er, dieser unbewohnte alte Palast! Der Klingelzug ist verrostet; wenn man ihn zieht, hallt es im Leeren wider. Ringsum alles Schweigen. Kaum ein leichtes Wasserplätschern. Wir warten. Endlich öffnet sich die Tür einen Spalt. Eine alte Frau erscheint, mißtrauisch. Wir zeigen ihr die Karte und dürfen eintreten. Wir sind in einem weiträumigen Vestibül mit feuchtem Steinboden, nackten Mauern unter einer hohen Decke, die von starken Balken durchzogen ist. Rechts und links ein Baldachin aus Marmor, der, von stämmigen Säulen getragen, einen Brunnen überdeckt. Das Brunnenbecken ist mit einem schweren Bronzedeckel, der Grünspan angesetzt hat, verschlossen. Zu beiden Seiten eine Reihe großer Bänke aus bemaltem Holz, die Rückenlehnen, wie häufig in venezianischen Palästen, wappengeschmückt, die den Lakaien als Sitzplatz dienten. Die Dienerschaft des Palazzo Carminati besteht aus einem kleinen Lakaien, er hat den Dreispitz in die Stirn gezogen, er ist bekleidet mit einem roten Fuhrmannskittel. Dieser antichambrierende Knirps reicht uns mit seinem Arm aus morschem Holz ein aufgequollenes Holztablett entgegen. An der Wand über ihm hängt ein Gewehrständer. Die Grafen Carminati, so erzählt uns die alte Beschließerin, besaßen in Brescia ein Regiment von Hellebardenträgern. Die Hellebarden sind verschwunden, doch der Waffenständer ist geblieben. Ob wohl der Schlitten und die Sänfte, die sich in diesem verlassenen Vestibül gegenüberstehen, auch von den Carminati herstammen? Vielleicht werden wir ihren Schatten begegnen, vielleicht werden sie uns oben auf der breiten Freitreppe, die uns ihre abgewetzten Stufen anbietet, empfangen?

Sie führen uns zu einem Treppenabsatz, auf dem sich ein leeres Zimmer, von einem Fenster erhellt, öffnet, und an das sich eine ganze Reihe weiterer kleiner Räume mit niedrigen Decken anschließt. Das letzte ist ein Baderaum. Die Badewanne fehlt, aber die eleganten Marmorkonsolen sind noch erhalten, dazu die Dekoration aus Girlanden und Blumen in einem Stil, der an unser Directoire erinnert. Alles riecht feucht und modrig. Wir gehen auf dem gleichen Weg zurück und steigen die nächste Treppe hinauf.

Sie endet schließlich in einer weiträumigen Galerie, die sich über die ganze Tiefe des Palastes ausbreitet. Sie ist leer, ihr Pavimento leuchtet sanft unter dem Licht, das durch die hohen Fenster einfällt. Es gibt keine anderen Möbel als ein paar alte Sitzbänke an den Wänden. Die Wände sind mit Stuckpaneelen geschmückt, auf denen sich Arabesken aus rosa und grünen Bändern entrollen, die die Rahmen für nicht mehr vorhandene Gemälde bilden; von einigen sind ein paar Leinwandfetzen zurückgeblieben. Obschon seiner Schätze beraubt, hat dieser Saal wunderschöne Proportionen, nur, wo mag das reiche Mobiliar sein, das ihn früher schmückte? Wo sind die mythologischen Szenen, wo die prunkvollen Porträts? Wo ist der Senator, gemalt von Longhi oder Tiepolo, in seinem schönen roten Gewand und der gepuderten Perücke? Wo ist die schöne Dame in der Staatsrobe und im Karnevalskostüm? Verschwunden sind die Lüster mit den tausend Kerzen, die Spiegel mit den tausend Reflexen. Gibt es denn in diesem Palast gar nichts mehr von früher außer dem kleinen Badezimmer und dem kleinen Lakai mit dem Dreispitz und dem roten Kittel als einzigem ironischen Überlebenden alles dahingeschwundenen Luxus? Doch hatte Signor B. uns nicht Dinge versprochen, »die uns amüsieren sollten«?

Was verbirgt sich hinter dieser kupferbeschlagenen Tür aus rotem Leder? Wir öffnen sie und stoßen einen Schrei der Überraschung aus. Dieses Zimmer ist ebenfalls leer, aber an den Wänden sind die Tapeten erhalten, es sind Tapeten aus dem 18. Jahrhundert. Auf silbernem Grund entrollen sich schmachtende Girlanden und winden sich um galante Blumenbuketts. Gewiß, auch an dieser Tapete hat der Zahn der Zeit genagt, man sieht, wie sie sich geworfen hat, wie sie stellenweise zerrissen ist, doch sie taucht das ganze Zimmer in eine Atmosphäre von Rauhreif und Mondschein. Es sieht so aus, als hoffe es, daß einer käme und ihm das Leben zurückgäbe. Dabei genügte es schon, wenn man es wieder mit seinen schönen Kommoden möblierte, mit seinen hohen Wandschränken aus grünem oder gelbem Lack, bemalt mit Blumen, Vögeln, Chinesen, mit seinen Murano-Leuchtern und seinen Rokoko-Konsolen und vor allem mit seinen Spiegeln, seinen Spiegeln...

Mittlerweile kennen wir ihn in- und auswendig, diesen alten Palast. Seine Stockwerke haben alle die gleiche Anordnung: im Mittelpunkt eine Galerie mit Stuck an den Wänden, auf die sich zahlreiche Zimmer öffnen, die untereinander durch diskrete Flure, Geheimtreppen und unauffällige Durchgänge verbunden sind. Und es gibt da bizarre Schlupfwinkel, dunkle Verschläge und gewaltige Speicher. Ja, wir kennen ihn jetzt ganz und gar, den seltsamen Palast. Wir wissen, wo Signor B. Überzähliges aus seinen Lagerräumen verstaut hat, wo er seine »Reserve« bereithält. Wir wissen, wo das seltsame Kabinett ist, dessen Schränke einen Wust von beschriebenem Papier enthalten, alte Rechnungen und alte Lieferscheine. Wir wissen, wo die Flottille von alten Schiffsmodellen und ausrangierten Barken mit den Segeln und der komplizierten Takelage versammelt ist. Und wir wissen, wo das Theater ist!

Denn der Palazzo Carminati besitzt eines. Es ist ein entzükkendes kleines Zimmertheater mit einer Rampe, Wachskerzen, einem Bühnenvorhang, der nichts Geringeres darstellt als den Markusplatz. In diesem Dekor hängen an ihren Fäden ein Dutzend schönster Marionetten. Es sind die Helden von Goldoni und Gozzi, Venezianer und Venezianerinnen im Karnevalskostüm mit Dreispitz, Bautta und Maschera, zu denen sich noch die Figurinen aus der Posse gesellen, Pantalone, Brighella, Arlequino und Lucinde, und mitten unter ihnen wiegt sich ein herrlicher Zentaur in den Hüften, Held und Einfaltspinsel zugleich. Und man kann sich eines Lächelns nicht erwehren, wenn man sieht, wie er seinen Pferdefuß hebt, wie er sich in die

Brust wirft und wie auf seinem Männerkörper ein schöner schwarzer Vollbart wächst...

Er steht zum Verkauf, der Palazzo Carminati, vom *mezzanino* bis zum *piano nobile,* mit seinen riesigen hallenden Sälen, seinen weiträumigen Galerien, den zahlreichen Zimmern, Treppenhäusern, unermeßlichen Speichern, zu verkaufen mit seiner Stille und Abgeschiedenheit, mit den Brunnen seines herrschaftlichen Vestibüls und seinem handtuchgroßen Garten, wo im feuchten Gras zwei bemooste Statuen mit abgeschlagenen Gliedern verrotten; alles ist zu verkaufen, und die Käufer brauchen sich nicht einmal zu beeilen. Welch ein Traum, einen Palazzo in Venedig sein eigen zu nennen! Aber haben das nicht einige Glückskinder dieser Welt schon für sich verwirklicht? Robert Browning hatte den Palazzo Rezzonico gekauft; und ist die Komtesse de la Baume nicht die Besitzerin des Dario, und hat die Prinzessin de P. nicht den herrlichen Palazzo Manzoni Angarani erworben? Und nun haben meine Freunde Ochsé sich in den Kopf gesetzt, den Palazzo Carminati zu kaufen. Die Bedingungen, die man ihnen macht, sind günstig. Obschon er so verfallen aussieht, ist er solide und könnte einigermaßen leicht bewohnbar gemacht werden. Das Projekt nimmt in ihrer Vorstellung bereits Gestalt an. Glauben sie wirklich, daß es realisierbar ist? Ich weiß es nicht, ob sie es selber wissen. Warum auch sollte man dem Vergnügen an der Illusion widerstehen, warum sich nicht einem so harmlosen Hirngespinst hingeben, auf das Edmond Jaloux und ich uns allerdings halb ungläubig, halb überzeugt unter dem skeptischen Blick des Signor B. einlassen, der, an seiner langen Virginia rauchend, wohl daran zweifelt, ob er diesmal wirklich ein neues Asyl für seine Schiffsmodelle und sein kleines Marionettentheater suchen muß. Doch als echter Venezianer liebt er die Komödie, auch die, in der er selber mitspielt, besonders, wenn die Akteure ehrliche Leute sind, und das ist in der »Affäre um den Palazzo Carminati« der Fall.

Nun bin ich ganz allein in Venedig. Edmond Jaloux ist als erster abgereist, aufs Wunderbarste infiziert von dem, was die Moralisten unter den Zeitungsschreibern »das venezianische Gift« nennen und das ganz einfach in dem Vergügen besteht, einige Wochen der Ruhe und der Träume in der schönsten und lieblichsten Stadt der Welt zuzubringen, seine Augen an der Schönheit der Dinge zu weiden, die Wonnen des Lichtes und des Schweigens zu genießen. Das scheint in der Tat ein Gift zu sein, und es legt einem den zärtlichen Wunsch ans Herz, sich aufs neue mit ihm vollzusaugen. In diesem Zustand der Vergiftung also hat uns Edmond Jaloux verlassen. Meine Freunde Ochsé haben nicht gezögert, ihm zu folgen. Sie wollen ihre Familie überreden, den Carminati zu kaufen. Ob sie es schaffen, weiß ich nicht, doch bedaure ich ihre Abreise. Nun fahre ich nicht mehr in der Gondel mit dem Globus und dem König aus dem Morgenland spazieren, ich speise auch nicht mehr in Gesellschaft einer Spieldose im Restaurant. Die Casa Zuliani ist triste. Kein Erwachen mehr mit Luftsprüngen und fröhlichen Liedern. Verschwunden die Glasketten und die bemalten Schiffe!

Ich habe wieder das Zimmer bezogen, das auf den Garten des Palazzo Venier hinausgeht. Weil es so ruhig liegt, ist es günstig für meine Arbeit, und ich habe die feste Absicht, zu arbeiten. Ich will eine Novelle schreiben, die mit Venedig überhaupt nichts zu tun hat. Als Rahmen habe ich ihr ein Städtchen in der französischen Provinz zugedacht und meine hiesigen Impressionen werde ich für später aufbewahren. Ich werde sie in einem Roman verwerten, wie ich das bereits in *Le Passé vivant* und in *La Peur de l'amour* getan habe. Diesmal aber will ich nur französische Bilder evozieren, doch es ist gar nicht so einfach, in Venedig zu arbeiten. Es zieht einen nach draußen, und man kann kaum der Versuchung widerstehen, Tinte und Feder zu lassen und die Gondoliere zu besuchen, diese Wasser-Skribenten, wie sie mit den Spitzen ihrer langen Ruder auf die Oberfläche der Kanäle und auf die flüssige Heftseite der Lagune die Buchstaben eines geheimnisvollen Alphabets schreiben. Ich unterbreche also immer wieder meine Arbeit durch Spaziergänge. Venedig ist ein

Ort des unaufhörlichen Umherschweifens. Zum Palazzo Carminati allerdings bin ich nicht mehr zurückgekehrt. Ich habe die Kriegerin mit dem gesenktem Blick auf dem Türsturz nicht wiedergesehen, auch nicht das Zimmer mit der geblümten Tapete auf silbernem Grund, auch nicht die manirierten Marionetten seines Theaters, die sich um den tölpelhaftesten aller Zentauren gruppierten.

Dafür habe ich anderen Marionetten einen Besuch abgestattet, denen, die das Museo Civico besitzt und die aus der Familie Grimani stammen. In einer rahmenförmigen Vitrine sind sie in drei Reihen aufgestellt, es sind genau einunddreißig. Sie hängen herrlich gekleidet an ihren Fäden. Ihre kleinen hölzernen Gesichter sind kunstvoll geschnitzt und sehr ausdrucksvoll. Die einen stellen Typen aus der Commedia dar: Grighella, Tartaglia, Pantalone, Arlequino; es gibt auch andere: Türken in asiatischer Tracht, mit fabelhaften Turbanen umwickelt, einen Slawonen mit Spitzbubengesicht, einen Neger, nein, sogar zwei Neger, Adelige und Bürger, einen Lakai im Fuhrmannskittel, einen Venezianer in Maschera und Bautta, elegante und honorige Damen, eine zwergenhafte Bäuerin und eine seltsam gehörnte Maske mit Faunsohren, die der Teufel sein könnte und die eine Art Höllenhund an der Leine führt. Aber so amüsant sie auch sind, diese Marionetten, sie sind nicht die einzige Attraktion dieses Museums am Fondaco dei Turchi.

Hier sind Gegenstände jeglicher Art und aus allen Epochen versammelt. Sie erinnern an die Geschichte Venedigs und sind Zeugnis seines öffentlichen und privaten Lebens in alter Zeit. Da wären die Kriegstrophäen aus der Sammlung Morosini: Schiffsmodelle und Kanonen, Waffen, Fahnen, Standarten, die von den Ungläubigen erbeutet wurden. Galeerenlaternen, Erinnerungsbilder an die Kämpfe und Siege des Dogen Francesco Morosini, des Peloponnesiers, dessen Büste in einem der Säle steht. Der Eroberer von Morea schaut widerborstig drein und wirkt fast wie ein Chinese oder Mandschu mit seinem pinselförmigen, herabfallenden Schnurrbart und der Mandarinkappe. Am Fuß des Sockels liegen sein Kampfschwert und sein Feldmarschallstab aus Schildpatt und dazu ein kleines Gebetbuch, das er in der Messe bei sich trug, und darin versteckt eine allerliebste kleine Pistole.

Doch nicht nur das kriegerische Venedig überlebt in diesem Museum der Volkskunde. Es ist auch präsent in seinen Siegeln und Münzen, Spitzen und kostbaren Stoffen, den Gläsern und Porzellanen, den herrlichen Bucheinbänden, mit denen seine Kunsthandwerker die Manuskripte schützten, mit den Möbeln, die sie anfertigten, sei es, daß sie wie Brustolon* das harte und dunkle Ebenholz verwendeten, sei es, daß sie wie die liebenswürdigen Handwerker des 18. Jahrhunderts versuchten, auf venezianische Art die spiegelnden Lackarbeiten Chinas nachzuahmen.

Besonders in den Sälen, die der Sammlung Albrizzi vorbehalten sind, zeigt sich uns das intime Leben des 18. Jahrhunderts in seiner ganzen Grazie. Tausenderlei Gebrauchsgegenstände erinnern daran: Männer- und Frauenkleidung, Anzüge in zarten Farben, Kleider in hellen Tönen, Schmuck, Fächer, das ganze charmante Zubehör vergangener Zeiten, das die Figuren tragen, die Longhi gemalt hat. Sie beleben seine liebenswerten Interieurs und erzählen uns vom Alltagsleben der Serenissima im letzten Jahrhundert. Longhi haben wir es zu verdanken, daß wir bei der Toilette zugegen sind, während der Musikstunde, beim Besuch des Pfarrers, beim Plaudern, beim Spiel, in der Sprechstunde des Arztes, beim Apotheker, bei den verschiedensten Beschäftigungen des Tages. Das Museo Civico zeigt uns eine große Anzahl dieser reizenden »Quadri«, wirklichkeitsgetreu und unendlich kostbar. Die meisten hängen in einem Saal, dessen Wände mit gelber Seide und grünen Ranken bespannt sind und die ein erstaunliches Rokoko-Mobiliar mit ausschweifenden Formen haben: Kommoden, Konsolen, Sessel, Stühle, alle aus grünem Lack, die vor dem Relief winziger vergoldeter Chinoiserien besonders zur Geltung kommen.

Zur Kunst des ausgehenden 18. Jahrhunderts gehören auch die

* Andrea Brustolon (1662–1732), Bildschnitzer u. Bildhauer aus Belluno. (Anm. d. Verl.)

herrlichen Fresken, die aus der Villa Zianigo an der Brenta stammen und noch nicht ihren Platz in den Sälen des Museums gefunden haben. Sie stammen von Domenico Tiepolo, dem Sohn des großen Gian-Battista. Sie zeigen Themen aus der Mythologie und Schäferszenen. Hier tummeln sich nackte Faune mit Figuren in Kostümen aus der Zeit. Man sieht die Satyrn und Nymphen miteinander kämpfen, man sieht die gezierten Dämchen unterm Sonnenschirm durch leuchtende Landschaft promenieren, doch hat der geistvolle Domenico vor allem in den Pulcinello-Szenen seiner Phantasie freien Lauf gelassen. Sie entführt uns in die Welt der Pulcinelle in ihren weitfallenden weißen Blusen, auf dem Kopf die spitzen Hüte, die sich tausend possierliche Schelmenstreiche liefern, sich mit Pasteten vollstopfen, die Flaschen leeren, die Kegel schieben, sich auf der Schaukel wiegen. Sie sind die weißen Akteure einer schweigenden Komödie, deren spöttische Texte und tolldreiste Antworten sie uns gestenreich darbieten...

Der Regen fällt gleichmäßig und sanft auf das Blätterdach des Venier-Gartens. Die Luft ist frisch, der Himmel lichtgrau. Ich habe das Fenster vor dem Regengemurmel draußen geschlossen. Nicht ein Geräusch mehr. Mir scheint, ich habe das Schweigen gefangengesetzt...

Am nächsten Abend saß ich unter dem Portal von San Marco, lauschte den Schritten der Spaziergänger und dem Gurren einer unsichtbaren Taube, die wohl in der Volute eines Kapitells nistete.

Er trinkt schweigend, hemmungslos, wie abwesend. Nie hat einer derartig getrunken in dem kleinen Saal des Florian, wo die Venezianer kaum anderes als Alkoholfreies zu sich nehmen. Er trinkt, und ich sehe ihm beim Trinken zu. Er ist ein Mann in mittleren Jahren, recht elegant gekleidet. Ich betrachte sein glattrasiertes Gesicht mit der geraden Nase, dem sinnlichen, herabgezogenen Mund, den müden Augen. Ich folge den Bewegungen seiner Hände, die schön sind. Ein leichtes Zucken bewegt sie, wenn er aus der einen oder anderen Flasche, die vor ihm auf dem Tisch stehen, die verschiedenen Alkoholika in sein Glas gießt. Er trinkt wie jemand, der alles durcheinander trinkt, um so schnell wie möglich den Verstand auszuschalten. Ein merkwürdiges Schauspiel bietet dieser Mann in diesem verlassenen Café um diese späte Stunde, der sich betrinkt, um vielleicht in dieser beabsichtigten und wohlkalkulierten Trunkenheit eine grausame Erinnerung zu ertränken oder ein verlorenes Glück wiederzufinden.

Es ist spät in der Nacht. Auch die hartnäckigsten Nachtbummler sind längst gegangen. Kein Schritt hallt mehr unter den Arkaden der Prokuratien. Durch sie hindurch sehe ich den Markusplatz in seiner nächtlichen Schönheit. Ich sollte längst gehen, kann mich aber nicht dazu entschließen, bevor ich nicht weiß, was aus meinem einsamen Zecher wird. Er leert weiter Glas um Glas. Das Zittern seiner Hände nimmt zu. Sein Gesicht hat sich erschreckend verändert, der Alkohol hat sein Werk getan. Es ist augenscheinlich, daß dieser Mann, sollte er versuchen, aufzustehen, wie eine leblose Masse unter den Tisch rollen wird. Aber nichts dergleichen passiert. Ich habe ihn plötzlich dem Kellner winken, ihm eine Banknote reichen sehen; das Wechselgeld wollte er nicht zurückhaben, und dann hat er sich mit unglaublicher Willenskraft wie automatisch erhoben und sich ohne zu schwanken zur Tür gewandt. Beinahe hätte ich ihm zu diesem wahrhaft superben Abgang applaudiert. Zwar hatte sich der Unbekannte meisterlich im Griff, doch war ich gespannt, wie sich die frische Luft auf seinen Zustand auswirken würde, und um mich dessen zu vergewissern, näherte ich mich dem Fenster. Der Kellner hatte schon das gleiche getan. Der Mann war jetzt mitten auf dem Platz. Zuerst marschierte er geradeaus, dann bemerkte ich, wie er unsicher wurde und im Zickzack lief. Jetzt sah er aus wie ein Betrunkener, den man gleich unter einem Auto wegziehen wird. In Venedig gibt es aber keine. Aber es mangelt hier nicht an Kanälen, die dem Schritt ihre unsichtbare Falle stellen. Vielleicht lese ich morgen im Lokalteil der *Gazetta di Venezia,* ob meinem Trinker aus dem Café Florian etwas zugestoßen ist.

Ich hatte einen Traum. Ich befand mich in meinem Zimmer in der Casa Zuliani. Ich war dabei, eine Virginia zu rauchen, sah, wie der Rauch sich in duftigen Ringen kräuselte, und blätterte in einem Buch, das ich am Tag zuvor beim Buchhändler Ongania gekauft hatte. Es hat den Titel *I Camini* und ist die Studie eines gewissen G. M. Urbani de Gheltof über die kuriosen barocken Schornsteine, die in Form von Hauben, Glocken oder Würfeln über den venezianischen Häusern aufragen und deren phantasievollste Exemplare auf den Bildtafeln des Buches abgebildet sind. Als ich meine ausgegangene Zigarre wieder anzündete, hörte ich hinter meiner Tür ein Stimmengewirr, lautes Rufen, kleine Schreie, vermischt mit dem Gekläff des Hundes der Sorelle. Wütend wegen des ungebührlichen Lärms stürzte ich aus dem Zimmer, und was sah ich?

Auf dem Treppenabsatz stand mein Freund, der König aus dem Morgenland, doch er hatte nicht mehr die Größe einer Puppe, sondern die Statur eines erwachsenen Mannes. Daß er so gewachsen war, hatte ihn jedoch nicht verändert. Er besaß noch immer sein schönes Seidengewand mit den glitzernden Pailletten, seinen schönen Turban mit dem Federbusch und seine orientalische Würde. Vor ihm auf den Knien liegend, zerstäubten die Sorelle die Parfums aus den leeren alten Flakons. Ihm zur Seite der kleine Lakai in roter Livree, der im Vestibül des Palazzo Carminati Wache stand, war ebenfalls zu natürlicher Größe herangewachsen und hielt mir auf einem Lacktablett einen Brief entgegen. Er war mir von der Serenissima zugesandt worden und kündigte mir an, daß mir in Anbetracht meiner Liebe zu Venedig von nun an der Palazzo Carminati gehören sollte. Hiermit sei ich eingeladen, ihn in Besitz zu nehmen. Dieses Geschenk machte mir große Freude. Und so stieg ich voller Begeisterung hinter dem König und dem Lakaien die Treppe hinab und nahm in der Gondel Platz, die uns erwartete. Ich bemerkte, daß ein seltsames Licht herrschte, nicht Tag und nicht Nacht. Die Gondel glitt durch parfümiertes Wasser, alles war Melodie und Gesang.

Als wir am Palast ankamen, läutete der rote Lakai. Das Tor öffnete sich, und wir betraten das Vestibül. Es war hell erleuchtet.

Auf jeder Seite standen stramm ausgerichtet die Hellebardenträger. Es waren die aus dem Regiment von Brescia, das den Grafen Carminati gehörte. Unter dem Spalier der Hellebarden stieg ich die Treppen empor und kam in die große Galerie. Sie wirkte überhaupt nicht mehr verlassen. Die Risse im Stuck waren ausgebessert worden, die herabgerissenen Gemälde hingen wieder in ihren Rahmen. Auch das Zimmer mit der silbernen Tapete hatte seine schönen Möbel von früher zurückerhalten: Kommoden und Konsolen in grünem Lack, mit chinesischer Vergoldung, Sessel, Spiegel. Inzwischen war der König verschwunden, doch hörte ich hinter der geschlossenen Tür in der Galerie, die ich soeben verlassen hatte, schlurfende Schritte und ein Wispern.

Und dann öffnete sich wiederum die Tür. Die Galerie war voller ungezählter Marionetten, in allen Größen, in allen Kostümen. Langsam defilierten sie an mir vorbei und verneigten sich. Alle Figuren der Commedia, alle aus dem Goldoni- und Gozzi-Theater. Ich erkannte die Marionetten aus dem Museo Civico und aus dem Palazzo Carminati wieder, angeführt von dem bärtigen Zentaur. Als sie alle an mir vorbeigeschritten waren, stellten sie sich längs an den Wänden auf. Darauf erschienen, sich stoßend, sich kugelnd, herumschlenkernd, mit Sprüngen und *lazzi** die Pulcinelle mit den großen Nasen, den weißen Blusen, den hohen Hüten, die Pulcinelle aus den Fresken des Domenico Tiepolo, tanzend, sich schubsend, tausend Kapriolen vollführend. Einer von ihnen trug einen seltsamen Koffer aus Krokodilleder mit sich. Vor diesem Koffer, erinnerte ich mich, hatte ich manches Mal gestanden, als er in der Auslage eines Ladens in der Merceria ausgestellt war. Was den Kofferträger anlangt, so erkannte ich ihn trotz seines Hutes und trotz seiner Verkleidung. Es war Fernand Ochsé, genauso wie der galante Schäfer sein Bruder Julien war und der Chinese mit dem langen Zopf und dem Mandarinschnurrbart niemand anderes als Edmond Jaloux.

* it. *lazzo* = komische Gebärden. (Anm. d. Verl.)

Er kam näher, grüßte mich zeremoniell und beugte sich über den Koffer, aus dem er eine Maske und eine Bautta herauszog. Dann machte er mir ein Zeichen, beides anzuziehen. Ich gehorchte, zog die Bautta an und setzte mir die weiße Karnevalsmaske aufs Gesicht. Darauf klatschten alle Beifall, die Marionetten und die Pulcinelle, die Hellebardenträger begleiteten ihn mit dem Klirren ihrer Hellebarden, und der bärtige Zentaur skandierte ihn mit dem Klopfen seines Pferdehufes. Und dieser Lärm war so groß, daß ich aufwachte.

Teil II

Venedig im Sommer

Venedig, im Mai/Juni 1912

Heute bin ich zum ersten Mal seit dem Tod von Madame de la Baume wieder im Palazzo Dario gewesen. Erinnerungen hat dieser Besuch nicht in mir wecken müssen, aber sie kamen mir wieder lebhaft ins Gedächtnis, waren sie doch immer in mir wachgeblieben. Hier fühle ich mich der dahingegangenen Freundin ganz nahe. Geisterte nicht ihr nachdenklicher Schatten durch dieses sanfte alte Palais, das sie so liebte, und durch Venedig, das ihrem gequälten Geist und ihrem angstvollen Herzen Ruhe und Schweigen gab?

Vor mir liegt die Altana und beherrscht mit ihrer luftig leichten Konstruktion das Dach des Palazzo Dario mit seinen alten rostroten Ziegeln, das ich vom Campiello Barbaro aus sehe. Ich bin den altgewohnten Weg gegangen, der von der Casa Zuliani, wo ich seit einigen Tagen wieder untergekommen bin, hierher führt. Ich bin an der Mauer des Venier-Gartens entlanggegangen, habe den Rio della Torresella auf seiner Brücke mit dem bizarren Bänkchen überquert. Der Campiello Barbaro liegt verlassen da. Das Wetter ist schön, die Luft sanft. Der Palazzo streckt mir die rötliche hohe Mauer seiner zum Lande weisenden Fassade entgegen, die Fenster sind von einer feinen Litze aus weißen Steinen umrahmt, die beiden Loggien ruhen auf Marmorsäulchen. Für einen Augenblick bleibe ich zögernd stehen. Eine Frau kommt herbei und füllt ihren Eimer am öffentlichen Brunnen, dessen Wasser sich auf den Campiello ergießt, und mustert mich von unten mit einem subtilen venezianischen Blick, in dem soviel Neugierde und Gleichgültigkeit liegt. Dann bin ich auch schon im engen Calle Barbaro. Wie ist er voller Klänge, und wie hallen die Schritte wider! Soll ich kehrtmachen?

Warum wollte ich den Palazzo Dario eigentlich wiedersehen? Ist er denn nicht fest in mein Gedächtnis eingegraben? Muß ich die Schwelle überschreiten, um wieder der Vergangenheit nahe zu sein, die er für mich bedeutet? Wie oft habe ich schon an der Biegung einer Gasse oder im Winkel eines Campiello den langen Schatten der verlorenen Freundin gesehen, ziellos umherschweifend, manchmal vor einem Blumenladen oder einem Antiquitätengeschäft stehenbleibend. Ist sie nicht hier, an meiner Seite? Wäre ich ihr im Salon des Dario, dem Zeugen so vieler freundschaftlicher Plauderstunden etwa nähergerückt? Was soll das Ganze? Doch es ist zu spät. Ich habe geläutet, und die Hausglocke hat angeschlagen. Ein Schloß ächzt, die Tür öffnet sich. Carlo!

Er ist noch immer derselbe, wie zu der Zeit, als er uns am Bahnhof am Abend unserer ersten Ankunft in Venedig abholte, dreizehn Jahre muß es her sein. Vielleicht ist er ein wenig dicker geworden, seit er seinen Beruf als Gondoliere wegen der Hausmeisterstelle im Palazzo aufgab, aber das Körpergewicht hat sich auf seine Magerkeit gut verteilt. Er ist noch immer der Carlo von früher, nur scheint er die paar Brocken Französisch, die zu seinem Wortschatz gehörten, vergessen zu haben, weil er sie nicht mehr gebraucht hatte. Er heißt mich auf venezianisch willkommen und führt mich ins Haus. Ich spüre unter meinen Füßen die Marmorfliesen des Vestibüls. Die Zwergorangenbäumchen mit ihren zurechtgestutzten Kugeln stehen immer noch an der alten Stelle, aufgereiht in ihren großen irdenen Blumentöpfen. Die Galeerenstange trägt noch immer die schwere vergoldete Laterne. Carlo ist mir ins Treppenhaus mit den leuchtenden Wänden vorangegangen ... Auf dem ersten Treppenabsatz bleibe ich stehen, wir sind vor der Tür des rosa Salons. Ich werde Gesichter darin sehen, nur nicht das, das ich zu sehen wünschte. Die Tür öffnet sich. Carlo verschwindet lautlos. Ich trete ein. Der rosa Salon liegt vor mir. Niemand ist da, ich bin allein in der Vergangenheit.

Alles ist gleich geblieben. Die rosa Seidentapete mit Blumen und Bändern bedeckt noch immer die Wände. Die Möbel sind alle an ihrem Platz. Man hat an keinen Sessel gerührt, an keinen Tisch, an überhaupt keinen Gegenstand. Der große Wandschirm mit der Chinamalerei entfaltet sich noch immer in der gleichen Ecke wie einst. Der hohe vergoldete Spiegel hängt über den Goldrocaillen der Konsole mit den gewundenen Voluten, der Leuchter an der Decke mit dem gleichen Schimmer seiner Gehänge. Die Gegenstände scheinen sich zu erinnern. Die Patrizierin von Longhi an der Wand betrachtet noch immer die Venezianerin mit der ovalen Maske ihr gegenüber, die mich während meiner Fieberträume in meinem Zimmer besuchte und sich mit dem Rätsel ihres unsichtbaren Gesichts über mich beugte, in dem ich das Lächeln Venedigs selbst wiedererkannte. Kranke haben nicht nur abstruse Gedanken. Doch warum hatte ich die Idee, diesen freundesleeren Palast wiederzusehen, ihn, vor dem ich im letzten Jahr so oft stand, ohne den Mut zu haben, einzutreten? Damals hielt mich alles zurück, ich hätte seine Einsamkeit irgendwie zu profanieren geglaubt, während ich mich in diesem Jahr zu ihm hingezogen fühlte, als ob mir eine unhörbare Stimme zuraunte: »Kommen Sie nur. Sie werden mich hier finden. Nichts hat sich in dieser Wohnung geändert, die ein Hort der Freundschaft war. Sie ist ganz unversehrt und genau so, wie ich sie geliebt habe. Kommen Sie. Mein Schatten wohnt in ihr, und Sie werden mit offenen Armen empfangen.«

Die Tür hat sich geöffnet. Lebendige Stimmen haben mir freundliche und tröstende Worte gesagt, die das Unbehagen zerstreuen, unter dem ich zu leiden hatte. Der schöne Palazzo Dario ist in guten Händen und wird ein Zeugnis für ein ehrendes Andenken bleiben. Nichts wird verändert, man läßt alles so, wie es ist. Er wird selten bewohnt sein. Und während man mit mir spricht, scheint sich unter die lebendigen Stimmen eine andere zu mischen, die aus Erinnerung und Vergangenheit besteht.

Als ich den Palazzo Dario verließ, bin ich fast mit einem Maler zusammengestoßen, der auf dem Campiello Barbaro seine Staffelei aufgebaut hat. Hier wird er in Ruhe arbeiten können, denn es gibt in Venedig so viele Maler, daß sie kaum mehr die

Aufmerksamkeit der Passanten erregen! Man begegnet ihnen überall, wie sie, die Palette in der Hand und den Pinsel zwischen den Fingern, versuchen, auf Leinwand oder Papier Venedig zu skizzieren, Farbe und Licht hineinzubringen, die pittoreske Schönheit hervorzuheben, das Mysterium und den Zauber heraufzubeschwören. Sie postieren sich an den Straßenecken und in einem Winkel des Campo, an den Kreuzungspunkten der Rii, entlang der Fondamenta, sie stehen, an die Brückenpfeiler gelehnt, von morgens bis abends herum, aufmerksam, geduldig, bemüht, das »Motiv« in den Griff zu bekommen. Sie selbst sind eines der Ornamente Venedigs, sie verschönern es mit ihrer Künstlertracht. Die einen suchen die berühmten Sehenswürdigkeiten: Markusdom und Markusplatz, den Dogenpalast, die großen Kirchen, den Canal Grande, die Rialtobrücke, San Giorgio Maggiore sind die Prunkstücke, die bei ihnen in hohem Ansehen stehen. Andere bevorzugen die intimeren und weniger bekannten stillen Winkel. Ein verfallender Palast, ein Innenhof, eine Fassade mit blühenden Balkons, eine alte Tür, ein Schaufenster, eine rote oder gelbe Mauer, von einer Glyzinie überwuchert oder einer Zypresse beschattet, genügen ihnen vollauf. Es gibt die Maler der Brunnenbecken, die Maler der Mädchen mit Schal, die Maler der Tauben. Es gibt die Maler der Lagune, deren Gondel zwischen den großen Pali vor Anker liegt. Es gibt die Maler der Meisterwerke, die die Gemälde der venezianischen Meister kopieren. Es gibt sie in jeder Altersstufe und Nationalität, Engländer, Deutsche, Schweden, Russen, Amerikaner, nicht zu zählen die Damen und die Demoiselles. Venedig ist für alle da.

Daraus ergeben sich ungeheure Ausgaben an Farben, Sikkativen, Rahmen, Pinseln, vom feinsten bis zum gröbsten, und eine gewaltige Produktion ernstzunehmender Bilder, hingeworfener Skizzen oder einfachen Geschmieres, die den Ruhm Venedigs in die Ferne trägt, zusammen mit Tausenden von Photographien: doch bleibt von all dieser Malerei nicht viel bestehen. Immerhin aber hat Venedig einige große Malerpersönlichkeiten angezogen und ihnen einige seiner leuchtenden Geheimnisse ausgeliefert.

Ein Turner bringt aus Venedig herrliche »Venedig-Stimmungen« heim. Whistler schafft hier einige seiner einfühlsamsten Radierungen. Albert Besnard* kommt, um Tiepolo zu studieren. Renoir bleibt auch hier der wißbegierige Impressionist. Viele andere sind es noch, mit denen ich mich in meinem Roman *La peur de l'amour* amüsiert habe, und ich füge noch den Namen des imaginären Cyrille Buttelet, des Besitzers eines Palazzo Aldramin, hinzu, der nur in meiner dichterischen Vorstellung existiert. Bin ich auch weder Whistler noch Renoir noch Albert Besnard in Venedig begegnet, so ist mir doch von meinem ersten Aufenthalt an mehr als einmal der Maler R. über den Weg gelaufen. Ursprünglich aus Spanien stammend, hatte er sich in Venedig niedergelassen und malte dort jedes Jahr ungefähr das gleiche, übrigens ganz besonders hübsche Bildchen, die er dann sehr teuer verkaufte. Danach war er faul und vertrieb sich die Zeit, darin ganz Spanier, mit Gitarrespielen und Nichtstun. Er war ein knorriger, schwarzer Typ in den Sechzigern und glich einem Teufel, einem von der Sorte jedoch, der nicht daran dachte, Eremit zu sein. Er hatte sich bis über beide Ohren in eine kleine Venezianerin von dreizehn oder vierzehn Jahren verliebt und wartete nun darauf, daß sie volljährig würde, um sie heiraten zu können. Er verkürzte sich die Wartezeit damit, daß er sie in seiner Gondel spazierenfuhr; man sah sie durch den Canal Grande gleiten, er ernst und förmlich, sie ihre Puppe auf dem Schoß und auf dem Rücken noch ihren langen Kleinmädchenzopf.

Welch treffendes Porträt hätte mein Freund Maxime Dethomas von ihr gemacht, denn alles an Venedig interessiert ihn brennend! Er zieht dem Pinsel den Bleistift vor. Mit seinem charakteristischen, immer wahrheitsgetreuen Strich hält er seine Motive fest. Seine schönen Zeichnungen sind originell und haben dazu dokumentarischen Wert. Mit einigen seiner stärksten Arbeiten hat er mein Bändchen *Esquisses Vénitiennes* illustriert, doch in diesem Jahr ist er nicht in Venedig. Statt mit ihm bin ich nun häufig mit zwei andern Malern zusammen, M. H. und

* Paul Albert Besnard (1849–1934), französ. Maler. (Anm. d. Verl.)

R. D., und beide liefern mir reichlich Stoff für mokante Beobachtungen.

R. D. ist ein kleiner magerer Mann, ziemlich nervös, ein Dickschädel mit obstinatem Blick. Er ist nicht ausgesprochen elegant, aber äußerst korrekt gekleidet, seriös und pünktlich. Jeden Morgen bricht er zeitig mit all seinem Zubehör auf. Er wendet sich seinem gewählten »Motiv« zu und verläßt es nicht eher als abends. Er arbeitet verbissen. Von Venedig sieht er nur das, was er malt, und sein Pinsel ist ungemein flink. Er »enthüllt« ein Gemälde mit einer Pünktlichkeit, die auch seinen handwerklichen Fertigkeiten alle Ehre macht. Ist ein Bild fertig, beginnt er sofort mit einem neuen. Alle werden in Rahmen gleicher Größe aufgehängt. Wie viele Bilder er am Ende mit nach Hause nimmt, Gott allein weiß es. Er ist ein besessener Arbeiter. Seine Art zu malen ist gewissenhaft, erweckt in einem aber kaum ein weitergehendes Interesse. Er ist sehr sympatisch, und in seinem rastlosen schweigenden, nutzlosen Eifer liegt etwas Rührendes.

Sein Kollege M. H. gleicht ihm kaum. Er ist ein großer geschmeidiger Bursche mit schlaksigen Bewegungen. Er trägt saloppe Kleidung, was ihm eine persönliche Note gibt. Das wenigstens glaubt er von sich, und er glaubt an sich. Er ist von glühender Eitelkeit und von brennendem Ehrgeiz. Fast möchte man meinen, Venedig könne seiner alles verschlingenden Aktivität nicht genügen. Wenn er zur Arbeit aufbricht, so ist das eine Manifestation. Er bewegt sich unablässig, er redet mit Händen und Füßen, unterbricht sich. Er ist in Eile, aber die Zeit vergeht, und er ist immer noch da. Dann ist er schließlich doch soweit. Er ist draußen. Er tippt sich an die Stirn, kommt noch einmal zurück. Er hat etwas vergessen, dann geht er wieder. Plötzlich kommt es ihm in den Sinn, daß er noch eine dringende Besorgung zu machen hat, einen Besuch, den er nicht aufschieben kann. Sein Tagesplan hat sich eben geändert. Außerdem ist das Licht nicht günstig, oder es regnet bald, oder es herrscht Schirokko, und bei Schirokko arbeitet doch kein Mensch in Venedig. Er hat ihn vorausgeahnt, den Schirokko, er hat schlecht geschlafen! Heute ist ein verkorkster Tag, aber morgen wird man schon sehen. Und am nächsten Morgen beginnt die gleiche Komödie wieder von vorn. Manchmal allerdings ist selbst er um eine Ausrede verlegen, und dann muß er sich nolens volens an die Arbeit machen. Er hat sich vor einer pittoresken Fassade aufgepflanzt. Die erste Skizze, die er entwirft, ist von seltener Genauigkeit. Er hat einen ausgeprägten Sinn für den Dekor und für die Perspektive. Er hat Talent. Was er von diesen kurzen Sitzungen heimträgt, beweist echte Begabung. Aber diese Anstrengung hat ihn über die Maßen mitgenommen. Schon ist er wieder in seinem Logis. Er kann einfach nicht mehr. Solche Anstrengungen lassen sich nicht zwei Tage hintereinander ertragen. Und so sieht man ihn am nächsten Morgen von einem seiner geliebten Stadtbummel zurückkehren. Nur um nicht mit leeren Händen zu kommen und weil er die ironischen Blicke seiner jungen Frau bei der Heimkehr fürchtet, hat er sich zur Besänftigung mit einem Kuchenpaket oder einer Nippesfigur bewaffnet, wenn er ihr nicht als große Überraschung ein Paar weiße Mäuse oder ein Glas mitbringt, in dem ein Pärchen roter Fische schwimmt.

Meine beiden Maler sind nämlich verheiratet: R. D. mit einer liebenswürdigen mondänen Frau, für die Venedig in dieser Jahreszeit eine rigide Sommerfrische ist, der es an der richtigen Gesellschaft mangelt; aber immerhin eine Sommerfrische, die als gute Adresse gilt, was sich wenigstens mit ihrem Snobismus vereinbaren läßt. Madame M. H. ist das gerade Gegenteil, sie liebt dieses sanfte und einzigartige venezianische Leben von ganzem Herzen. Sie ist eine kleine Pariserin, aktiv, lebhaft, herzerfrischend, mit einem feinen maliziösen Gesicht. Für sie ist Venedig eine Offenbarung gewesen, es begeistert sie. Sie kommt hier wunderbar zurecht. In kürzester Zeit hat sie sich mit dem venezianischen Labyrinth vertraut gemacht. Sie genießt seine Freuden und seine Schönheiten schweigend und insgeheim. Man trifft sie in den abgelegensten Vierteln, auf den einsamsten Campi; geschwind und verstohlen eilt sie mit ihrem kurzen entschiedenen Schritt über das Pflaster. Sie erinnert mich immer an die kleinen Figuren, mit denen Guardi seine Architekturen belebt, diese winzigen, so behenden, so hurtigen Silhouetten.

Hat das Venedig von heute seine Maler, so hat auch das Venedig des 18. Jahrhunderts die seinigen gehabt, denen es ein besonderes Anliegen war, uns die Bilder des bürgerlichen Lebens in ihrer Intimität zu überliefern. Dem widmeten sich ein Pietro Longhi, ein Antonio Canaletto, ein Francesco Guardi. Die beiden letzten sind große Künstler, doch ist ihr Werk in den venezianischen Museen nur dürftig vertreten. Dieser Mangel hat seinen Grund darin, daß die *Veduten* von Venedig, die Guardi und Canaletto malten, bereits zu ihrer Zeit ein Exportartikel ersten Ranges waren, Souvenirs, die die Besucher der illustren Stadt gern erwarben – und das zu gesalzenen Preisen –, die sie dafür für immer an ihre Reise zu den Ufern der Lagune erinnerten. So konnten sie die Erinnerung an dieses Fest, an jene feierliche Begebenheit mitnehmen, an der sie teilgenommen hatten, und konnten sich, waren sie erst wieder zu Hause, an dem Bild des Bucintoro, wie er sich im Becken von San Marco wiegt, ergötzen oder an der glanzvollen Regatta, die jedes Jahr auf dem Canal Grande stattfand. So erklärt sich die große Zahl von Werken Canalettos und Guardis, die sich in Frankreich, in England und in Deutschland befinden. Man erinnert sich noch heute an einen gewissen Smith, einen englischen Konsul in Venedig, der bei diesen Malern Bilder kaufte oder bestellte, um sie sogleich an seine Landsleute oder an reiche Ausländer weiterzuvermitteln. Sein Haus war gleichzeitig eine Kunstgalerie und ein Verkaufsbüro, denn Smith war Liebhaber und Kaufmann, ein Mann mit Geschmack und ein Mann mit Geschäftssinn. Fügen wir diesen Gründen noch den hinzu, daß der Künstler selbst außerhalb Venedigs bestellte Bilder ausführte. Wir folgen Canaletto bis nach London. Sein Epigone und Neffe Belotto arbeitete in Dresden und ließ sich ganz dort nieder. Der Name Canaletto hatte ein außerordentliches Renommee und ging weit über die

Grenzen der Republik hinaus. Ein verdientes Renommee. Canaletto ist ein Meister.

Seine Ansichten von Venedig sind Wunderwerke. In dem herrlichen venezianischen Licht erscheint uns die Stadt in übergroßer Genauigkeit. Die Akkuratesse der Perspektiven verbindet sich mit der Präzision des Details. Es ist die künstlerische Perfektion selbst – wie in der Mathematik von Regeln zusammengehalten –, aus der die wahrste aller Wirklichkeiten entsteht. Ganz bestimmte große Themen herrschen vor, bestimmte berühmte Ansichten wiederholen sich immer wieder, solche, die unter Kennern die gefragtesten waren. Diesen Bitten kam Canaletto mit meisterlich leichter Hand, mit ruhiger Gleichgültigkeit nach. Dieser vortreffliche Maler scheint malend eine Funktion zu erfüllen, zu der nur er imstande ist: Er wendet seine Kräfte daran, die Schönheit, die ihm das Antlitz Venedigs offenbart, in all ihrer Noblesse und Grazie wiederzugeben. Und werden nicht diese Züge durch das graphische Werk, das ein dauerhaftes Zeugnis in alle Welt trägt, immer wieder reproduziert? In seinem Verantwortungsbewußtsein zeigt Canaletto keine Zaghaftigkeit und kein Ermüden. Er beginnt stets wieder mit gleicher Sorgfalt und Perfektion. Sein Pinsel und seine Kunst sind unfehlbar.

Zuweilen allerdings scheint er den Wunsch zu haben, sich von dieser Monotonie abzulenken. Dann greift er statt des Pinsels zum Stift und vertauscht die Leinwand mit der Kupferplatte. Er vergißt seine gewohnten Modelle. Er erfindet Phantasie-Architekturen, schafft sich eine Welt nach seinem Gusto, macht aus Säulengängen, Arkaden, Ruinen deformierte Wirklichkeiten und imaginäre Versatzstücke. Er besinnt sich auf den Romaufenthalt in seiner Jugend, wo er Pannini* besuchte, doch immer wieder findet er schnell zu seiner eigentlichen Arbeit zurück. Ich sehe ihn in seinem Atelier stehen, pünktlich, seriös, ganz der Sache hingegeben, Venedig hatte ihn wieder. Dort wurde er am

* Giovanni Paolo Pannini (1691–1765), ital. Maler u. Architekt. (Anm. d. Verl.)

18. Oktober 1697 geboren, dort starb er am 20. April 1768. Ich habe das Haus gesucht, in dem er wohnte. Es lag in der Salizzada San Lio, einem engen Gäßchen, das, von der Kirche gleichen Namens ausgehend, auf den Calle delle Bande stößt, durch den man von San Zulian nach Santa Maria Formosa kommt. Und dort ist man im Herzen Venedigs.

Setzen wir unsern Weg fort und besuchen wir das Haus, in dem der andere große venezianische Landschaftsmaler geboren wurde, lebte und starb, Francesco Guardi. Es ist erhalten geblieben. Guardi hatte sein Atelier im ersten Stock. Es liegt auf dem Campo della Madonna im Stadtteil Cannareggio, bei der Kirche San Canciano. Gehen wir auf dem Campo di Santa Maria Formosa weiter, nehmen wir nun den Calle Lugna, überqueren wir den Rio del Pestrin und erreichen San Giovanni e Paolo. Der Calle Gallina führt uns zum Rio Widmann, und nun sind wir auf dem Rio terrà Birri. Das Haus Guardis auf dem Campo della Madonna trägt die Nummer 5443. Es ist ein ärmliches Haus, in dem 1712 Francesco Guardi geboren wurde; das Viertel ist von armen Leuten bewohnt. Hier aber wurden einige der schönsten Bilder gemalt, die das Gesicht Venedigs im 18. Jahrhundert wiedergeben, denn Guardi war als großer Maler und als kühner Kolorist seiner Zeit voraus. Seine Meisterschaft ist der Canalettos gleichzusetzen und übertrifft jene noch durch ihre Ungezwungenheit und ihre Verve. Guardi besitzt vielleicht nicht die mathematische Sicherheit, die kalkulierte Genauigkeit Canalettos, aber welches Gefühl für die Farbe, für das Licht, für Bewegung und Leben! Welche Kennerschaft von Himmel und Wasser! Welche Phantasie in seinen Wunsch-Architekturen, in denen er sich oft wie Canaletto zu den bezauberndsten Erfindungen hinreißen läßt. Doch meistens genügt ihm Venedig für seine Kapricen. Dann beginnt er, Perspektiven zu verfälschen, Standorte zu verändern, Details zu vereinfachen, mit der Realität zu spielen. Wie Canaletto behandelt er die großen pittoresken Themen Venedigs, doch mit welcher Lebendigkeit, mit welcher Freiheit! Um seine »Ansichten« zu beleben, bedarf er nicht der Hilfe einer fremden Hand. Tausend Figuren bevölkern sie mit ihren winzigen Silhouettten. Eine ganze Welt en miniature agiert dort, immer wieder neu in Bewegung und Haltung. Man glaubt das Geräusch der Schritte, den Lärm der Stimmen zu vernehmen. Ein Venedig, wie es leibt und lebt, erblickt man auf diesen wunderbaren kleinen Bildern.

Wenn auch die Museen nicht gut mit ihnen versorgt sind, so herrscht daran kein Mangel bei den Antiquitätenhändlern. Leider sind es Fälschungen, denn es gibt in Venedig einen Guardi-Fälscher, der sich auf ganz erstaunliche Art die Malweise des Meisters angeeignet hat. Ich will den Namen des geschickten Mannes nicht nennen, aber man hat ihn mir gezeigt. Er ist ein alter, gut aussehender Herr, hochgewachsen, auf dem Kopf einen breiten Filzhut. Würden die beiden berühmten Gemälde von Guardi *Il Ridotto* und *Il Parlatorio*, die im Museum Civico* hängen, nicht schon seit langem ein Bestandteil der Sammlungen sein, würde ich sie unbesehen der Hand dieses Virtuosen der Imitation zutrauen; denn Guardis Urheberschaft an diesen beiden Werken ist umstritten. Zuerst galten sie als Werke Pietro Longhis, dann machte die Kritik sie ihm streitig, um sie Guardi zuzuschreiben, bis zu dem Tag, an dem sie fand, daß sie weder vom einen noch vom andern seien, sondern daß sie genausogut dem Atelier Tiepolos entstammen könnten. Seien sie nun von Longhi oder von Guardi oder aus der Schule des Tiepolo – die *Karnevalsgesellschaft im Redoutensaal* und das *Sprechzimmer der Nonnen von San Zaccaria* sind darum nicht weniger anmutige Bilder und nicht weniger kostbare Dokumente des Lebens im alten Venedig wie ja das gesamte Œuvre des Pietro Longhi.

Es gibt bei ihm noch immer erhebliche Unsicherheiten in der Zuschreibung. Es gibt Longhis, die, ohne von einem großen Maler zu sein, doch von einem Künstler gefertigt sind, der etwas von seinem Handwerk versteht; es gibt andere, so erbärmlich gemalt und gezeichnet, daß es kaum möglich ist, darin die gleiche Hand zu erkennen. Die Personen darauf sind nur

* Die beiden Gemälde befinden sich heute in der Ca'Rezzonico (Museo del Settecento Veneziano). (Anm. d. Verl.)

Gliederpuppen. Doch gut oder schlecht, die Longhis beanspruchen unser Interesse unabhängig von ihrem künstlerischen Wert. Sie sind, was die Sitten und Gebräuche, was die Mode in Venedig während eines großen Teils des 18. Jahrhunderts betrifft, eine Zeitung in Bildern. Pietro Longhi enthüllt uns wahrheitsgetreu das gesamte patrizische und bürgerliche Leben. Gesten, Kleider, Schmuck, Möbel werden lebensnah und mit peinlicher Genauigkeit wahrgenommen. Longhis Kunst ist die Kunst der scharfen Beobachtung. Und mit welcher Bonhomie, würdig eines Goldoni, macht er uns mit den amüsanten und pittoresken Szenen bekannt. Er hat alles im Griff, was das tägliche Leben mit sich bringt, Zerstreuungen, Besorgungen, Vergnügungen, nichts entgeht ihm, vom Aufstehen bis zum Schlafengehen. Hier die Morgentoilette, dort die Mahlzeiten, die Besuche, die Unterhaltungen, die Tanzstunden, Anprobe beim Schneider, die Beflissenheit des Galans, die Promenade in Maske und Bautta, das Stehenbleiben beim Marktschreier oder bei der Vorführung von Elefant und Rhinozeros. Diese ganze Komödie malte Pietro Longhi in seinem kleinen Haus am Pontesello San Rocco, hinter der Scuola, die Tintoretto mit dem biblischen Getümmel seines Genies füllte. Der brave Longhi aber hatte viel bescheidenere Ambitionen, nämlich die Sitten seiner Zeitgenossen auf das Natürlichste darzustellen.

Zuweilen allerdings versuchte er auch, uns ihre Gesichter zu überliefern: Er hat uns eine Anzahl Porträts hinterlassen, von denen einige seinem Sohn Alessandro zugeschrieben werden, einem talentierten Porträtisten, wie einige Bilder beweisen, die ohne Zweifel von ihm sind. Pietro Longhi hinterließ jedoch noch mehr als die Sittengemälde, die er während seines langen Lebens schuf und deren Zahl die Imitatoren noch vergrößerten. 1734 hatte er den Palazzo Sagredo in Santa Sofia mit Fresken aus der Mythologie geschmückt; 1740 schuf er die, die die große Treppe des Palazzo Grassi zieren. Sie schildern einen Empfang in einer Galerie mit Marmorsäulen und mit statuengeschmückten Nischen. Von diesem Hintergrund in Trompe-l'œil-Manier, der sich in sieben Arkaden öffnet, heben sich, oberhalb einer

Balustrade, die Eingeladenen dieses *recivimento* ab. Es sind Mitglieder der Familie Grassi und Freunde des Hauses. Diener schwirren umher und bieten Platten mit Erfrischungen an. Ein Schweizer beugt sich über die Rampe, als ob er Neuankömmlinge anzukündigen hätte. Einer hat noch die Maske vor dem Gesicht. Andere drängeln sich um die Damen. Zwei Damen tragen das Gesicht mit schwarzer Spitze verschleiert, zwei andere den galanten Dreispitz auf dem Kopf, eine trägt ein elegantes Hauskleid, eine andere ist reichlich aufgedonnert: es ist ohne Zweifel die *padrona della Casa*. Sie hieß Veronica Lama und war die Gattin des Angelo Grassi, der den weitläufigen Palazzo von dem Architekten Massari erbauen ließ. Dort also empfängt sie ihre Gäste, und ich glaube, in ihr auch die von Pietro Longhi porträtierte Patrizierin wiederzuerkennen, die eine der Wände des rosa Salons im Palazzo Dario schmückte.

Ich habe die Bekanntschaft eines Mannes gemacht, der als bester Longhi-Kenner gilt und ein ausgezeichnetes Werk über ihn veröffentlicht hat. Er heißt Aldo Ravà, er wirkt wie ein Venezianer des 18. Jahrhunderts, so sehr ist er Kenner des Settecento, und er ist ein so einfallsreicher wie genauer Schriftsteller. Man wundert sich, ihn nicht in Tabaro, Bautta und Maske zu sehen. Man stelle sich einen großen schwarzen Teufel vor, mit scharfen Zügen, lässiger Haltung, schnellem Schritt, scharfem Blick, wachem Geist, stets auf dem Sprung, bestens informiert, einen passionierten Besucher von Archiven und Antiquariaten. Er wohnt in der C'à Cavalli in San Luca am Canal Grande, nahe der Rialtobrücke.

Hier, bei sich zu Hause, hat er so manches Kuriosum zusammengetragen. Dort muß man ihn zwischen seinen Büchern und Zetteln sehen, auf- und abgehend, plaudernd, jederzeit Rede und Antwort stehend, wenn man ihn etwas fragt. Er weiß über alles Bescheid, was in Venedig zu verkaufen ist: Bilder, Möbel, Nippes, Paläste. Er hat den gleichen »afrikanischen Teint«, den der Prinz de Ligne an Casanova bemerkte, und er ist selbst ein geradezu besessener »Casanovist«. Er kennt sich besser als jeder andere in den Lebensumständen des Abenteurers aus, in den venezianischen ebenso wie in den kosmopolitischen. Er ist bis nach Dux in Böhmen gereist, um dort Papiere zu prüfen, die der Autor der *Memoiren* dort zurückgelassen hat, er träumt davon, den Originaltext herauszugeben. Er hat an Casanova manches neu entdeckt.* Es ist ein Genuß, ihn über den illustren Giacomo reden zu hören. Wie sollte man auch nicht an ihn denken, wenn man in Venedig ist und das ganze Spektakel seiner Heldentaten vor Augen hat: Wie er aus den Bleikammern entkommt, wie er mit dem Abbé de Bernis die Gunst der Nonne von Murano, der schönen M. M., teilt, die wohl in Wirklichkeit Maria-Magdalena Pasini hieß? Wie sollte man nicht über ihn reden, zwei Schritte vom Ridotto entfernt, wo er an den Pharao-Tischen sein Glück versuchte, wo er bei jeder Gelegenheit und zum Nachteil seiner naiven Gegenspieler mit geschickter Hand falschspielte? Wie nicht an ihn denken, wenn man unter den Prokuratien flaniert, wo auch er mit seiner imponierenden Gestalt, funkelnd von Ketten und Ringen, paradierte?

Auf einem dieser Spaziergänge bin ich wieder einmal auf den liebenswürdigen Prinzen von Hohenlohe gestoßen. Inzwischen hat er die nicht standesgemäße reizende Brünette geheiratet, die schon seit vielen Jahren seine Gefährtin war. Ich bin zum Diner in die Casetta Rossa gebeten worden. Mit Vergnügen habe ich den kleinen Salon mit der Seidentapete und das galante Speisezimmer wiedergesehen, das jetzt voller Spiegel mit vergoldeten Rocaille-Rahmen hängt. Signora Z., nunmehr Komtesse von W., präsidiert der Tafel mit italienischer Grazie. Ihr Lächeln wirkt noch entzückender durch geschickt verteilte Schönheitspflästerchen. Sie trennt sich nicht von ihrem geliebten Chamäleon; das widerliche Tierchen hat seinen Platz bei Tisch, um den mehrere Gäste Platz genommen haben, darunter ein recht kurioser englischer Gentleman, der vor fünfzehn Jahren nach Venedig gekommen war, um ein Werk über Caterina Cornaro,

* Aldo Ravà, La Musa dialettale di Giacomo Casanova, Venedig 1911. (Anm. d. Verl.)

die Königin von Zypern, zu schreiben. Als das Werk abgeschlossen war, schickte es der Brite per Schiff nach England, aber das Schiff ging unter und das Manuskript mit ihm. Stoisch begann M. L. B. aufs neue mit seiner Arbeit. Als er fertig war, schickte er das Buchmanuskript mit der Eisenbahn an seinen Bestimmungsort, aber der Waggon fing Feuer, und das Manuskript verbrannte. M. L. B. schrieb eine dritte Fassung und hat sich nun entschlossen, diese selbst nach London zu bringen. Man ist also unter Autoren, denn der Prinz von Hohenlohe hat in französischer Sprache mehrere liebenswürdige Bändchen mit venezianischen Impressionen veröffentlicht. Eines dieser Büchlein enthält Wissenswertes über das Tragen von Masken und die frühere Bedeutung des Karnevals, diesen seltsamen einmaligen Brauch, der während sechs Monaten Venedig in eine Stadt der Freude, der Musik und des Lächelns, der Geheimnisse und der Tollheiten verwandelte.

Dieser venezianische Karneval ist schon tausendmal besungen, zelebriert, beschrieben worden, und er hat im Gedächtnis von Generationen eine unerhörte Erinnerung zurückgelassen. Sein Ruf, der die Fremden massenhaft anzog, die neugierig auf das einzigartige Schauspiel waren, war so groß, daß er, obwohl aus der Mode gekommen, dennoch überlebt hat. Mögen sich die Zeiten und Sitten geändert haben, der Karneval von Venedig lebt fort und verführt die Phantasie. Mag Venedig die schweigende Stadt geworden sein, in ihr hallt noch ein Echo des Lachens von früher nach, das maskierte Lachen, das aus ihr ein lebendiges Rätsel machte.

Der Karneval war jedoch nicht nur ein gesellschaftliches Ereignis, ein populäres Vergügen, sondern auch eine staatliche Institution. Seine Lebensberechtigung war politischer wie sozialer Art. Die Serenissima ließ ihn zu als Ventil für Temperamentsausbrüche und als Atempause zwischen der rüden und despotischen Autorität, die sie auf ihre Untertanen ausübte. Er war ein Instrument der Regierung, und in dieser Eigenschaft verdankt man dem Karneval einen der seltsamsten nationalen Gebräuche, die es je gab: Das Maskentragen war sechs Monate im Jahr erlaubt, vom ersten Sonntag im Oktober bis Weihnachten, von Dreikönig bis zur Fastenzeit, zwei Wochen an Christi Himmelfahrt, am Namenstag San Marcos, bei jeder Wahl eines Dogen oder Prokurators. Dann maskierte und verkleidete sich ganz Venedig. Man ließ der Phantasie freien Lauf. Auf der Piazza, der Piazzetta, auf der Mole und der Riva drängte sich eine buntgescheckte Menge, überall wurden Holztribünen aufgestellt, überall gab es prunkvolle Umzüge. Die ganze italienische Komödie hatte sich eingefunden, von Tartaglia zu Pantalone, Brighella und Arlecchino, dazu Moriskentänzer, Türken, Turbanträger, Spitzhüte, Fuhrmannskittel, Flittergewänder, Pappnasen. Und doch war es nicht dieser Mummenschanz, dem der Karneval von Venedig seinen besonderen Charakter verdankte. Sein eigentliches Kennzeichen war die Maske, diese seltsame weiße Maske, umhüllt vom Spitzentuch und der schwarzen Seide der Bautta. Unter der Maske gab es keinerlei Rangunterschiede. Maskiert hatte man überall Zugang, in Salons wie in Klöstern, im Dogenpalast wie im Ridotto. Der Spitzbube galt soviel wie der Patrizier, der Arme wie der Reiche, und alle hatten unter dem unverletzlichen Schutz der Maske keine andere Sorge als die: sich zu amüsieren. Die Maske ist Inkognito, Geheimnis, zugesicherte Straffreiheit; sie verkörpert die momentane Unabhängigkeit, alle vergessen alles, es herrscht die Freiheit der Phantasie.

Es muß ein außerordentliches Spektakel gewesen sein, ein ganzes Volk maskierte sich in den Farben der Nacht und des Tages, und das vor dem schönsten Hintergrund der Welt. Das beweisen genügend Zeugnisse, geschriebene und gemalte. Die Gemälde von Guardi und Longhi zeigen uns in lebensnahen Bildern, was die Berichte der Reisenden bestätigen, und das charmante Büchlein des Prinzen Hohenlohe gibt uns einen weiteren Kommentar dazu. Mit Bedauern habe ich beim Verlassen der Casetta Rossa die Bauttas und die Masken angesehen, die an den Kleiderhaken des Vestibüls hingen! Wie gerne hätte ich mich in den dunklen Stoff eingehüllt und mein Gesicht mit der weißen Maske bedeckt, um mich kraft ihrer Magie überall hineinzudrängen, auf den Grund der Vergangenheit zu stoßen und in der Menschenmenge von einst unterzutauchen, die in diesem Aufzug mit ihrer Karnevalslaune die tausend Verästelungen der Stadt füllte, wo man, selbst in moderner Kleidung, sich selbst vergißt und die geheimnisvolle Illusion auskosten kann, ein anderer zu sein.

Als ich die Casetta Rossa verlassen hatte, bin ich noch auf die Piazza gegangen. Es ist Sonntag, und die Spaziergänger drängen sich. Ein dauerndes Hin und Her auf dem Pflaster, man folgt einander, verliert sich wieder, kreuzt sich, bildet Grüppchen, und das in einem fahlweißen Licht, in einer grellen Beleuchtung, unter der bis ins kleinste Kleidung und Gesichter erbarmungslos sichtbar werden. Es ist Sonntag, und darum werden die Gesimse der Prokuratien durch eine Kette starker elektrischer Lampen erleuchtet, die über die Piazza ihr unbarmherziges Licht breiten und jedes Geheimnis und jede Poesie vertreiben. Diese ganze Illumination wurde wegen der Festlichkeiten zum Wiederaufbau des Campanile angebracht, ein Geschenk, das den guten Venezianern nun an jedem Sonntag zuteil wird. Dazu kommt das bengalische Feuerwerk in Rot, Blau und Grün, mit dem man Dogenpalast und San Giorgio Maggiore rot erglühen läßt. An solchen Abenden muß man die Piazza meiden, oder man muß warten, daß Illumination und bengalisches Feuer erloschen sind und die Zuschauer dieser Multicolor-Schau sich verlaufen haben. Dann erst wird die Piazza wieder sie selbst. Venedig ist dem Schweigen zurückgegeben, dem Mysterium und der Nacht. Es bedeckt sein schönes Antlitz wieder mit der Maske des Schattens.

Der Mai ist vorbei. Jetzt haben wir Juni, mit seinen langen Tagen, seinen durchsichtigen, kristallklaren Nächten. Die Sonne hat die glühenden Steine und den brennenden Marmor aufgeheizt, sie hat die Dachziegel erwärmt, die funkelnde blaue Lagune mit Flitter bestreut. Das Taubengurren füllt die unbewegliche Luft, der geflügelte irrwitzige Blitz der Lerchen zerschneidet sie. Der Firnis blättert von den Gondeln ab. Die

Lederkissen sind verschrumpelt. Eine kurze Erfrischung wird einem zuteil, wenn man in den Schatten der großen Paläste tritt. Der Ocker der Markisen mit seinen Lichtreflexen schützt die Fassaden. Es ist heiß. Wir haben Sommer. Die Gärten duften, die Kanäle stinken. Früher badeten die Venezianer darin, doch jetzt liest man da und dort auf einem Hinweisschild, daß das Baden verboten ist. Die Zeiten sind vorbei, als Lord Byron, sein Kleiderbündel auf dem Kopfe, schwimmend zum Essen in die Stadt kam. Wir haben Sommer. Man fühlt die süße venezianische Trägheit auf sich lasten. Jetzt ist die Jahreszeit der langen Dämmerungen und der sternklaren Nächte. Gerne verweilt man in ihrem Glanz. Man hat keine Eile, in sein Zimmer zu gehen und unter den Tüllschleiern des Moskitonetzes eingesperrt zu sein, man sieht seinen halbgepackten Koffer und die Reisetasche, denn die Abreise steht bevor. Eines Morgens sind es noch zwei Tage, und dann ist die Stunde gekommen. Man verspricht sich, bald wiederzukommen, und macht ein Rendezvous mit sich selbst aus...

Bevor er den Palazzo Dario verließ, hatte mir der Neffe von Madame de la Baume den Schlüssel zum Venier-Garten überlassen. Oft bin ich dort umherspaziert. Jetzt ist es das letzte Mal, denn heute abend fahre ich endgültig. Der Garten steht in voller Blüte. Die Rosen sind mit Käfern übersät. Ein großer Schmetterling umschwirrt sie mit dem weichen Schlagen seiner mosaikbunten Flügel. Unter der Laube dringt Wasser hervor, wohl ein schlecht geschlossener Wasserhahn. Ich bin noch einmal in das Zimmer hinaufgestiegen, wo ich bei meinem Aufenthalt 1907 gewohnt hatte. Der Spiegel hat noch immer den langen ausgefransten Riß, der an ein Farnblatt erinnert. Wieder im Garten, habe ich das Eisentor geöffnet, durch das man auf die kleinen Terrassen gelangt, deren Geländer sich korbähnlich zum Canal Grande hin runden. Die beiden ländlichen Lakaien in Mantel und Dreispitz stehen mit ihrer Laterne und dem Wärmeöfchen nicht mehr am alten Platz, denn der empfindliche istrische Stein, aus dem sie bestehen, drohte sich in der salzigen Luft aufzulösen. Jetzt stehen sie geschützt im Garten des Palazzo

Dario und nun vielleicht im Dienste von Pomonas drallen Töchtern, die sich lächelnd und stämmig aus ihrer hölzernen Umhüllung emporrecken, mit der sie im venezianischen Boden eingepflanzt sind.

Auf Tiepolos Spuren

Venedig, im Oktober 1912

Ich habe in Venedig meine Freunde Jean-Louis Vaudoyer und Edmond Jaloux wiedergetroffen. Und wiederum hat das süße venezianische Leben begonnen. Wir haben uns »beim Chinesen« eingefunden, bei Alkermes-Punch und Maraschino aus Zara. Nichts fehlt im Venedig dieses Jahres, nicht einmal der Betrunkene, den ich einen Abend lang im Florian beobachtet hatte und der mir gestern abend in anderer Form wieder erschienen ist. Wir hatten gerade die Bar Giacomuzzi betreten. Da stand ein Mann an der Theke. Er war gleichzeitig schäbig und wunderschön anzusehen und auf eine Art betrunken, als halte er sich selbst zum besten. Er gestikulierte wild; sein Gesicht drückte alles aus: Stolz, Freude, Bosheit, Schmerz, es war eine Komödie und eine Tragödie; es drückte tausend Gefühle aus. Der Alkohol machte aus diesem Mann einen begabten Mimen. Die Bar war gesteckt voll, und niemand nahm von ihm Notiz. Man hätte meinen können, er sei für alle unsichtbar und nur wir hätten das Privileg seiner phantastischen Präsenz. Woher mochte er kommen, dieser merkwürdige Typ? Vielleicht aus dem Casino degli Spiriti draußen an der Lagune, nicht weit von der Madonna dell'Orto, wo es Gespenster geben soll? Welchen Verlust hatte er zu verkraften, was hatte er aus seiner Vergangenheit zu erzählen, welches Versäumnis oder welche Erinnerungen aufzudecken, war er wohl in diese grausam erhellte Bar gekommen? Vor welchem Phantom war er in die Helligkeit der Lampen davongelaufen, zu den Flaschen und dem funkelnden Nickel?

Und welch ein Gegensatz zwischen diesem nächtlichen Spektakel und dem, das ich soeben verlassen hatte! ... Ich war an diesem Abend zu meinen Freunden gestoßen, nachdem ich bei einer schönen Venezianerin diniert hatte. Bei ihr hatte ich in einem luxuriösen Rahmen juwelengeschmückte Frauen und elegante Männer zu Gesicht bekommen. Alles vermittelte den Eindruck geistvoller Mußestunden, raffinierten Wohllebens, unerschütterlichen Vertrauens in die Zukunft. Und der Palazzo Contarini degli Scrigni an der Ecke von Canal Grande und Rio San Trovaso, den die Komtesse R. M. bewohnt, ist ein sehr schönes Palais. Sie ist eine großgewachsene junge Frau, das Gesicht mit ein wenig starken Wangenknochen, aber sehr schönen Augen, von einer blonden Haarfülle edel umrahmt. Das Domizil ist ihrer würdig. Vier oder fünf ineinandergehende Salons weisen auf den Canal Grande und sind dekoriert mit Porträts und den typischen Lackmöbeln, die die venezianische Kunst des 18. Jahrhunderts in großer Fülle geschaffen hat.

Die Komtesse R. M. spricht sehr gut französisch, und man wird auf das freundlichste willkommen geheißen. Unter den Gästen befindet sich der Historiker Pompeo Molmenti, ein Greis mit energischen Zügen und äußerst eloquent. Ich kenne sein Buch über Gian-Battista Tiepolo, ein Plafond über uns ist beherrscht von seinen durch die Luft schwebenden Figuren mit den lieblichen Gesten und den luftigen Draperien.

Dieses Jahr bin ich ganz und gar auf Tiepolo eingestellt. Seit ich angekommen bin, streife ich durch das Stadtviertel, wo er 1696 geboren wurde. Es ist nicht weit vom Arsenal in der Corte San Domenico, nahe dem Rio Santa Anna und dem Rio della Tana, sein Vater war *parcenevole di vascello,* d. h., er war Kapitän eines Handelsschiffes. Der kleine Gian-Battista Tiepolo verbrachte also seine Kindheit unter Seeleuten, er, der später an die Wand des Palazzo Labia die Galeere malen sollte, auf der sich die Königin Ägyptens, die schöne Kleopatra, mit herrscherlichem Pomp einschiffte. Bald schon besuchte er das Atelier des Gregorio Lazarini, aber sein wahrer Lehrmeister – mehr als Sebastiano Ricci oder Piazetta, den er in seinen Anfängen nachahmte – war der Genius der Malerei selbst. So ist es wohl bei allen wahren Malern, und Tiepolo war der letzte große Künstler der wundervollen venezianischen Schule.

Zum Malen geboren, malte nun Tiepolo, wie auch seine Söhne Domenico und Lorenzo malten, die seine Gehilfen wurden. Er malte freudig und kenntnisreich. Er malte aus der Fülle, mit Leichtigkeit, verschwenderisch. Er malte jung, er malte alt. Er erfuhr alles Glück der Farbe und der Linie, alle Wonnen der Komposition. Er malte weise und er malte wie wahnsinnig. Er begab sich in das Abenteuer wohlberechneter Improvisationen, und sein Glücksstern hielt ihn stets der Grenze fern, wo sich Kühnheit und Extravaganz berühren. Er fand seine eigene Grazie, seinen eigenen Stil. Er erfand den »Tiepolo-Himmel«, um ihn freigebig mit Figuren zu bevölkern, so luftig leicht, als ob es ihre Natur sei, so frei zu schweben. Die Götter der Fabel und die Heiligen aus dem Paradies gaben sich seinen Phantasien preis. Er verteilte Engel und Nymphen nach seinem Belieben. Die schönsten Mädchen Venedigs boten ihm ihre nackten Körper dar, und er versteckte sie in so sinnlichen Allegorien, daß sie alle ein wenig wie die Liebe selbst aussehen.

Glücklicher Gian-Battista Tiepolo! Mit achtzehn Jahren stellte er sein erstes Bild aus: *Der Zug durch das Rote Meer;* und er gelangte ins Gelobte Land. Von nun an malte er überall da, wohin ihn sein schnell wachsender Ruhm rief, zuerst in den Kirchen auf dem Lande, dann in den venezianischen Palästen. Er malte in Udine, in Mailand, in Bergamo, in Verona, in Vicenza. Er malte in Würzburg, wohin ihn der Bischof Karl-Philipp von Greiffenklau rief, in Madrid, weil Karl III. ihn bat, die großen Salons seines Königspalastes zu schmücken. Erst der Tod setzte seinem schönen Werk, seinem glücklichen Leben ein Ende. Er lebte *signorilmente,* wie einer seiner Biographen sagt, unter schönen Objekten, schönen Stoffen. Er umgab sich mit Windspielen, mit Vögeln. Sogar einen »Sklaven« besaß er, einen jungen Türken, den er Ali nannte und den er hatte taufen lassen. Hätte er nur bei gleicher Gelegenheit seiner Frau Cecilia, die ihm so viele Qualen bereitete, den Teufel austreiben lassen, wenn es denn wahr ist, daß sie, von der Spielleidenschaft besessen, an einem einzigen Abend im Ridotto die Skizzen des Malers, sein Haus und seine Villa bei Mirano verlor, die sein Sohn Domenico mit den liebenswürdigsten Pulcinellen-Fresken dekoriert hatte. Gönnen wir dem Tiepolo, daß er sich über den Verdruß, den er wegen Cecilia, seinem Ehegespons, der Schwester des Malers Francesco Guardi, zu erdulden hatte, in den Armen der hinreißenden Cristina hinwegzutrösten wußte, die sein Modell und – hoffen wir es – auch seine Mätresse war und deren Bild er uns wahrscheinlich in seiner *Jungfrau in der Glorie* in der Scuola dei Carmini überliefert hat.

Die Fresken, die er für diese Scuola malte, gehören zu Tiepolos schönsten Deckenmalereien, und ich gehe oft hin, um sie zu bewundern. Ich gehe durch die Calli, komme zum Campo San Barnaba und zum Campo di Santa Margherita. Die Scuola dei Carmini ist nun ganz in der Nähe und nicht weit von der Kirche Santa Maria dei Carmini. Ich werfe einen Blick auf die Fassade und trete ein. Ich steige die breite Treppe hinauf, die barocker Stuck ziert, und befinde mich in einem großen Saal. Das Hauptgemälde zeigt uns die Jungfrau in der Glorie. Sie steigt zu einem herrlichen Himmel auf, sie hält, umgeben von Engeln, ihr Kind in den Armen. Sie steigt in den Himmel auf, überglücklich, wunderbar und leicht. Lichtumflutet steigt sie zum Licht empor, während in den vier Ecken des Plafonds auserlesene weibliche Gestalten die Tugenden verkörpern: Der Glaube mit Kreuz und Kelch, die Hoffnung mit dem Anker, die Nächstenliebe mit dem Waisenkind, das sie beschützt, doch vor allen bist du, Bescheidenheit, mir teuer, und du, Sanftmut, so weich dahingelagert, das unschuldige Lamm an dich pressend. Wie mag ich dein sanftes Gesicht, deinen trägen Leib und das etwas fette Bein, das nackt aus den lockeren Draperien, die dich bedecken, herausschaut und in denen du dich so lebendig und weich dehnst!

Es gibt in Venedig noch viele andere Wege auf den Spuren Tiepolos, und fast jeden Tag mache ich mich auf, eines der Werke des großen Venezianers zu besichtigen. Dabei gehe ich überhaupt nicht systematisch vor. Es ist mir recht, die Fresken und Gemälde wie zufällig aufeinanderfolgen zu lassen. An einem Tag bewundere ich die beiden Deckengemälde der Kirche

Santa Maria degli Scalzi *Die Heilige Theresia* und *Die wunderbare Übertragung der Santa Casa nach Loreto**, am folgenden in der Accademia *Die Auffindung des Heiligen Kreuzes* und in Sant' Alvise den *Kalvarienberg,* wieder an einem andern Tag in der Fava *Die Erziehung der Heiligen Jungfrau* oder in Santi Apostoli *Die Kommunion der Heiligen Luzia*. Zuweilen gehe ich auch in die Gesuati-Kirche, die so reich an Fresken und Gemälden des Meisters ist, oder ich sehe mir wieder einmal in der Pietà *Die Krönung der Heiligen Jungfrau* an. Überall rührt mich Tiepolo an, im Palazzo Labia wie im Palazzo Rezzonico, wo er die Allegorie auf die Hochzeit einer Savorgnan mit einem Rezzonico geschaffen hat. Welch eine Verve strahlen diese großen Auftragsarbeiten aus, in denen sich Genien und Berühmtheiten der Zeit, Nymphen, Grazien, Musen mit Wolken und Architekturen mischen, wo sich die Pferde des Apollo-Wagens in einem triumphalen Himmel hoch aufbäumen und von wo man die Erinnerung an die herrliche Gruppe zweier nackter junger Frauen mitnimmt, die sich anlächeln und etwas abseits diesen ganzen mythologischen Hochzeitspomp betrachten!

Vom Palazzo Rezzonico wollen wir uns zum Palazzo Labia aufmachen. Er liegt an der Ecke zwischen Canal Grande und dem Cannareggio. Dies ist der eigentliche Palast des Tiepolo, hier ist er der unumschränkte Meister. Das feudale Gebäude ist unbewohnt, er aber füllt es ganz und gar mit seiner gloriosen Gegenwart. Gehen wir ihm zu Ehren hinein, und steigen wir die breite Treppe hinauf. Eine Tür öffnet sich; es bietet sich uns ein überwältigender Anblick. Hier findet die große Oper statt, zu der uns Tiepolo, der große Musiker der Farben, einlädt. Lassen wir den Dekor und die Personen auf uns einwirken. Unter einer Decke, reichverziert mit Voluten und üppigem Stuck, erhebt sich auf jeder Seite eine hohe Arkade, mit Pilastern, Konsolen, Gesimsen, eine erstaunliche Trompe-l'œil-Architektur, in der der kunstfertige Mengozzi-Colonna Glanz und Struktur des

* Dieses Fresko wurde 1915 durch eine Fliegerbombe zerstört. (Anm. d. Verl.)

Marmors vollendet nachgeahmt hat. In der Öffnung der hohen Arkade entfaltet sich die heroische Szenerie des Tiepolo. Auf den beiden Wänden zeigt sich uns *Die Einschiffung* und *Das Bankett der Kleopatra*. Auf dem einen macht sich die schöne Königin Ägyptens in einem Aufzug von Kriegern, Höflingen und Damen, im sagenhaften Luxus von Stoffen, Kopfputz und Juwelen bereit, das Schiff zu besteigen. Auf dem anderen sehen wir sie auf einer noblen Terrasse, umgeben von einem Portikus. Man reicht ihr die Schale, in der sie die unschätzbare Perle schmelzen lassen wird, während oben auf der Tribüne Musiker ihr zu Ehren Weisen von Ruhm und Liebe spielen.

Gegenüber dem Palazzo Labia überspannt eine Marmorbrücke – mit vier kleinen Obelisken geschmückt – den Cannareggio. Ob es eine Anspielung auf die königliche Ägypterin ist, deren unsterbliches Bild Tiepolo auf die Wand des benachbarten Palazzo gemalt hat?

Wenn die Pisani Alessandro Longhi beauftragten, ein großes Familienporträt von ihnen zu malen, so wandten sie sich an Gian-Battista Tiepolo, um den Großen Saal ihrer opulenten Villa in Strà zu dekorieren. Diese reiche und mächtige Patrizierfamilie verließ den Sommer über ihren riesigen Palast in San Vitale, um an den Ufern der Brenta zu residieren. Ich bin dabei, meine Tiepolo-Visite fortzusetzen, und befinde mich nun auf dem Wege nach Strà. Auf der leuchtenden, flachen Lagune liegt ein leichter Nebel, in dem sich hinter uns Venedig einhüllt. In das feine Gewebe aus irisierender Luft wickelt es seine Kuppeln und seine Campanile wie kostbare und zerbrechliche Dinge ein, die man, weil sie so alt und so zart sind, sorgsam behandeln muß. Vor uns nichts als die weiten Wasserschleier, die zerreißen, sobald wir sie durchfahren, und die gespickt sind mit den großen schwarzen Nadeln der Richtungspfähle. Wenn man das Inselchen San Giorgio in Alga passiert hat, das mit seinem Bukett aus Bäumen und seiner roten Mauer mit der Gottesmutter, die sich in den hellen Himmel erhebt, so einsam aus dem Wasser ragt, sieht man das flache Land und die ärmlichen Häuser von Fusina.

Brenta-aufwärts gibt es einige Schleusen. Die erste dieser Sperren ist in Malcontenta. Einer der schweren Lastkähne, denen wir schon mehrmals begegnet sind, passiert die Schleuse vor uns. Dann fahren auch wir in die steinerne Kammer ein, deren Innentüren geschlossen werden. Langsam steigt das Wasser an, und wir überholen die dickbäuchige Lastgondel, die träge ihr Segel mit den bizarren Mustern strafft. Das Land an der Brenta ist ein feuchtes Gebiet, ein niedriges Land der Bäume und des Weines. Der langsam dahinfließende Fluß durchquert Dörfer mit heruntergekommenen Häusern, er zieht an Gartenmauern vorbei, deren von Säulen flankiertes Eingangstor mit mythologischen Statuen geschmückt ist. Einige dieser Villen zeigen ihre wappengeschmückten Palladio-Fassaden; der Giebel, auf Pilastern ruhend, gibt ihm die adelige Note. Manche sind zu weiß getüncht und zu stark ausgebessert. Nach Oriago und Mira erreichen wir Dolo, wo die Brenta schmal wird und weniger tief ist. Schließlich tauchen über einem Gemäuer, das von monumentalen Türen mit verschnörkelten Ziergittern durchbrochen ist, Bäume auf. Wir ankern vor einer weiträumigen Esplanade und stehen vor der Villa der Pisani. Sie ist bombastisch und pompös, theatralisch und wie geschaffen, um ein verschwenderisches Leben, ein Leben der Feste und des schönen Scheins zu inszenieren. Ein weites Vestibül führt auf einen Doppelhof, dessen Wände mit Fresken von Herkules- und Neptunfiguren bedeckt sind, alle beschädigt und fast ausgelöscht. Eine breite Treppe führt zu einer kaum zu zählenden Suite von Salons, von Zimmern, Boudoirs, kleinen Kabinetten, ausgestattet mit Möbeln im ländlich-galanten Stil. Hier sieht man Paneele mit venezianischen Chinoiserien, dort seidengestickte Blumenbilder. Auf diese Gemächer im sozusagen pisanischen Stil folgen andere, wo Empire-Möbel und rote und grüne Tapeten mit Lorbeerkränzen an einen Dekor von Fontainebleau oder von Compiègne denken lassen und wo ein Bett mit vergoldeten Adlern, die Vorhänge mit Federbüschen gekrönt, mit einer Matratze aus weißem Satin, an den Aufenthalt des Prinzen Eugène Beauharnais in Strà erinnert.

So kommt man bis in den großen Salon, in dem Tiepolo den Ruhm der Familie Pisani »al fresco« illustriert hat. Wie gut er seine Sache gemacht hat, unser Tiepolo! Er zeigt uns die verschiedenen Erdteile, die dem Kampf der Pisani gegen die Ungläubigen applaudieren; wir sehen die Porträts der Nachkommen des illustren Stammes, ein Sujet, dem eigentlich nichts sonderlich Aufregendes anhaftet; doch was schert das einen Tiepolo, hat er nur die Gelegenheit, leuchtende Wolken und schwebende Gestalten in eine zart gefärbte Luft zu malen. Und das hat er an der Decke der Villa von Strà getan. Eingerahmt hat er sie mit Schnecken, mit prächtigen Ecksteinen, mit Gesimsen. Und dann hat er diesen fabelhaften rot-gelben Papagei in Trompe-l'œil-Malerei auf eine Balustrade gesetzt, der aus einem Bild des Paolo Veronese geradenwegs hierher geflogen sein könnte!

Dem Ruhm der Pisani können wir im Garten ihrer Villa weiter nachträumen. Wieder stoßen wir auf ihre Prunksucht und ihren Hochmut. Nach einer weiten Rasenfläche enden grünbeschattete, schnurgerade Wege an monumentalen Eisengittern, die den Blick auf das Umland freigeben. Dort liegen die Ställe, die alles Maß übersteigen... Mit ihren der Antike nachempfundenen Giebeln, ihren Statuen, ihren Feuerpfannen sehen sie aus wie ein Tempel, errichtet vom Genius des Barock oder des Rokoko, zur Erinnerung an die Quadriga von San Marco. Das Innere steht dem Äußeren nicht nach. Die Pferdeboxen sind durch Marmorsäulchen voneinander abgetrennt, an denen sich kleine Bronzerösser aufbäumen. Die Prunksucht der Pisani entbehrt nicht der Komik, doch sieht man ihnen das gern nach, denn ihre riesige Villa ist ein sehr seltenes Zeugnis pekuniärer Kraft einer großen venezianischen Familie, der unerschöpflichen Geldquellen, über die dieser Kaufmannsadel selbst in einer Zeit des politischen und wirtschaftlichen Niedergangs verfügte.

Strà besitzt neben diesen monumentalen Ställen noch eine andere Kuriosität, das ist sein Labyrinth. Seine wohlkalkulierten Irrwege zwischen den beiden Laubwänden sind wie die Windungen einer grünen Muschel. Die sinnreichen Mäander entfalten sich auf das reizendste, sie verzweigen sich, sie halbieren sich, vereinigen sich wieder, trennen sich aufs neue. Irgendwann gelangt man im Gewirr dieser Alleen, in dem vermaledeiten Geflecht dieser grünen Wege in das Zentrum des Rätsels, einen Turm, auf dessen Spitze ein Heros im Helmbusch wacht. Es ist der einsame Theseus, der darauf wartet, daß ihm eine unsichtbare Ariadne den roten Faden in die Hand gibt. Aber das Labyrinth von Strà hat weder einen Minotaurus noch überhaupt etwas Tragisches an sich. Wo ist der heilige Schrecken der knorrigen Buchsbaumhecken mit dem herben Geruch, den Gabriele d'Annunzio in seinem Roman *Il fuoco (Das Feuer)* so treffend beschrieben hat? Das Labyrinth der Pisani ist nur ein gärtnerisches Spiel, ein Architekten-Scherz, bestenfalls eine Falle für Jungfrauen. Lassen wir ihn dort, den armen Theseus, in seiner bemoosten Rüstung, aufrecht auf der Spitze seines Turmes, der unter ihm zerbröckelt. Die Brenta wird unser flüssiger Ariadnefaden sein, um die Lagune und Venedig zu erreichen.

Auf dem Rückweg ist mir der Charme dieser Brenta so recht klargeworden. Der beginnende Abend umgab alles mit einer weichen und ruhevollen Grazie. Der Fluß, diese lange Wasserstraße, entrollte sich langsam. Die Dämmerung brach herein, dann wurde es Nacht. Als wir uns Fusina näherten, stieg aus der benachbarten Lagune ein Hauch von Seeluft in den reinen Äther auf.

Ich liebe Vicenza, diese noble, pompöse und so diskrete Stadt, ihre einsamen Straßen, ihre einmalige Tramway, ihren Corso. Vicenza ist eine bürgerliche und eine fromme Stadt, mit ihren schönen Palästen, ihren Flüssen, an deren Ufern Wäscherinnen die Wäsche in näselndem Singsang spülen und dabei wie Derwische die Körper wiegen, seinem Retrone und seinem Bacchiglione, die die Mühlen sich drehen lassen, ihrer grandiosen Palladio-Basilika und dem staunenswerten Teatro Olympico mit dem gemalten Stuck, den Gipsstatuen in Trompe-l'œil-Manier, seinen Stufen, seiner Bühne, aus deren Tiefe ein Geruch von feuchtem Staub, von Rattenpipi und verfaultem Papier und Holz aufsteigt. Als wir wieder hinaustreten, fängt es an zu regnen. Der Regen fällt auf das Dach der Basilika Palladios, das aussieht wie ein Schildkrötenpanzer; er rinnt an den Gesimsen herunter und überschwemmt die Statuen, er fällt auf die großen Pflastersteine des Platzes, wo sich auf einer Säule der Markuslöwe aufrichtet, daneben der magere hohe Campanile, der eine Uhr mit blaugestrichenem Zeiger trägt. Der Regen fällt mit wahrhaft italienischer Übertreibung. Plötzlich hört er auf, es klärt sich auf, und wir nützen die Zeit, um einen Ausflug zur Villa Valmarana zu versuchen.

Die Straße steigt in Windungen zu den Höhen des Monte Berico auf; eine Zeitlang geht es an der Mauer des Campo Santo entlang. Je höher man steigt, um so breiter entfaltet sich unter einem grauen Himmel, von einem rieselnden Laubdach umgürtet, die Stadt Vicenza. An einer Wegkreuzung verläßt man die Straße, die nach Madonna del Monte führt, und wählt den steinigen Weg bis zu einer Mauer, auf der groteske Zwerge und Zwerginnen in Stein gemeißelt sind, die einen in ihrer Mißgestalt angrinsen. Sie scheinen sich lustig zu machen über das dünne Bimmeln der altertümlichen Hausglocke. Endlich öffnet sich eine Tür. Die Beschließerin geht uns durch den Garten voraus zur Villa. Deren dreieckiger Giebel ist mit drei Statuen geschmückt, darunter eine Viktoria, die ihre eigenartigen steinernen Flügel in die regenfeuchte Luft streckt.

Die Villa ist unbewohnt. Sie gehört allein den Helden des Trojanischen Krieges, die Tiepolo gemalt hat. Wir finden hier die Opferung der Iphigenie, Minerva, den zornigen Achill bei den Haaren fassend, Amor, der Dido in der Gestalt des Ascanius erscheinend. Das alles stellt sich unter den Säulen eines Peristyls, in beredtem Überschwang, in der hellen Jugend der Farben und der Gesten dar. Die Gewänder bauschen sich, enthüllen hier einen schönen Körper, lassen dort eine schöne Kehle sichtbar werden. Die Gesten wirken übertrieben in ihrer Grazie und Kraft, aber es sind glückliche Bewegungen. Die Heroinen schmiegen sich in die Arme der Krieger, helmbuschumflattert und kraftstrotzend unter ihren Rüstungen. Rosenfarbene Fahnen flattern über safrangelben Zelten. Schleier zucken, Wolken blähen sich. Noble Architekturen bieten noble Perspektiven dar. Das Ganze könnte das Bühnenbild einer Oper von Metastasio* sein, deren Akkorde einen bis in die beiden angrenzenden Salons begleiten, die Tiepolo mit Szenen nach Ariost und Tasso ausgemalt hat. Das Romantische folgt auf das Heroische.

Wir durchqueren wieder den Garten, um unter dem mißbilligenden Blick der Zwerge zur *foresteria* zu gehen. Die mißgestalteten Knirpse feixen weiterhin, während es wieder stärker zu regnen beginnt. Die Foresteria, die als Gästehaus diente, ist ein flaches Gebäude, das aus einer langen Galerie mit Zimmern besteht, die ebenfalls mit Fresken von Tiepolo ausgemalt sind. Hier hat er ländliche Idyllen und Chinoiserien gemalt. Auf einem drolligen Thron sitzt unter einem Sonnenschirm mit Glöckchen eine chinesische Dame und nimmt die Huldigung eines dicken Mandarins entgegen. Hübsche Landmädchen gehen zum Markt oder bereiten eine ländliche Mahlzeit. Es gibt auch eine Treppe in Trompe-l'œil-Malerei. Ein Neger mit Turban steigt die Stufen hinab, während ein Affe dabei ist, einen Früchtekorb zu stehlen, der auf dem Geländer abgestellt ist. Weiter weg Karnevalsszenen und Masken.

Wir haben uns auf den Sims eines offenstehenden Fensters gestützt, das auf eine Terrasse blickt. Man sieht in die Umgebung: Weinberge und Wiesen, von denen ein feuchter, frischer Geruch aufsteigt, ein Misthaufen. Ein Ochse muht lange anhaltend. Im Vestibül hängen an einer langen Stange, die auf zwei Stühlen aufliegt, Weintrauben, mit schönen ambrafarbenen Beeren.

Dieses Jahr kommen wir nicht nach Verona, um die Tiepolos im Canossa-Palast zu betrachten. Auch werden wir nicht auf den

* Pietro Antonio Metastasio (1698–1782), ital. Dichter und Opernlibrettist. (Anm. d. Ü.)

steinigen Balustraden des Giusti-Gartens dem Klagen der Brunnen lauschen, deren bescheidene Kraft den mächtigen Strahl und das zugespitzte Geschoß der unbeugsamen schwarzen Zypressen zu beneiden scheint.

Palazzo Vendramin ai Carmini

Venedig, im Oktober/November 1924

Lange schon kannte ich dieses erstaunliche Mezzanin des Palazzo Vendramin ai Carmini, doch konnte ich kaum ahnen, daß ich eines Tages selbst darin wohnen würde. Aber es ist in der Tat so, daß ich jetzt jeden Morgen dort aufwache und jeden Abend mit den Träumen einschlafe, denen Venedigs nächtliches Schweigen so günstig ist. Wenn die Schritte der letzten Passanten auf dem Pflaster der Fondamente verhallt sind, auf die das Fenster meines Zimmers hinausgeht, wenn die Betrunkenen endlich mit ihrem weinseligen Palaver aufgehört haben, dann breitet sich ein wundersames Schweigen aus, so tief, so absolut, ein Schweigen der Ewigkeit. Es hält an, bis die benachbarten Glocken der Chiesa del Carmine in der Morgendämmerung mit ihren brüchigen Stimmen den Angelus geläutet haben. Dann verhallt ihr Bimmeln, sie werden langsamer, und alles versinkt aufs neue in Schweigen, bis der Besitzer der dicken Peatte, die unter meinem Fenster ankert, in seine Barke steigt. Wenn er weg ist, herrscht wiederum Schweigen, doch nicht mehr die gleiche Stille. Sie ist transparent und fragiler geworden, das Geräusch der Ruder im Wasser registrierend oder den Nachhall eines fernen Schrittes. Jetzt beginnt der Tag, der süße, träge venezianische Tag.

Ich bin nämlich wieder einmal in den Monaten Oktober und November, die ich hier vor allen anderen schätze, in Venedig. Auch diesmal wieder liebe ich seinen ruhevollen und melancholischen Charme. Wieder erfaßt mich die Lebensfreude, die ich nur hier verspüre, wieder die gleiche Neugierde, mit der ich alle Variationen des Lichtes in mich aufnehme. Venedig ist unerschöpflich, und niemals kennt man es ganz. Es birgt immer Überraschungen, und auch das, was man gut kennt, zeigt einem neue Seiten. Dieses Jahr allerdings bin ich weniger auf Steine und auf Wasser erpicht. Zwar vertraue ich mich dem Labyrinth Venedig immer wieder an, fühle mich aber von einem bestimmten Punkt angezogen. Wie durch Zauberkraft führen alle Wege mich zu ihm. Venedig interessiert mich im Moment weniger als dieses seltsame Gehäuse, in dem ich wohne. Zu ihm gehen meine Gedanken und Träume. Meine Schritte finden wie von selbst zu ihm zurück.

Ich komme vom anderen Ende Venedigs; ich bin manchen Calle entlanggegangen, habe viele Brücken passieren müssen, um zum Campo di Santa Margherita zu kommen und von dort zur Chiesa del Carmine und ihrem Campo, den ein Rio säumt. Fast gegenüber der Brücke, die über ihn führt, erhebt sich auf der gegenüberliegenden Fondamenta ein weiträumiger Palazzo, der einst ein herrliches Haus war und der jetzt, zerstückelt, aufgeteilt und verfallen, von kleinen Leuten bewohnt wird. Auf den Balkons wachsen Blumen in Töpfen, Markisen in verwaschenem Ocker hängen an den Fenstern. Vom Tor aus sieht man ein imposantes Vestibül, von kräftigen Säulen getragen, eine breite Steintreppe. Es ist der alte Palast der mächtigen Familie Foscarini, und die Fondamenta, die an den Rio di Santa Margherita grenzt, trägt seinen Namen. An das massige Hauptgebäude ist ein zurückspringendes Nebengebäude angefügt, vor dem ein kleiner quadratischer Hof angelegt ist. Er ist durch eine Mauer, in die ein Portal eingefügt ist, von der Fondamenta getrennt. Rechts von diesem Hof steht ein zweiter Palast, auch er sehr mitgenommen. Seine drei Stockwerke erreichen die Höhe seines Nachbarn, aber seine schiefe Fassade senkt sich nach rechts ab und reduziert sich so auf zwei Stockwerke. Die ganze Front besteht aus sechs Fenstern, die des Mezzanins sind schmaler und ohne Balkons. Dieser Palast ist ein Palazzo Vendramin; um ihn von dem prunkvollen Vendramin zu unterscheiden, mit dem der Canal Grande sich brüstet, nennt man ihn den Palazzo Vendramin ai Carmini.

Das Portal, das von der Fondamenta Foscarini aus den Zugang zu dem beiden Palais gemeinsamen Hof freigibt, ist fast immer geöffnet, ebenso wie die Tür, die man rechts neben einem Marmorbrunnen findet, der halb in die Mauer eingelassen ist. Das Entrée ist ziemlich dunkel, ebenso wie die Treppe, deren zwanzig Steinstufen auf einem engen Treppenabsatz enden, von wo aus man ein düsteres Vestibül betritt. Trotzdem entgehen einem nicht die römischen Medaillons, auf denen behelmte und lorbeerbekränzte Figuren dargestellt und die von einem Flechtwerk aus rosa und gelbem Stuck umrahmt sind. Alles ist in einem sehr schlechten Zustand. Das Vestibül führt in einen langen feuchten Hausflur. Folgt man ihm, so gelangt man in ein Zimmer, dessen beide Fenster den Blick auf die Fondamenta freigeben. Man sieht, über den Rio di Santa Margherita hinweg, Campo und Kirche del Carmine zur Rechten, links ein uraltes Haus, mit der Statue eines Kriegers. Es heißt die Casa del Moro, und die Legende weiß, daß Othello dort gewohnt hat. Das Zimmer zeigt die Spuren hohen Alters. Von der längst abgerissenen Tapete hängen noch Fetzen von den Wänden, aber die Zimmerdecke hat schöne Stuckornamente, und ein Kamin aus edlem Marmor überwölbt eine Feuerstelle. Eine knorrige Holztür, blankpoliert und glänzend, verbindet das Zimmer mit dem benachbarten Raum.

Der hat nur ein einziges Fenster. Gelbe und grüne Stuckleisten schlingen auf einem weißen Untergrund reliefartig ihre Bänder um Medaillons mit mythologischen Gestalten und um Paneele, auf denen die Bilder durch eine grüne Tapete ersetzt wurden. Auch sie ist zerrissen und zerschlissen, verträgt sich jedoch gut mit dem Stuck der Wände und mit dem schönen Fußboden, dessen weißes Mosaik von Blumengirlanden und Schnecken umrankt ist. In den vier Ecken des Raumes vereinigen sie sich zu vier Füllhörnern, aus denen vielfarbige Früchte hervorquellen.

Niemals öffne ich die knorrige Holztür, die diesen Raum vom nächsten trennt, ohne mich auf die Überraschung zu freuen, die mich erwartet und die auch durch die Gewohnheit nicht geringer ist. Jedesmal meine ich an diesem seltsamen Ort, der zum Träumen verführt, auf eine geheimnisvolle Vergangenheit zu stoßen. Wir nennen es wegen des verstaubten Luxus, der seine armselige Pracht umgibt, das *»vergoldete Zimmer«*. Es ist quadratisch und bekommt sein Licht durch zwei Fenster auf den Rio, zwischen denen ein Kamin steht. Der Kaminsims wird von einem Spiegel gekrönt, dessen Rocaille-Arbeit, üppig vergoldet und durch das Alter trüb geworden, eine Art Pyramide bildet, in die ein Amor mit dem Pfeil eingraviert ist. Die Wände des Zimmers sind gelb getüncht, in einem sehr sanften, ambrafarbenen Gelb wie Honig. Die Paneele unterschiedlicher Größe werden von einer weißen Bordüre umrankt. Die drei größten tragen jedes ein Schiff aus Fayence, unter den zwei kleineren sind gläserne Wandarme befestigt, dazu bestimmt, Kerzen zu tragen.

Der Glanz, der dereinst hier prangte, ist jetzt in seiner wehmütigen Schönheit erloschen. Wenn auch die glattgefügten Fayencen ihre Frische bewahrt haben, so ist doch die Vergoldung verblaßt, der Stuck ist an vielen Stellen abgeschlagen, sein vielfarbiger Überzug ist zu Staub zerfallen. An mehr als einer Stelle bröckelt der zartgelbe Putz ab, da und dort zeigt auch der Mosaikboden Lücken. Doch auch in seinem fortschreitenden Verfall bietet das Ganze das Bild eines raffinierten Luxus. Was macht es, wenn die Fenster schlecht schließen, wenn die hohen Türen aus rissigem Holz ihre Schlösser eingebüßt haben! Das goldene Zimmer ist darum nicht weniger schön. Und es ist nicht nur schön, es ist auch fremdartig und geheimnisvoll.

Welche Phantasie, welche seltsame Laune haben seinen drei Türen diese vierte mit ihrem Türrahmen aus gelbem Marmor hinzugefügt. Sie ist ganz aus Glas, und die Zeit hat daraus einen höchst beunruhigenden Spiegel gemacht. Sie ist weder verblaßt noch irgendwie beschädigt, aber das Alter läßt sie nun wie flüssiges Metall aussehen, das in seiner Transparenz und seiner geradezu plutonischen Tiefe die Gegenstände und Gesichter wie aus dem Jenseits spiegelt, wie dunkel gefärbte Erscheinungen aus der Ferne. Wenn man näher kommt, sieht man sein eigenes Phantom, und das ganze Zimmer, das sich in ihm spiegelt, entfärbt sich, verliert die Farbe, als ob es von plötzlicher Nacht überfallen wäre. Wohin mag sich diese Spiegeltür öffnen? Welches Geheimnis versteckt sie hinter ihrer Oberfläche aus metallgewordenem Glas? Ein Türgriff aus Kupfer lädt dazu ein, sie in den unsichtbaren Angeln zu drehen. Langsam, schwerfällig, fast hinterhältig öffnet sie sich einen Spalt. Welches Verlies wird sie uns entdecken? Verbirgt sie eine Geheimtreppe? Nein, sie enthüllt nur einen leeren, nicht sehr tiefen Wandschrank, einfach eine Speisekammer für ein galantes Diner oder ein Vorratsschrank, um Karnevalskostüme aufzubewahren.

Diese drei Räume sind die einzigen bewohnbaren Zimmer des Palazzo Vendramin. Alle anderen sind in ruinösem Zustand. In manchen ist es so dunkel, daß man nichts erkennen kann; nur durch ihren Modergeruch sind sie existent. In einem hängen noch in zerborstenen Rahmen schemenhafte Gemälde, die einmal Porträts gewesen sein mögen. Ein Leinwandfetzen hängt herunter, von dem man nur die Rückseite sieht. Dreht man ihn um, erkennt man das verschwommene Bildnis eines Mannes mit Perücke. Wohl irgendein Vendramin. Vielleicht sogar derjenige, der den Palast erbauen und mit Stuck und Fayencen so reich ausstatten ließ? Ob er wohl die Gondel benützt hat, die, für immer zurückgekehrt, zwischen zwei Bäumen hängt und langsam in dem kleinen feuchten Hof verrottet, den man durch die blinden, von Grünspan bedeckten Scheiben sieht, durch ein Fenster, das sich nicht mehr öffnen läßt und dessen Fensterladen, aus den Fugen gegangen, hin- und herschlägt. Dann setzt sich die Reihe der kleinen Zimmer fort: Alle sind vom Zahn der Zeit zernagt, bis hin zu einem großen Saal, von dem aus eine Treppe in den Garten führt. Die Beete sind mit Gemüse bepflanzt, von kleinen Eisenzäunen abgegrenzt und durch winzige Wege unterteilt, an denen entlang die Wäsche trocknet. Überall liegen Flaschenscherben und Unrat aller Art herum. Armer Garten, der einstmals ein Ort der Lustbarkeiten war, wie noch das elegante Kasino bezeugt, das seine Säulchen und sein antiker Giebel zu einer Art kleinem Freudentempel machten.

Es bedurfte einiger Kühnheit, um auf den Gedanken zu kommen, trotz der Attraktion von Fayencen und Stuck im Mezzanin des Palazzo Vendramin ai Carmini wohnen zu wollen; doch wenn man Venedig liebt, ist man zu jeder Tollheit fähig. Wir gingen so weit, das Mezzanin nicht nur für ein paar Wochen, sondern gleich für ein Jahr zu mieten und die notwendigen Reparaturen zu veranlassen. Als wir einsahen, daß das unmöglich war, entschlossen wir uns, nur vorübergehend Gäste zu sein und mit Freunden, die wie wir bereit waren, dieses kühne Experiment zu wagen und das Abenteuer mit uns zu teilen, das beste daraus zu machen. Es fing damit an, mit dem Eigentümer dieses unkomfortablen Wunderwerks zu verhandeln, doch das ist in Venedig nicht leicht. Zuerst war der Eigentümer unauffindbar, denn ein Venezianer läßt sich selten in seinem Domizil sehen. Schließlich war diese erste Schwierigkeit gelöst, wir erfuhren, daß das Mezzanin an eine gewisse Signora G. vermietet war. Auch sie war zuerst alles andere als zugänglich. Doch gelang es uns, Verbindung mit ihr aufzunehmen. Sie war eine unsichere Person, aber zugleich war sie von peinlicher Genauigkeit. Wir mußten alle möglichen Papiere unterschreiben und zahlreiche Verpflichtungen erfüllen, bis wir schließlich von dem begehrten Objekt Besitz ergreifen konnten, das außer ein paar Küchengeräten und einem alten Gasofen vollkommen leer und ohne irgendein Möbelstück war.

Bevor wir an anderes denken konnten, mußten wir die Räume, die wir bewohnen wollten, reinigen lassen. Dazu engagierten wir eine alte Venezianerin, die auf den Namen Ardiana hörte. Ardiana, bewaffnet mit Besen, Schwämmen und Putzlappen, machte sich lustlos ans Staubputzen; auf diese Weise verschwanden wenigstens die Spinnweben, und das Pavimento erhielt seinen Glanz zurück. Als das getan war, gingen wir an die Möblierung. Wir taten einen glücklichen Griff, uns die nötige Wäsche zu beschaffen, eiserne Bettstellen mit Metallrahmen, Toilettengegenstände und alles, was sonst noch dazu gehört. Alles dieses gibt es in Venedig zu leihen, doch benötigten wir auch noch Tische und Stühle und mußten darauf achten, daß sie den dekorativen Rahmen dieses abbröckelnden Palastes nicht zu sehr verunstalteten. So nahmen wir wieder einmal Zuflucht zu unseren Freunden, den Antiquitätenhändlern.

Sie halfen uns gern, teils aus Gefälligkeit, teils gegen eine geringe Vergütung. Wir erwarben von ihnen einige Tische, alte Sessel, Stühle interessanter Provenienz, eine recht gute Rokoko-Kommode. Nach und nach bekam unser Mezzanin ein Gesicht. Bei den Glasbläsern kauften wir Kandelaber, Wandleuchter und Blumenvasen. Der Oktober ist der Monat der Tuberosen, und bald schon war das Mezzanin von ihrem starken und süßlichen Duft erfüllt. Von Kerzen erhellt, ist das goldene Zimmer mit seinem Stuck und seinen Fayencen erwacht, ein geheimnisvolles Leben ist eingekehrt. Zuweilen mischt sich mit dem Schein der Wachskerzen der Glanz eines kurz aufflammenden Feuers, das den schönen gelben Marmorkamin in eine glühende Phantasmagorie aus Funken und rötlicher Kohlenglut verwandelt. Manchmal, wenn der Abend frisch ist, leisten wir uns ein richtiges, langanhaltendes Feuer aus Holzscheiten, aus jenen kräftigen Bohlen, die die Holzzüge nach Venedig transportieren und die die Glasbläser brauchen, um ihre Schmelzöfen zu füttern. Wir haben uns in einem der unbewohnbaren Zimmer einen Holzvorrat aufgeschichtet, wo er seinen Duft nach Wald und Rinde mit dem Modergeruch der alten Wandverkleidung und der vom Salpeter angegriffenen Steine vermengt.

Denn der Salpeter frißt sich langsam durch die Steinschichten unseres alten Palazzos. Die Wände im Erdgeschoß, das aus dunklen, niedrigen Gemächern besteht, sind mit einem dichten, samtartigen Überzug wie tapeziert. Es ist eisig und feucht, und man kann sich kaum länger hier aufhalten. Schnell steigen wir auf der Geheimtreppe, die im Korridor des Mezzanins endet, wieder nach oben. Sie ist in der Tiefe eines Wandschrankes verborgen, wo wir sie zufällig beim Durchstöbern unserer kuriosen Wohnung entdeckt haben. Genauso wurden wir auf eine kaum sichtbare Tür im hintersten Winkel eines der verlassenen Zimmer aufmerksam. Nur mit Gewalt gelang es uns, das defekte Schloß aufzubrechen. Die Tür öffnet sich zu einer Treppe hin, die zum Nachbarpalast, dem Foscarini, gehört. Hat man die morschen Stufen erklommen, kommt man zu einem großen Raum, der als Rumpelkammer dient, wo sich ausrangierte Möbel, zerbrochene Rahmen, Geschirr und Lumpen stapeln. Die Decke dieses Raumes ruht auf weißgestrichenen Pilastern mit vergoldeten Holzkapitellen. Zwischen zweien dieser Pilaster ist eine Vertiefung eingelassen, die einmal ein Alkoven gewesen sein muß. Weiter hinten gibt es noch zwei zusätzliche dunkle Kammern; in einer von ihnen war ein Kabinett untergebracht, in der man sich einen Venezianer aus der guten alten Zeit vorstellen könnte, der, ein geknotetes Tuch um die Stirn, die Rockschöße seines geblümten Schlafrockes raffend, auf die heilende Wirkung des Pulvers wartet, das ihm der bebrillte Apotheker vom Campo di Santa Margherita oder von San Pantaleone auf der Apothekerwaage abgewogen und als unübertrefflich verkauft haben mag.

Das Vergnügen, diesen seltsamen Palast zu bewohnen, ist nicht das einzige, das wir in Venedig genießen. Täglich schenkt es uns die Schönheiten seines Herbstes, das Licht von Wasser und Himmel. Wie jedes Jahr fährt uns die Gondel durch das Gewirr der Kanäle in die schweigsame Weite der Lagune. Wie jedes Jahr sehen wir uns in Museen und Kirchen unsere Lieblingsbilder an. Wie gewohnt sitzen wir im Florian auf der Bank »unter dem Chinesen«. Wie stets treffen wir unsere Freunde Jean-Louis Vaudoyer und Edmond Jaloux, die der Casa Zuliani treu geblieben sind. Sie zeigen dem jungen Emile Henriot* Venedig, denn der ist zum ersten Male hier. Auf dem Markusplatz treffen wir Henri Gonse, der gerade mit einem Buch unter dem Arm aus der Buchhandlung Rosen heraustritt, um sich in die Buchhandlung Ongania zu begeben, wenn er nicht gerade vom Antiquitätenhändler kommt. Im Hotel Danieli besuchen wir Madame Bulteau. Zum ersten Mal seit dem Tod Madame de la Baumes sieht sie Venedig wieder. Sie hat uns auch in unserm abgelegenen Vendramin besucht, der nicht das Ambiente und den Komfort des geliebten Palazzo Dario besitzt. Doch das pompöse Dahinwelken unseres Mezzanins gefällt ihr dennoch, und sie lächelt über unsere behelfsmäßigen »Installationen«.

* frz. Erzähler und Lyriker (1899–1961). (Anm. d. Verl.)

Mag unser Haushalt noch so unzureichend sein, es kann uns nicht hindern, unsere Freunde bei uns zu empfangen. Manchmal kommen sie zum Kaffee ins goldene Zimmer. An solchen Tagen stellen wir frische Tuberosensträuße in die Vasen und gebrauchen unser gesamtes Geschirr. Nach dem Vespern gehen wir alle miteinander zum Diner ins Vapore. Die alte Bettlerin, die einem gleich am Eingang auflauert, ist immer wieder zur Stelle, und stets bedient uns der Kellner, den wir, keiner weiß warum, Francesco nennen, wo er doch Luigi heißt. Nach dem Essen bummeln wir noch durch die Merceria, die Frezzaria oder die Spaderia. Eines Abends sticht uns in der Auslage der Bar Giacomuzzi eine alte verstaubte Flasche Aleatico ins Auge. Es wird beschlossen, sie zu erwerben und sie auf die Gesundheit des geheimnisvollen Vendramin und vor allem des Mezzanin zu leeren.

Also haben wir uns am nächsten Tag vor dem Diner auf den Weg zu Giacomuzzi gemacht. Die Flasche war bald gekauft; Edmond Jaloux wurde beauftragt, sie mit der gebotenen Vorsicht zum Palast zu transportieren, um den köstlichen Inhalt nicht zu sehr zu schütteln. Jaloux war sich der Rolle bewußt, die ihm zugefallen war, und paradierte gemessenen Schrittes! Jean-Louis Vaudoyer ging als erster, der die Passanten im Abstand hielt, um zu verhindern, daß der Flaschenträger angerempelt wurde. So erreichten wir ohne Zwischenfälle unsern Palast, wo uns im goldenen Zimmer eine Mahlzeit, bestehend aus Nudeln, Gemüse und Fisch, erwartete. Im Kamin brannte ein herrliches Feuer, alle Kerzen waren angezündet. Die Tafel, die von vier Leuchtern erhellt war, spiegelte sich mit ihren Tuberosensträußen in dem großen nachtdunklen Spiegel der Glastür. Als dann die berühmte Flasche geöffnet wurde, entquoll ihr ein dickflüssiger Wein, süß und stark, braun und parfümiert und von einer geheimen Kraft, die sich schwer in den alten Gläsern niederschlug, die für ihn viel zu zart und zerbrechlich zu sein schienen.

Ach, dieser Aleatico des Palazzo Vendramin mit den stuckverzierten Zimmern, wie gern denke ich an ihn zurück! Ich sehe wieder den Mosaikfußboden vor mir, in dem die inkrustierten

Perlmuttstückchen glänzen und die mir vorkommen wie die Wasserspur, die die feuchten Füße der Amphitrite aus der Lagune auf ihm zurückgelassen haben. Oft werde ich an diesen Aleatico denken, der vor der hohen Spiegeltür mit den durchsichtigen toten Tiefen getrunken wurde, vor dem Kamin mit den glühenden Holzscheiten, an jenem Herbstabend, wo wir so sorglos und frei waren. Wir tranken auch auf den unbekannten Vendramin, der auf die Paneele aus weißer Fayence die goldenen Figurinen malen ließ, deren zierliche Schattenrisse, wie durch eine Laterna Magica auf die Leinwand projeziert, ihre kleine Komödie der schweigenden Schatten spielten.

Was für ein Mensch war er wohl, dieser Signor Vendramin? Man könnte es durchaus erfahren. Venedigs Vergangenheit ruht lückenlos in den reichen Archiven, die die gesamte öffentliche und private Geschichte der Serenissima enthalten und deren Tresore in dem weitläufigen Gebäude nahe der Frari liegen. Dort würde unsere Neugierde sicher befriedigt, doch haben wir keine Zeit für solche Nachforschungen. Und ist es nicht das einfachste, sich vorzustellen, was man nicht kennt? Erfinden wir uns doch einen Vendramin nach unserm Geschmack. Erfinden wir für ihn eine Geschichte, und geben wir ihm als erstes ein Gesicht ... Wem könnte er ähnlich sehen, der Patrizier vor zwei Jahrhunderten? Welchem Menschentyp könnte man ihn zuordnen? Den Dicken oder den Mageren? Hatte er ein knochiges oder ein volles Gesicht? War es rund oder länglich? Hatte er einen bräunlichen Teint, bleich oder blühend? Zuweilen verleihe ich ihm die Züge jenes Querini, wie sie sein von Tiepolo gemaltes Porträt in der Sammlung Stampalia Querini zeigt, geprägt von List, Ehrgeiz und Stolz, intelligent und gefährlich. Dann wieder lehne ich es ab, unsern Vendramin so negativ zu sehen, und suche ein anderes Bild für ihn aus. Ich glaube es in der kleinen Büste aus weißem Gips gefunden zu haben, die in einer Vitrine des Museo Civico steht. Unter der Perücke, die das Gesicht umrahmt, kommt ein angenehm geformtes, längliches Antlitz zum Vorschein, mit feiner Nase, einem vergeistigten

Mund und einem Anhauch von Distinktion und Scharfsinn. Er muß kultiviert und galant gewesen sein, diskret und zartfühlend und nicht ganz ohne Melancholie. Diese sympathische Physiognomie scheint gut zum prunkvollen Dekor des Mezzanins zu passen, den unser Vendramin einst in Auftrag gab und der bis heute seinen Sinn für Qualität beweist. Ich zögere jedoch, ihm einfach ein Gesicht nach meiner Wahl zu geben. Die Schatten sind reizbar und mögen es nicht, daß man sie behelligt. Sicherlich ist es weiser, die Unabhängigkeit unseres Vendramin zu respektieren. Mag er sein Gesicht unter der Maske aus feinem weißen Stoff verbergen, mag er sich in die Falten der Bautta aus schwarzem Satin einhüllen! Sollte er die Absicht haben, auf diese Weise in seinen Palazzo dei Carmini zurückzukehren, soll er uns dort willkommen sein. Seine Anwesenheit wird uns nicht in Erstaunen setzen. Man fühlt sich hier so weit vom Heute entfernt, so nahe der Vergangenheit, in der er lebte, daß ich in keiner Weise überrascht wäre, sähe ich ihn plötzlich auftauchen.

Käme er aber wirklich, wüßte ich dann, woher er kommen wird? Ist die hohe Glastür, die sich dicht vor mir in ihrer polierten Oberfläche zeigt, nicht wie für ihn geschaffen? Er braucht sie nur in ihren schweren Angeln zu drehen: dann wird er aus dem Hintergrund hervortreten. Sein Bild wird sich formen aus tausend Reflexen, die sich kreuzen, die sich in den meergrünen Tiefen verwirren, die in seinem Geheimnis schlafen und erwachen. Aber zwischen uns und unserm Besucher bleibt die gläserne Wand bestehen, er wird sie nicht überschreiten, denn die Gespenster mischen sich ungern unter die Lebenden. Wir hätten Sie gewiß freundlich empfangen, Signor Vendramin! Zu Ihrer Ehre hätten wir eine zweite Flasche Aleatico entkorkt und hätten im Kamin ein riesiges Holzfeuer entfacht, denn es friert einen wohl, wenn man aus dem Reich der Schatten kommt. Sie würden sich in den alten Sessel nahe dem Tuberosenbukett setzen und sich an den Flammen die Füße wärmen. Ihre Maske behielten Sie bestimmt auf, denn die Gespenster haben kein heiteres Aussehen, und Sie wollen gewiß nicht die beiden reizenden jungen Frauen erschrecken, die Ihnen zu Gefallen Kleider aus Ihrer Zeit tragen würden.

Sehen Sie sich die beiden an, Signor Vendramin. Erinnert Sie die große Frau mit dem geschmeidigen Körper und den harmonischen Bewegungen nicht an die Schönheiten, die Sie geliebt haben? In ihrer trägen Grazie ist sie wie geschaffen für das Wiegen der Gondel und das Erschlaffen auf dem Ruhebett. Ihre Hände, so schlank und feingliedrig, scheinen immer unsichtbare Blumen zu pflücken. Betrachten Sie ihr sanftes Gesicht mit den schönen Augen, in denen sich Melancholie mit Schalkhaftigkeit vereint, Esprit mit Verträumtheit. Genau wie Sie kommt auch sie aus dem Reich der Träume und vermischt sie mit dem Leben. Sie versteht es, Worte zu finden, die das Herz unruhig machen und die den Gedanken schmeicheln. Gern glaubt sie den schönen Dingen, die uns über die häßlichen Seiten der Realität hinwegtrösten. Sie glaubt an gute Feen und hat keine Angst vor Geistern. Bosheit erstaunt sie stets, und die Lüge bedeutet ihr eine Mühe, der sie nicht fähig wäre. Sie ist einfach wie das Wasser und das Feuer. Daher hat sie auch ihre Finesse und ihre Anpassungsfähigkeit. Sie ist wunderschön, Signor Vendramin, und sie liebt Ihr Venedig, weil es ihr ähnlich ist mit seinem verführerischen Flair und seiner leuchtenden Traurigkeit.

Hören Sie nur dieses reine perlende Lachen? Schauen Sie nicht zu sehr in die Höhe, denn die Frau, die da lacht, ist ein ganz kleines Persönchen. Doch wie sie diese Winzigkeit kleidet! Sie besteht aus nichts als Lebhaftigkeit und Fixigkeit. Ihre Physiognomie zeigt die gleiche Lebhaftigkeit wie ihre Gesten. Ihre Gefühle trägt sie offen im Gesicht. Ihre Augen können überzeugen, ihre feinen Zähne können zubeißen, und ihre scharfe Zunge ist um keine Antwort verlegen. Sie hat Sinn für das Komische bei Dingen und Menschen, und sie charakterisiert es treffend. Ihre Augen sehen tief. Nehmen Sie sich in acht, Signor Vendramin, auch die Gespenster entgehen nicht ihrem Blick. Eigentlich aber hält sie sich lieber an die Wirklichkeit, denn sie genießt die Freuden des Lebens in vollen Zügen. Ihr Lachen dringt hell durch Ihr altes Gemäuer, das sie mit dem energischen

Auftreten ihrer Füßchen belebt, genauso wie sie schnellen Schrittes Venedig durcheilt; sie verirrt sich nie und weiß immer, wohin sie geht. Ich verstehe gut, daß es Ihnen angenehm wäre, diese zierliche Person mit dem wohlproportionierten, straffen Körper und dem niedlichen Gesichtchen in den Falten Ihres Tabaro zu entführen, aber lassen Sie sie uns bitte da, lieber Herr, und drehen Sie lieber ihrem Ehemann den Hals um, der ständig den Frieden Ihres Mezzanins stört, dieser dicke Brummer, der so gar nicht zu der zierlichen kleinen Mücke paßt...

Nun, Signor Vendramin hat uns nicht die Ehre gegeben, und schon bald müssen wir vom Mezzanin und seinem goldenen Zimmer Abschied nehmen. Nie mehr werde ich auf seinen Fayencen den *Triumph der Juno* und die *Löwenjagd* bewundern, nie mehr in den Ecken seines Plafonds die reizenden Chinesen und ihre Glöckchenschirme betrachten, nie mehr auf dem Mosaikboden die Halbmonde aus Perlmutt. Nie mehr werde ich die dünnen, schrillen Glocken der Kirche dei Carmini läuten hören, nie mehr, wie die Betrunkenen auf der Fondamenta Foscarini sich zanken und wie der Besitzer des Lastkahns frühmorgens die Kette vom Ring löst, niemals mehr das Schweigen der Nacht. Schon im Gehen gilt mein letzter Blick der hohen Glastür, vor der ich so oft geträumt habe, und schließlich werfe ich noch einen Blick auf das alte Gondelgerippe, das schwarz und rissig zerfällt, während auf dem Rio di Santa Margherita *die* Gondel, die uns zum Bahnhof bringt, mit unserm Gepäck beladen wird.

Bedrohtes Venedig

Paris, 1915–1918

Heute ist ein Vollmondabend ähnlich wie damals, als ich zum ersten Male nach Venedig kam und zum ersten Mal auf die Altana des Palazzo Dario hinaufstieg. In Gedanken schreite ich den Zeitraum ab, der mich von vielen schönen Erinnerungen trennt, und in Gedanken bin ich wieder einmal in der geliebten Stadt. Sie ist ganz in Stille und Nacht versunken, ganz in die Einsamkeit des Mondes. Ich gehe durch ihre verlassenen Calli, ich überquere ihre leeren, von dunklen Fassaden umrahmten Campi, ihre Brücken, wo mein Schritt auf keinen andern trifft. Keine Gondel auf den Kanälen, keine Laterne am Traghetto. Kein Licht in den sorgsam verschlossenen Fenstern. Hin und wieder verbreitet eine Glühbirne durch dunkelgefärbtes Glas ein bläuliches Licht. Ich gehe wie im Traum, so wie der Traum eines Schattens durch eine tote Stadt irrt, doch ich weiß sehr genau, wohin ich gehe. Wohl schon hundertmal bin ich diesen Weg gegangen, ich kenne alle Windungen, die Stunden des Lichtes und der Sonne genauso wie den Anblick der Nächte. Hundertmal bin ich in diese Gasse eingebogen, bin ich die Stufen jener Brücken hinaufgestiegen, bin dieser Fondamenta gefolgt. Hundertmal hallte das Geräusch meiner Schritte auf dem Pflaster dieses Campo wider, unter dem Bogen dieses *sotto portico*. Ich kenne den Campiello, auf dem ein Brunnen plätschert. Jetzt brauche ich nur noch die rote Mauer dieses Gartens zu umrunden und in diesen Ramo einzubiegen. Ich bin am Ziel. Ich ziehe die Glockenschnur, die Tür wird sich öffnen, und ich brauche nur noch zu sagen: »Ich bin's« . . .

Die Tür hat sich in der Tat geöffnet, obgleich die Glocke nur verstohlen durch die Stille gedrungen ist, denn alles ist Stille in diesem neuen Venedig. Leise mache ich Carlo ein Zeichen, daß er mich nicht zu begleiten braucht. Kenne ich meinen Palazzo Dario nicht bis in den letzten Winkel? Ich würde mich darin mit geschlossenen Augen zurechtfinden. Mein Fuß findet von selbst die Stufen der Treppe. Behutsam steige ich hinauf. Auf jedem Stockwerk bleibe ich stehen. Im letzten stoße ich die kleine Tür auf und klettere noch weiter die steilen rauhen Holzstufen, die vor mir liegen, hinauf. Plötzlich schlägt mir frische Luft ins Gesicht, und ich bin im vollen Mondlicht. Das glänzende Gestirn steht genau über der Altana, so wie an jenem fernen Abend, an dem ich zum ersten Mal ihre luftige Plattform erklommen hatte. Heute abend bin ich hier jedoch nicht allein. Irgend jemand ist mir zuvorgekommen. Ich sehe einen Mann, der sich auf das Holzgeländer stützt. Er kehrt mir den Rücken zu. Unbeweglich steht er da, den Kopf zum Himmel erhoben. Was um alles in der Welt betrachtet er so aufmerksam? Der Himmel ist klar, nicht eine Wolke. Die benachbarte Kuppel der Salute bläht sich in ihrer silbrigen Rundung auf, und die Marmorvoluten, die sie tragen, sind so weiß wie Meersalz. Wonach hält er Ausschau, der schweigsame Wächter? Worauf wartet er hier oben auf der Altana?

Plötzlich hat sich der Mann bewegt. Ist es ein Signal, ein Zuruf? Ist es diese Bewegung, die die Stille zerrissen hat, wenn die schlafende Stadt sich in ihr leuchtendes Leichentuch einhüllt, ist es diese Bewegung, die das Lärmgewitter entfesselt hat, das urplötzlich über ihrer transparenten Mondscheinruhe anschwillt? Ist dieses ferne Grollen, das die Luft erfüllt, das bronzene Gebrüll des Löwen von San Marco? Warnt seine legendäre Kehle das kriegerische Venedig, daß Gefahr im Verzug ist? Warnt sie das bedrohte Venedig, das sich unter einem Raketenschweif sträubt, das von dröhnenden Stimmen, ernst und tief die einen, schrill und scharf die anderen, schwirrt? Am Horizont kreuzen sich feurige Linien. Mit einem Mal stürzt sich Venedig in ein fürchterliches Fest. Das Schreckenskonzert beginnt. Vom Lido, von den Inseln, von allen Punkten der Lagune aus beginnt das Sperrfeuer gegen den unsichtbaren Feind, der näher kommt, der, geflügelt und finster, um seine herrliche und heißbegehrte Beute herumschleicht, die er mit seinem unheilvollen Flug in seine Gewalt bringen will. Von weither gekommen, hat er die Mondnacht genützt, doch sind ihm auch die dunklen Nächte recht, um trotz der Scheinwerfer, die ihn mit ihren langen Lichtkegeln am Himmel aufspüren, sein barbarisches Werk zu tun. Nur ein glücklicher Umstand, eine günstige Gelegenheit, ein einziger Augenblick genügen ihm, um seine heimliche todbringende Tat auszuführen! Ein Fingerdruck läßt die schwere Bombe ausklinken, die, wenn sie das Ziel berührt, ihre mörderischen Splitter verstreut. Nur ein Augenblick, und die grausame, blinde Luftmine hat ein Stück Altertum zerstört, ein unersetzliches Wunder zertrümmert, eine Statue zerbrochen, eine Skulptur zu Staub werden lassen, hat ihr törichtes Zerstörungswerk vollendet! Mauern werden einfallen, Steine zerbersten, Gewölbe einstürzen, alles wird in Schutt und Trümmern versinken. Blut wird in das Wasser der Rii fließen und über das Pflaster der Campi rinnen. Es wird Verletzte und Tote geben. Und der Bote der Ruinen und der Trauer wird durch den klaren oder den dunklen Himmel in seinen Horst zurückfliegen und seine verbrecherische Tat melden. Aber was soll das alles, haben wir nicht Krieg? Warum sollte der große Hafen an der Adria dem allgemeinen Schicksal entgehen?

Der Krieg! Wie oft in den letzten Jahren habe ich den gleichen Wachtraum geträumt! Wie oft sind meine Gedanken zu dem bedrohten Venedig gegangen und haben auf die Stunde gewartet, in der es endlich das gerettete Venedig wäre! Wie oft habe ich mir das Leben der belagerten Schönen beschreiben lassen! Ich sah sie, wie ihre Besucher sie mir darstellten, ich sah sie, wie sie nach den Nächten bangen Wartens oder nach einem Luftangriff resigniert und stoisch ihr verändertes und eingeschränktes Leben wiederaufnahm. Ich sah sie, voller Uniformierter und als Zentrum der Verteidigung zu Land und zu Wasser, Hoffnungen und Ängste erleben. Man spürte, wie die Katastrophe näherkam, wenn die Kanonen von der Piavefront her grollten, wenn der Sieg mit zerbrochenen Flügeln zu fliehen schien und die Niederlage ihr verzweifeltes Gesicht zeigte. Ich sah die illustre

Stadt ihre Wunden pflegen. Ich stellte mir ihre kostbarsten Monumente vor, wie sie mit Sandsäcken und mit Schutzwällen aus Beton geschützt wurden. Wie viele unersetzliche Ziele bot sie trotz dieser Vorkehrungen! Und dann gelangte eines Tages die Nachricht von dem Desaster bis zu uns! Das erste Mal war das schöne Fresko des Tiepolo in der Kirche dei Scalzi zerstört worden, ein anderes Mal erfuhren wir, daß eine Bombe das Gewölbe von Santa Maria Formosa getroffen hatte. Wenn die Nachbarschaft des Bahnhofs und des Arsenals diese beiden Angriffe noch erklären konnte, was hatte dann das österreichische Flugzeug im Visier, das auf den Markusplatz stürzte? Die Schönheit Venedigs an sich war eine Zielscheibe.

Man hatte alles, was man von seinem angestammten Platz entfernen konnte, in Sicherheit gebracht. Der geflügelte Löwe hatte die Spitze der Porphyrsäule verlassen, auch die Bronze-Quadriga, diese Erbschaft von Rom und Byzanz. Die Kunstwerke aus den Museen waren an einen sicheren Ort verlagert worden. Aus ihrem Rahmen entfernt und aufgerollt, hatten die berühmten Gemälde, der Ruhm der Venezianischen Schule, den Weg ins Exil genommen. Man hat mir erzählt, auf welche Weise die *Himmelfahrt Mariä* von Tizian weggeschafft wurde. Weil es nicht gelang, die Leinwand aus dem Rahmen herauszunehmen, ohne sie zu beschädigen, hatte man sie aufrecht auf eine große Barke verladen, die sie auf dem Wasserweg nach Padua transportieren sollte. So geschah es also: das verehrungswürdige Meisterstück überquerte die Lagune und fuhr die Brenta hinauf, während die Anrainer an den Ufern zusammenliefen, auf die Knie fielen, sich bekreuzigend das berühmte Bild grüßten und für seine Rückkehr beteten.

Eigentlich hätte man ganz Venedig abtransportieren müssen, weit weg von den Gefahren, die ihm drohten. Was konnte das Morgen bringen, welches Schicksal erwartete es? Würde es von neuem die österreichischen Säbel über die Steinplatten des Markusplatzes schleifen hören? Angesichts dieses Schicksals zwar geängstigt, aber trotzdem ruhig, setzte es sein Leben fort. Diejenigen von uns, die es besuchten, konnten das bezeugen. Ich höre noch meinen Freund Jean-Louis Vaudoyer, wie er seine Kriegserlebnisse beschreibt. Er war mit seiner Batterie zuerst nach Brescia geschickt, dann nach Vicenza verlegt worden, wo seine Geschütze zwischen der Villa Valmarana und der Rotonda in Stellung gingen. Mehr als einmal war er nach Venedig gekommen, er hatte im Vapore diniert, er war auch im Café Florian, er hatte sogar »unter dem Chinesen« gesessen. Ich wurde nicht müde, ihn auszufragen. Auch beim Palazzo Dario hatte er vorbeigeschaut.

Es gab noch ein weiteres venezianisches Haus, zu dem meine Gedanken oft gingen, die Casetta Rossa, wo der Prinz Hohenlohe wohnte. Ich wußte, daß er Venedig verlassen hatte, als Italien in den Krieg eingetreten war, doch da er im Herzen Venezianer war, hatte er sich nicht entschließen können, nach Österreich zurückzukehren und sich in der Schweiz, in Lugano, niedergelassen. Die Casetta Rossa hatte er Gabriele d'Annunzio überlassen. Der Dichter, der zu einem der italienischen Fliegerhelden geworden war, wohnte allerdings nur dort, um zwischen zwei waghalsigen Feindflügen Atem zu holen. Schnell bezog er immer wieder eine Kommandostelle am Lido und startete von dort zu seinen Flügen und zu seinen Abenteuern. Zuweilen flog er bis nach Wien, dann wieder, als ob die Gefahren der Luft ihm nicht genügten, versuchte er sein Glück zu Wasser. Eine schreckliche Jugend befeuerte ihn, und er, der schon allen Ruhm kannte, schritt freudig auf den Tod zu.

Und beinahe hätte er ihn auf einem seiner Flüge auch gefunden. Er wurde unter den Trümmern seiner abgeschossenen Maschine begraben, eine schwere Verwundung hatte ihn dann monatelang an die Casetta Rossa gefesselt. Er war blind und kaum bei Bewußtsein. Mit welcher Angst empfingen wir Freunde in diesen Wochen des Leidens und der Finsternis Neuigkeiten von ihm! Es zerriß uns das Herz, wenn wir hörten, welch schmerzliche Prüfung er zu bestehen hatte. Dann erfuhren wir Näheres über seine Genesung und seine geradezu heroische Findigkeit: von den langen Papierstreifen, nach denen er im Dunkeln tastete und sie mit den pathetischen Gesängen seines Schmerzes und seiner Nacht beschrieb. Immer wieder lasen wir die herrlichen flammenden Strophen der großen Ode, die er zu Beginn unseres Krieges geschrieben hatte. Er hatte das kostbare Manuskript den Händen der Freunde anvertraut, die rote und schwarze Tinte gaben ihm das Aussehen von Trauer und Blut. Dann war er in »seinen Krieg« gezogen, und seine Stimme war über die Berge vom Urgrund der Geschichte zu uns gedrungen, mit der Eloquenz seiner großherzigen Aufrufe und seiner unwiderstehlichen Reden.

Wie oft, Gabriele d'Annunzio, habe ich im Laufe dieser Jahre an unsere verflossenen Begegnungen gedacht! Wie oft habe ich darüber nachgedacht, was ich von diesem erstaunlichen Menschen wußte, seit dem Tage, als ich ihn von der Altana des Palazzo Dario aus flüchtig sah, wie er die inzwischen historische Casetta Rossa verließ, dieselbe Casa, wo er später zwischen zwei halsbrecherischen Flügen Ruhe fand, Musik hörte und Verse rezitierte! Zwar war er bereits eine legendäre Gestalt, doch hatte ihm nun der Krieg seine Züge aufgeprägt: Der Sohn des Apoll war auch der Sohn des Mars geworden.

Der Dichter in ihm hatte sich zum Soldaten vollendet. Seine Musen hatten Bellona* die Hand gereicht, und er glich nun den großen italienischen Abenteurern des Quattrocento, die ebenso gewandt Sonette reimten, wie sie mit dem Schwert umgingen. Ich erinnerte mich, daß er schon vor seiner heroischen Wandlung feinnervig und mit einem sicheren Instinkt begabt war und überhaupt alle Inspiration und alle Finessen des Genies besaß. Ich hatte Hemmungen, mich ihm während seines Aufenthaltes in Paris, als sein Drama *La Città Morta (Die tote Stadt)* uraufgeführt wurde, zu nähern. Ich schreckte etwas vor seinem tönenden Ruhm zurück. Ich hatte unrecht, denn später merkte ich, daß dieser große Dichter der liebenswürdigste aller Freunde war. Davon konnte ich mich überzeugen, als der Prinz Hohenlohe uns bei einer Tee-Einladung in Venedig einander vorstellte.

Wir trafen uns dann mehrfach in Paris wieder, doch erst in

* Antike Kriegsgöttin. (Anm. d. Ü.)

der Zeit seines freiwilligen Exils, als er sich in Moulleau, nahe Arcachon, niedergelassen hatte, wurden unsere Beziehungen vertraulicher. Gabriele d'Annunzio, zeitweise seiner Heimat entfremdet, hatte sich dieses Fleckchen Erde, das halb zu den Landes, halb zur Gironde gehörte, ausgesucht, um dort seine Zelte im blonden Sand zwischen den duftenden Kiefern aufzuschlagen: Das Zelt war die sehr angenehme Villa Saint-Dominique, aus der er eine für ihn typische Wohnstatt machte. Geschmückt mit schönen Photographien und edlen Abgüssen, mit Geschmack, Komfort und Raffinement möbliert, war sie ein Ort der Zurückgezogenheit, des Träumens und der Arbeit. Die Halle war mit einer Reihe dreizackiger Harpunen dekoriert, wie sie die Fischer von La Teste de Buch* benützen, um den verblutenden Thunfischen den Todesstoß zu versetzen. Neben der Villa war der Hundezwinger der Windhunde mit den schönen Namen und den geschmeidigen Körpern zu sehen, und im Garten, der bis an den Strand hinunterging, konnte der Dichter an einem hohen Mast die Nationalfahne mit dem savoyischen Wappen über seinem Exil hissen.

Diese Enklave Saint-Dominique war das Fürstentum eines Prinzen des Wortes und des Geistes, eines Souveräns der Worte, der Bilder und der Rhythmen. Man wurde mit aller Zuvorkommenheit empfangen, die die Freundschaft zu geben vermag. Ich habe wenige Menschen gekannt, die so darauf bedacht waren, einem Freude zu bereiten wie Gabriele d'Annunzio; besonders wenn seine Courtoisie darauf abzielte, ein schönes und sympathisches Frauengesicht zum Lächeln zu bringen. Dann hatte er die entzückendsten und unerwartetsten Geschenke zur Hand: Bonbons, Naschwerk aller Art, vom Dichter selbst destillierte Duftwässer, ausgesuchte Blumen, Briefbotschaften, die in hohem und galanten Stil mit der wundervollen Handschrift des Meisters auf große Papierbögen, die sein Wahlspruch unter einem Lorbeerzweig zierte, geschrieben waren. Solche Botschaften wurden von einem erstaunlichen Diener zu Pferde, mit

* Fischerort bei Arcachon. (Anm. d. Ü.)

romantischer Brigantenmiene, gezwirbeltem Schnurrbart, die Feder am Hut und die Reitpeitsche in der Hand, überbracht, dem Gabriele d'Annunzio den geheimnisvollen Namen »Der Pisaner« gegeben hatte.

Solche Erinnerungen sind mir immer wieder gekommen, wenn ich angstvoll an das Schicksal Venedigs dachte. Würde es dem tragischen Los entrinnen, von dem es bedroht war? Welches seiner Wunderwerke würde morgen dem Zerstörungswerk der verrückten Bombe anheimfallen? Würde der Krieg Venedig als Ruinenstadt zurücklassen? Welcher Palast, welche Kirche würde morgen ein Trümmerhaufen aus geborstenem Marmor und Steinschutt sein? Vielleicht der Dario? Oder die reizende Barockkirche Santa Maria del Giglio, bekannter unter dem Namen Santa Maria Zobenigo, an der wir so viele Male vorbeikamen, wenn wir aus dem Traghetto San Gregorio stiegen? Gegründet von der Familie Zobenigo, hatten die Barbaros sie im 18. Jahrhundert wiederaufgebaut. Aus dieser Zeit stammt ihre Fassade in einem guten und interessanten Barockstil. Die Statuen der bedeutendsten Mitglieder der Familia Barbaro stehen in den Nischen zwischen den Eingangssäulen. Auf den Reliefs sind Seeschlachten dargestellt, auf denen Menschen verewigt wurden, deren kluges und beherztes Verhalten wir nur bewundern können. Zur Komplettierung dieses kriegerischen und bürgerlichen Dekors hatte der Architekt auf dem Marmor der Grundmauern die Stadtpläne zahlreicher Städte eingravieren lassen, deren Namen die Ausdehnung der alten venezianischen Macht verkünden.

Manches Mal bin ich vor diesen so stolzen wie naiven Plänen gestanden, die in Augenhöhe liegen und die man mit der Hand berühren kann. Vielleicht sind diese Kartographien eher pittoresk-ornamental als dokumentarisch genau, doch sie erregen Aufmerksamkeit und sie erfreuen. Man sieht die Form der Stadtmauern und der Festungsanlagen, die Anordnung der Wehrtürme und der Bastionen wie aus der Vogelschau, wenn auch etwas schematisch und ungenau. Kartuschen tragen den eingeritzten Namen der Stadt. Deshalb wissen wir genau, ob wir vor Zara oder Spalato, vor Korfu, vor Chania oder vor Famagusta stehen, und es braucht nur diesen Anstoß, daß wir uns die Zeit vorstellen, wo Venedig, die Königin der Meere, ihren geflügelten Löwen seine Tatzen im Triumphflug in den Sand ferner Ufer eingraben ließ.

Wie ich so den Namen Famagusta vor Augen habe, der in den Marmor von Santa Maria Zobenigo eingraviert ist, gehen meine Gedanken nach Zypern hinüber, wo Gabriele d'Annunzio den Schauplatz für sein schönes Drama *La Pisanella (Pisanelle oder Der duftende Tod)* angesiedelt hat, in das ehemals venezianische Zypern, das Venedig sich erst nach der heroischen und denkwürdigen Belagerung Famagustas, als Marc-Antonio Bragadin, der Prokurator von San Marco, den Türken des Sultan Selim unterlag, entreißen ließ. Bragadin wurde bei lebendigem Leibe die Haut abgezogen und diente der Grausamkeit der Sieger als blutige Standarte; sein leeres Grab befindet sich unter den Dogengrabstätten in der Kirche San Giovanni e Paolo. Ich erinnerte mich, daß ich in Famagusta die Ruinen seines Palastes besichtigt hatte. Ein paar Mauerreste und einige noch stehende Säulen vermitteln einem noch einen ungefähren Eindruck davon. Im Innenhof gibt es ein Gärtchen, wo dicke Kanonenkugeln zu Pyramiden getürmt sind, die noch von der berühmten Belagerung von 1571 stammen, die die große zypriotische Stadt nicht überstand. Sie ist heute ein verlassenes Nest mit einer Festungsanlage, die sie mit einer strengen Mauerkrone umzingelt.

Vor ein paar Jahren war ich während einer Kreuzfahrt im Mittelmehr bis dahin vorgedrungen. Es war ein brütend heißer Tag. Als wir uns ausschifften, spürte man schon auf dem Kai durch die Schuhsohlen hindurch die Hitze des Pflasters. In der hohen massigen Mauer öffnete ein Ausfalltor seine schiefe Wölbung. Der in einen Marmorblock gemeißelte Löwe von Venedig schien den Eingang in die tote Stadt zu bewachen. Bewegte er nicht über unsern Stirnen seine starren Flügel? Ein wenig hätte der wohlige Luftzug gewiß die Backofenluft gekühlt, die uns umgab und in der wir uns in drangvoller Enge vorwärts bewegten.

Wir durchstreiften das verlassene Famagusta. Ein Pfefferstrauch zeichnete seinen spärlichen Schatten auf den Boden, hier und da reckte eine Palme ihre trockenen Wedel in den Himmel. Alles war Einsamkeit und Trostlosigkeit, Stille und Trockenheit. In dieser Abgeschiedenheit erhob die uralte Kathedrale Sankt Nicolas ihr gotisches Kirchenschiff, ihr majestätisches Portal, ihre gedrungenen Türme. Sie allein zeugte noch von der einst ruhmreichen Vergangenheit. Der Glaube und der Mut ihrer Verteidiger hatten sie nicht vor der muselmanischen Eroberung schützen können, und ihr schweigender Protest verstärkte noch das melancholische Gesicht dieser nutzlosen Festung, die sie mit ihren massigen Bastionen, ihrem dreifachen Graben umgab und deren ganze Kriegsmaschinerie gegenüber dem wütenden Ansturm der Soldaten des Halbmondes machtlos gewesen war.

Es war dieser Eindruck von Zerstörung und Niederlage, den ich von meinem Besuch in Famagusta mitnahm, als ich wieder an Bord des Schiffes ging. Es lag ganz allein vor Anker in dem Hafen, wo sich einst die fränkischen Koggen, die genuesischen Barken und die roten Galeeren von Venedig drängten. Langsam versank die Sonne in herrlichem Purpur. Wasser, Steine und Luft waren von ihrem Glanz getönt. Über der ausgezackten Linie der hohen Mauer, die dem Meer folgte, erschienen Türme und Chor von Sankt Nicolas wie in einer Auferstehungsglorie. Die Wipfel der Palmen spiegelten einem unsichtbare Gärten vor. Man hätte meinen können, hinter der Mauer verborgen, schare die alte Stadt ihre Paläste und Häuser und das Gewirr ihrer Straßen um sich und hätte ihr buntes Leben wieder aufgenommen. Was wir dort gesehen hatten, war nur ein böser Zauber, wir waren zum Spielball einer unheilvollen Illusion geworden. Famagusta war nicht tot. Es lebte noch wie zu den Zeiten der Ritter und der frühen Christenheit, es war dabei, aus der heißen Asche, unter der es der Magier unsern Blicken entzogen hatte, wie ein herrlicher Phönix wieder aufzusteigen. Sahen wir nicht gerade durch das Ausfalltor in der Mauer den Prunkzug des Prokurators von Venedig aufziehen?

Nein, die hohen Mauern, die Famagusta bewachen, umgürten nur eine tote Stadt, die halsstarrig in ihrer Leere verharrt. Famagusta hat sich geweigert, wiederzuerstehen, und das macht aus ihr einen in seiner trostlosen Größe einzigartigen Ort. Vergebens ist der Hafen ausgebaggert worden, vergeblich wurden die Hafenkais verbreitert, vergeblich die Mauern durchbrochen, vergeblich verbindet sie eine Bahnlinie mit der Inselstadt Nikosia. In Famagusta hat sich nichts gerührt. Ein paar Häuser beschützen die wenigen Bewohner. Wenige Touristen kommen zu Besuch. Jenen, die sich von den Städten der frühen Christenheit, den Bollwerken des Kreuzes gegen den Halbmond, ein Bild machen wollen, genügen Malta und Rhodos, die viel besser zugänglich und weniger entfernt sind. Beide sind gewiß pittoresk, die eine mit ihren »Herbergen« und Bastionen, die andere mit ihrer Straße der Ritterschaft, deren Fassaden sich mit heraldischen Wappen schmücken und wo abends waffenstarrende Gespenster umgehen sollen. Doch Famagusta ist beredter, auch in seiner Einsamkeit und in seinem Schweigen, und es hat auch seine berühmten Schattengestalten. Ging nicht einst in seinem heute verwaisten Hafen die Galeere vor Anker, die den Mohren nach Zypern brachte, dem die Republik von Venedig das Schicksal ihrer Waffen anvertraute? War es nicht auf dieser gleichen Mole, wo die Piratenflotte die geheimnisvolle Pisanella des Gabriele d'Annunzio aussetzte, wo die blonde Desdemona auf das Kommen des dunklen Othello wartete? Tot und lebendig hat Famagusta die Dichter inspiriert. Und die haben Edelsteine in ihre Asche gemischt und in ihre kriegerische Krone aus Stein ein doppeltes Blatt des Lorbeers hineingeflochten.

Während ich mich meinen Träumen hingab, hat diese mehrmals eine Stimme unterbrochen, eine Stimme wie ein Stöhnen und ein Schrei. Über dem schlafenden Paris erhob sie sich in der nächtlichen Stille, urplötzlich und wachsam. Sie erfüllte die Luft mit ihrem Heulen, erst tief und ernst, dann sich schrill und durchdringend steigernd, bevor sie erstarb, um wieder mit ihren finsteren Modulationen zu beginnen. Es war eine Warnung und ein Signal. Dem Appell der ersten Sirene antworteten alsbald andere Stimmen, während die Scheinwerfer den gefährlichen Himmel abtasteten, wo Motoren brummten und die Fliegerabwehrkanonen dem unsichtbaren Feind den Weg versperrten. Ein Grollen von Eisen und Feuer umhüllte Paris, in das sich bisweilen das Krachen der Bomben und Luftminen mischte, die die »Gothas« auf die Stadt regnen ließen. Da vereinte sich in meinen Gedanken das bedrohte Venedig mit Paris, über dem nun die gleiche Drohung schwebte, und ich zitterte angstvoll bei dem Gedanken, daß eine sinnlose Bombe die Kolonnaden des Louvre zerschlagen oder die Fassade des Dogenpalastes treffen könnte, die jahrhundertealten Gewölbe von Notre-Dame durchlöchern oder die antike Kuppel von San Marco eindrücken könnte, daß sie eine dieser Schönheiten, die, mit einem Wort von Keats, »eine Freude für immer« sind, zerstören könnte. Dann ging der Fliegeralarm zu Ende, am Himmel begannen die Glocken zu läuten. Ich hörte sie fern, frisch, kristallin. Ich hörte ihre hoffnungsvollen Stimmen, die eines Tages von allen Kirchtürmen Frankreichs und von allen Campanile Italiens das Ostern des Friedens und das Weihnachten des Sieges einläuten mögen.

Die Paläste und die Gärten

Paris, 1920

Kürzlich habe ich einen ganzen Tag in Versailles verbracht. Es war ein Oktobertag im vollen Glanz seiner herbstlichen Schönheit, denn der Herbst ist wahrhaft die königliche Jahreszeit in dieser Stadt des Wassers und der Bäume. Wohl hat auch der Frühling seine sanften Wonnen und seinen Liebreiz, die die üppige Pracht des Sommers vorbereiten; der Winter, in seiner Nacktheit, rückt die Harmonie dieses Ortes besser ins Licht, dessen Ausgewogenheit auf wiederholender und kalkulierter Übereinstimmung basiert, aber erst der Herbst entfaltet hier seinen stolzen Glanz, seine grenzenlose Melancholie. Es ist die Jahreszeit der leichtverhangenen oder von einer sanften Sonne erwärmten Nachmittage, wo die Sonnenuntergänge ihr ganzes Feuer entzünden und dann zu Lichtasche verblassen. Es ist die Jahreszeit, da der Geruch der schlafenden Gewässer sich mit dem der fallenden Blätter mischt und, während sie einander berühren, ein berauschendes Parfum von Abschied und Einsamkeit entsteht, wo die Schritte in den blumenübersäten Alleen unter den vergoldeten Schattengewölben, die sich zu Aussichten und weiten Durchblicken erweitern, geheimnisvoll klingen. Es ist die Jahreszeit, da die schlafenden Wasser in ihren Brunneneinfassungen aus Porphyr ausruhen, da die Statuen lebendig werden und sich in der Dämmerung in Gesichter aus Marmor und Bronze verwandeln, da die Götter göttlicher werden und die Göttinnen menschlicher, da die Sphinxe leise mit den nackten Kindern reden, die auf ihnen reiten, da die Fontänen ihre feuchten Geheimnisse kecker hervormurmeln und aus den Brunnenbecken in das Schweigen zurückfallen, da die Rondelle uns über die Ausgänge in Ungewißheit lassen und die Boskette viele Geheimnisse einschließen. Es ist die Jahreszeit der Gärten, da die Beete sich mit ihren letzten Blumen schmücken und der ewige Gram von Buchsbaum und Taxuspyramiden den vergänglichen Duft der zarten Blütenkelche überlebt. Das ist die Jahreszeit von Versailles …

Wieder einmal war ich hergekommen, um dieses Fest für die Augen zu erleben. Es beginnt mit der ersten Verfärbung des Laubes, erreicht seinen Höhepunkt, wenn das Gold einen rauschenden Pflanzendekor aus ihm macht, und vergeht endlich, wenn sich in seiner schrumpfenden Fülle die ersten kahlen Stellen zeigen. Wenn auch eine gewisse Schwermut davon ausgeht, hat doch das Spektakel dieses Vergehens seinen Charme. Versailles bedeutet denen mehr, die von ihm keine außergewöhnlichen Reize erwarten und sich mit seiner alltäglichen Schönheit begnügen. Ich liebe es besonders im späten Herbst, wenn man im kaum belebten Park nicht mehr auf Spaziergänger trifft. Es ist die Zeit, da die Orangenbäume ihr Winterquartier unter den Terrassen beziehen. Die verstreute Herde wird eingesammelt. Man begegnet ihnen, wenn sie in ihren dickwandigen Trögen in langsamen Radumdrehungen ihr Winterquartier erreichen. Doch der endgültige Termin ihrer Wanderung ist noch nicht gekommen, wenn der Park in voller Herbstfärbung steht. So ist es auch heute, an diesem Oktobertag. Nachdem ich in Eile den einen oder anderen Lieblingssaal des Palais besucht habe, bin ich zu den Wasserspielen hinausgetreten und habe auf verschlungenen Wegen den Apollo-Brunnen erreicht. Von da aus wandte ich mich zu den Trianons und hielt an, als ich an der ländlichen Idylle vorüberschritt, die man Klein-Venedig nennt.

Klein-Venedig! Ich sagte es mir wie eine Zauberformel vor und hatte eine seltsame Empfindung. Eine unwiderstehliche Stimme zog mich weit fort von dem Ort, wo ich mich befand. Die ganze Schönheit, die mich hier umgab, war mit einem Mal verschwunden. Klein-Venedig, der Canal Grande! Das war Venedig, wie es leibt und lebt, das sich da meinem Wünschen und Sehnen aufdrängte. Warum war ich an diesem Oktobertag hier, anstatt dort zu sein, in jener anderen Stadt am Wasser, die mir so manchen Herbst verzaubert hatte? Sofort ergriff mich die unwiderstehliche Lust, wieder des Zaubers teilhaftig zu werden, den die Umstände mir versagt hatten. Ganz Versailles mit all seiner Nobelarchitektur, seinen Perspektiven, seinen Gärten hätte ich freudig und undankbar gegen einen jener venezianischen Gärten eingetauscht, die zu beiden Seiten eines Palazzo mit ihrer roten Mauer die Rabatten umschließen, wo die weiße Tuberose und der scharlachrote Salbei blühen, wo aus dem lehmigen Boden die Zypresse wächst, deren spitze Silhouette den gleichen Schatten wirft wie der Zeiger auf dem Zifferblatt der Sonnenuhr; denn Venedig bekommt ja von der sparsamen Lagune nur wenig Erdreich zugeteilt, um hier und da ein kleines Plätzchen mit Bäumen und Blumen zu bepflanzen. So erschienen also plötzlich in meinen Gedanken die fernen venezianischen Gärten, und ich sandte ihnen einen zärtlichen und traurigen Gruß zu.

Der erste venezianische Garten, den ich betrat, war der des Palazzo Dario. Vom ersten Morgen meiner Ankunft an betrachtete ich ihn von der Loggia meines Zimmers aus, wie er dalag, quadratisch, inmitten seiner roten Ziegelmauer, mit seinen Gartenwegen und seinen symmetrischen Rabatten. Bald wurde er mir vertraut, und ich machte darin den dicken Töchtern der Pomona den Hof, die auf wurmstichigen Holzpodesten ihre üppigen Busen emporreckten und mit ihren kräftigen Armen die Weinspaliere stützten. Sie hatten einen robusten Sexappeal; die Sonne erwärmte ihre prallen Brüste und ihre fülligen Leiber. Gerne war ich ihnen nahe und ging über den weichen, etwas schwammigen Boden der Alleen. Dann aber rief wieder Venedig, und ich verließ meine hölzernen Freundinnen um der tausend Kuriositäten willen, die mich dort anzogen. Darunter war auch ein großes Tor, das von dem geheimen Grün eines Gartens überwuchert war. Ich stellte ihn mir von Bosketten durchzogen, mit Statuen geschmückt, vor. Damals konnte ich kaum ahnen, daß ich eines Tages den Schlüssel zu ihm hätte, daß ich eines Tages in dem bizarren Palazzo Venier wohnen würde, zu dem der Garten gehörte.

Zu dieser Zeit verbarg der Palazzo Venier seinen patrizischen Namen unter der bürgerlichen Bezeichnung Casa Barbier. Er war zu einer Familienpension geworden, wie es viele in Venedig gibt. Diese war vornehmlich von Franzosen bewohnt, und gerade war Jean Lorrain* dort zu Gast. Als er erfuhr, daß ich in der Nachbarschaft wohnte, denn in Venedig erfährt man alles, hatte er mich gebeten, ihn zu besuchen. Ich traf ihn, wie er im Garten der Casa spazierenging. Ich war Lorrain in Freundschaft verbunden. Er war älter als ich und hatte sich meinen schriftstellerischen Anfängen mit Sympathie und überaus großmütig zugewandt. Er selbst war ein talentierter Schreiber und Satiriker, der mit seiner scharfen Beobachtungsgabe die Wirklichkeit auf seltsame Weise deformierte und damit komische und tragische Effekte singulärster Art erreichte. Er besaß eine beunruhigende und oft ungereimte Phantasie. Er war groß und korpulent, hatte ein vierschrötiges Gesicht, vorstehende Augen und kleidete sich gern in knallige Stoffe mit exzentrischen Krawatten als Blickfang. Er trug pittoreske Filzhüte und schmückte sich mit auffälligen Ringen. So herausgeputzt lief er herum, rührig, beweglich, füllig, geschwätzig, ausgelassen, so naiv wie gerissen, mit Händen und Füßen redend; dabei war er ein geistvoller Erzähler barocker Histörchen, beißend und ätzend, verleumderisch, ungerecht, übertrieben in seinem Haß, und verbarg unter soviel Bissigkeit und Medisance eine wahre Herzensbildung. Desgleichen steckte hinter seinem Getue des mondänen Journalisten eine ernsthafte Liebe zu allem Schönen und Respekt vor der Poesie. Wir plauderten miteinander. Venedig entzückte ihn. Er fand, man atme hier morbide Luft. Er sah hier den Ort, wo sich alle Laster dieser Welt ein Stelldichein geben, das Theater aller Dekadenz und Verderbtheit, Venedig als die Giftmischerin, die ihre Gifte destilliert. Als echter Geschichtenerzähler stand er auf gutem Fuß mit seinen Chimären, und während er auf mich einredete, zeigte er mit der Stockspitze auf die ehrenwerte Casa Barbier und behauptete,

* frz. Schriftsteller (1855–1906). (Anm. d. Verl.)

Geister und Gespenster gingen dort um. Viel später, als ich in der wieder zum Palazzo Venier gewordenen Casa Barbier wohnte, hatte ich Gelegenheit, selber auszuprobieren, was an dieser Hexerei Wahres war; der einzige Geist, der jemals meine Ruhe störte, war die Hausratte, der Taupo, der gelegentlich durch eine Ritze in der Holzverkleidung seine langen Barthaare und seinen Ringelschwanz sehen ließ.

Es stimmt, daß der alte Venier-Palast nicht immer ein Ort der Ruhe und des Friedens gewesen ist. Nach dem Tode von Madame de la Baume wurde er von einer Marquise V. gemietet, deren Schönheit etwas Gespenstisches an sich hatte. Sehr groß, sehr mager, sehr blaß, gab die schöne Italienerin mit den Allüren eines Modells von Rops und dem makabren Aussehen einer eleganten Menschenfresserin hier öfter Kostümfeste, auf denen man einen golden angemalten nackten Pianisten sehen konnte und wo junge Leoparden vorgeführt wurden, die vorsichtigerweise eine Morphiumspritze erhalten hatten, bevor man sie auf die Gesellschaft losließ...

Ich war auf keinem dieser Feste, denn sie fanden immer während der »Saison« statt, wenn der Strom der Touristen einsetzte und der Lido von Badegästen überfüllt war. Eigentlich habe ich diese venezianische »Saison« sogar gemieden. Venedig genügt mir, und ich laufe keinem anderen Vergnügen nach als ihm selbst. Doch schätze ich durchaus den Vorteil, daß man hier jederzeit angenehme und sympathische Bekanntschaften macht. Ich erinnere mich, daß ich an einem Essen teilnahm, das der Conte Primoli im Vapore für Monsieur und Madame Raymond Poincaré* gab. Dann machte ich einmal mit der Komtesse Behague einen sehr netten Ausflug in die Lagune, auch der große Maler Sargent** war mit von der Partie, und lebhaft erinnere ich mich auch daran, daß ich in dem schönen Dekor des

* Raymond Poincaré (1860–1934), frz. Staatsmann. (Anm. d. Verl.)
** John Singer Sargent (1856–1925), am. Porträtist. (Anm. d. Verl.)

Markusplatzes mit der Komtesse de Noailles* geplaudert habe, die von Venedig »betörende Impressionen« erwartete. Doch waren es nicht die gesellschaftlichen Ereignisse, die ich mir von Venedig erhoffte. Die Gesichter, die ich sehen wollte, waren die marmornen Gesichter seiner Paläste. Denn sie bilden vor unserm geistigen Auge die Gestalt Venedigs, und ich liebte es, in der Stille der Gärten, die dem Träumenden geheimnisvolle Schlupfwinkel bieten, über seine Züge zu meditieren.

Ich kannte durchaus nicht alle venezianischen Gärten. Diskret verbergen sie sich hinter schützenden Mauern, die von außen nichts als einen Baumwipfel oder die Spitze einer Zypresse sehen lassen. Ihre grüne Idylle hat das gewisse Etwas an sich und ist viel rarer und unerwarteter als anderswo. Manche verstecken sich hinterhältig, und man muß sie abseits und auf Umwegen aufspüren, in den entferntesten Quartieren dieser verzwickten Stadt. Es gibt unter diesen unerwarteten Gärten einen, an den ich mich immer noch erinnere, obwohl ich ihn nur im Vorbeigehen sah. Ich streifte durch eine einsame Gasse, als ich einen Bretterzaun bemerkte und darin eine schmale, angelehnte Tür, die ich mit dem Ellbogen aufstieß. Sie öffnete sich und führte in ein Gärtchen, das fast nur aus einer blätterüberwucherten Laube bestand, von der an ihren elastischen Stengeln kletternde Koloquinten herunterbaumelten, die schon trockene Früchte in Form von Flaschenkürbissen trugen. Es gab sie in den verschiedensten Farben, gelbe, glattwandige wie aus Gold, körnige, deren grünliche Schale sich aufblähte, andere gestreift und mit den bizarrsten Mustern. Sie hatten etwas Kabbalistisches an sich, schienen Elixiere zu enthalten, die man sich honigsüß oder bitter wie Gift vorstellen konnte. Ich berührte eine mit meinem Stock, sie gab einen trockenen Laut von sich. Man hätte meinen können, ein Magier hätte dort ein ganzes Schaufenster voll verzauberter Glaswaren aufgehängt, nachdem er sie zuerst ihrer Transparenz und ihrer kristallinen Klangfarbe beraubt hätte.

* Anna-Elisabeth Comtesse de Noailles (1876–1933), frz. Lyrikerin u. Erzählerin. (Anm. d. Verl.)

Auch der Garten des Signor A. ist etwas Besonderes. A. ist Türke, und man munkelt, er sei früher Sklavenhändler in Khartum gewesen, bevor er sich nach Venedig zurückgezogen und sich dem Sammeln von Antiquitäten gewidmet habe, die er gelegentlich auch veräußert. Es war Madame de la Baume, die einen Kauf ins Auge faßte und mich zu ihm in den Palazzo mitnahm, den er nicht weit von der Kirche del Carmine und vom Rio di Santa Margherita bewohnte. Herr A. war abwesend, doch trösteten wir uns und machten einen Spaziergang durch seinen Garten. Man wandelt hier zwischen Göttern, Göttinnen und Heroen, deren beschädigte und bemooste Statuen einen in nobler Positur und mit noblen Gesten empfangen. Der Verlust eines Beines gefährdet zuweilen ihr Gleichgewicht, ein fehlender Arm unterbricht die stumme Eloquenz. Dieser Olymp der Invaliden lädt den Spaziergänger ein, seine Promenade unter dem gebogenen Weinspalier fortzusetzen, das sich schon zu entblättern beginnt. Es ist von viereckigen Gemüsebeeten gesäumt, der Schatten eines Torsos in Ritterrüstung fällt auf die Kohlköpfe, und der behelmte Kopf eines Helden zeichnet sich auf einem Wäschestück ab, das auf der Leine trocknet.

Vom Rio di Santa Margherita ist es nicht weit bis zum Palazzo Cappello am Rio Martin. Auch da gibt es einen Garten, einen der reizvollsten von ganz Venedig. Gehen wir hinein. Hat nicht im Palazzo Cappello Bonaparte in den wenigen Stunden gewohnt, die ihm genügten, um die Serenissima zu zerstören? Denn er zerschmetterte den säkularen Flügel des Löwen von San Marco, er unterschrieb das Dekret, das der Macht der Dogen ein Ende setzte. Seither geleitete sie der Bucintoro nicht mehr aufs Meer hinaus, damit sie ihren Brautring in die Adria werfen konnten. Die Dogen suchten das Weite vor diesem jungen General, dem Sieger von Marengo und Lodi. Durch ihn hörte Venedig auf, die Stadt der Patrizier, der Kaufleute und der Masken zu sein; statt dessen wurde sie die Stadt der Träumer, der Artisten und der Liebenden und versank mit ihren abbröckelnden Palästen, schweigsamen Kanälen und Gärten in den Schlaf der Melancholie.

Als ich eines Tages mit Aldo Ravà unterwegs war, blieb er vor einem Palast stehen und schlug mir vor, hineinzugehen. Er nannte mir den Namen: Palazzo Mangili. Er lag nahe der Rialto-Brücke und enthielt eine sehenswerte Decke und einige interessante Bilder. Als wir nach der Besichtigung wieder gehen wollten, fiel mein Blick auf eine Lampe auf einem kleinen Tisch. Es war eine alte Lampe mit einem Schirm aus grüner Seide. Sie hatte nichts Bemerkenswertes an sich und doch hatte ich etwas an ihr entdeckt. Während ich sie betrachtete, kam auch Aldo Ravà hinzu. »Ach ja, diese Lampe! Bonaparte hat sie benutzt, als er im Palazzo Cappello wohnte. Sehen Sie die Inschrift hier.« Ich beugte mich hinab und hatte plötzlich das magere, bleiche Profil vor mir, die feingliedrige Hand, die die geniale Stirn stützte, den Rock mit den breiten Revers und den Adlerblick, der diese nächtliche Lichtquelle anstarrte, die bescheidene Schwester zukünftiger Glanzlichter, einen kleinen Abglanz des leuchtenden Gestirns, das später am imperialen Himmel erstrahlen sollte.

Als ich zum ersten Mal den Garten des Palazzo Cappello betrat, war ein schöner Tag zu Ende gegangen. Auf den Rabatten dufteten die Blumen des Herbstes, und auf einer stand ein Granatapfelbaum, strotzend in der Fülle reifer Granatäpfel. Ich bin so langsam hindurchspaziert, daß es mir schien, ich habe Jahre in diesem schmalen, langgestreckten Garten verbracht, der zu einer Art Tempel führte, dessen antiker Giebel sich auf Säulen im Stile Palladios stützt und den hohe Mauern mit eigenartigen Schmuckelementen umschließen. Er besteht aus einer zentralen Arkade, die eine halbzerbrochene mythologische Statue schützt. In den von rustikalen Pilastern gesäumten Nischen stehen noch zwei andere Statuen, die auch ihr Status als Göttin oder Heldin der Fabel nicht vor dem Zahn der Zeit hat schützen können. Später einmal habe ich sie an einem Sonnentag, erhitzt von der Sommerglut und in einer Luft wiedergesehen, wo die Bienen summten und einen der schwere Duft der blühenden Glyzinien erschlaffte.

Vielen der Paläste Venedigs und gerade den schönsten mangelt es an angenehmen Gärten; sie begnügen sich mit ihrer Architektur. Aber es gibt solche, die nicht nur den herrlichen, reizvollen oder einzigartigen Anblick ihrer Fassaden bieten, wo das Byzantinische sich mit dem Gotischen mischt, wo der elegante Renaissancestil dem emphatischen und verschnörkelten Pomp des Barock und der überbordenden Phantasie des Rokoko benachbart ist. In Venedig ist eine ganze Anzahl von Palästen auch für unangemeldete Besucher zugänglich. Was die übrigen angeht, so passiert es äußerst selten, daß eine geschickt formulierte und beharrliche Bitte einem den Eintritt verwehrt. Wenn man neugierig ist, ohne indiskret zu sein, und wenn man seine ehrliche Bewunderung zeigt, kann man im allgemeinen immer mit dem Wohlwollen der Besitzer dieser schönen Häuser rechnen. Der echte Stolz auf das Wunder, dessen glückliche Bewahrer sie sind, läßt sie entgegenkommend sein. Sie werden wohl auch durch das Gefühl bestimmt, daß sie ein Privileg nicht ausschließlich für sich beanspruchen können. Sie behalten sich lediglich vor, daß man die Gegenstände würdig behandelt, daß man sie schont und in gutem Zustand erhält. Manchmal allerdings werden aus Sorgfalt echte Skrupel.

Das bewies mir ein Besuch in der Cà d'Oro, einem der Juwele unter den kostbarsten »Steinen Venedigs«. Nachdem der Palast durch die verschiedensten Hände gegangen war, fiel er dem Baron F. zu, und zwar mit sichtbaren Zeichen des Verfalls. Baron F. hatte sofort begonnen, die Schäden zu beseitigen, und war gerade dabei, die Maurerarbeiten im Palast zu beenden.

Nicht nur, daß der Baron sie leitete und überwachte, er half auch selbst mit. So fand ich ihn kniend auf dem Mosaikfußboden, damit beschäftigt, die Risse zu reparieren und fehlende kleine Marmorstückchen durch andere zu ersetzen, die den fehlenden absolut gleich waren, und das mit einer Engelsgeduld. Es war unmöglich, mit bloßem Auge die Partien zu erkennen, die er ausgebessert hatte. Natürlich hatten wir Hemmungen, ihn bei seiner Arbeit zu belästigen, damit er uns den pathetischen *Heiligen Sebastian* von Mantegna zeigte, den er soeben in einer Kapelle, in einem Rahmen, der seiner herzbewegenden tragischen Schönheit würdig war, hatte aufhängen lassen.

Bei der Arbeit fand man auch Mariano Fortuny, wenn man ihn in seinem herrlichen Palazzo Orfei in San Benedetto aufsuchte. In diesem stolzen und strengen Gebäude hatte er sein Maleratelier, seine Stickerei und seine Nähstube mit Dekorations- und Kleiderstoffen eingerichtet, wo er mit sicherem Geschmack alte Stoffmodelle für den modernen Gebrauch stilecht herstellte. Die Seiden, die Samte und Brokate, die bedruckten Stoffe waren zur Raumdekoration bestimmt oder dienten der Bekleidung. Mariano Fortuny hatte dem altehrwürdigen Palazzo Orfei Leben und künstlerische Aktivität zurückgegeben und, indem er auch die etwas widerborstige Schönheit respektierte, sich der alten Zeit würdig erwiesen.

Übrigens war der Orfei nicht der einzige Palast Venedigs, der den Bedürfnissen des Heute, sei es im Handel und Gewerbe oder in der Verwaltung, nutzbar gemacht wurde. Der Palazzo Corner della Cà Grande ist die Präfektur geworden, der Palazzo Grimani zum Schwurgericht, und dient nicht der Palazzo Contarini Mocenigo als Wasserwirtschaftsamt? Sind nicht verschiedene in Hotels umgewandelt worden? Wieder andere sind im Besitz der Antiquitätenhändler, wie der Palazzo Moro Lin am Canal Grande und der Palazzo Balbi an der Ecke von Canal Grande und Rio Foscari. Das gleiche Schicksal sah ich auch auf die reizende Abbazia di San Gregorio zukommen. Glücklicherweise ist die Zahl dieser »Adoptionen« begrenzt; Venedig kann immer noch auf viele Paläste stolz sein, die diesen Notwendigkeiten entgangen sind und immer noch den Charakter opulenter Patrizierwohnungen haben, angefüllt mit Kunstschätzen und Erinnerungen an die Vergangenheit.

Der Palazzo Michiel dalle Colonne, auch unter dem Namen Palazzo Dona delle Rose bekannt, der früher ein Palazzo Barbarigo war, gehört zu ihnen. Vom Canal Grande aus hat man Zugang durch eine Säulenhalle, und im Vestibül wird man durch eine eigenartige Holzstatue des Dogen Michiel empfangen. Die Treppe in den ersten Stock führt in einen großen Saal, dessen Wände mit Porträts der Familie Barbarigo geschmückt sind und wo sich eine wunderschöne vergoldete Laterne findet, die vom Bucintoro stammt. In einem weiteren Saal schöne Tapisserien, in einem anderen ein Deckengemälde von Tiepolo, Lackmöbel, Porzellan und eine Serie von Longhi-Bildern, die Jagdszenen darstellen, auf denen sich die alten Venezianer ihrer Lieblingsbeschäftigung hingeben. Eines ihrer Vergnügen war es auch, Bücher, Gemälde und Stiche zu sammeln und der Palazzo Querini in Santa Maria Formosa ist ein gutes Beispiel dafür, wie das Wohnhaus eines gebildeten Patriziers von anno dazumal ausgesehen hat, der die Bibliotheken und die Kuriositätenkabinette liebte. Heute gehört der Palazzo Querini der Stadt Venedig. Einige Gemälde von Longhi sind hier zu sehen und von Gian-Battista Tiepolo ein erstaunliches Porträt des Prokurators Querini, der ein fürchterlicher Mensch gewesen sein muß, schenkt man dem kantigem boshaften Gesicht eines Buckligen Glauben, einem Gesicht, das in seiner Maskenhaftigkeit an Voltaire erinnert und einen mißgestalteten Körper beherrscht, dessen üppige Purpurgewänder die Verwachsung nicht verbergen können.

Ebenso mißgestaltet ist auch die ewig kränkelnde Elisabeth Barrett, die Dichterin der Empfindsamkeit und Inbrunst, die Frau des großen Dichters Robert Browning. Browning liebte Italien leidenschaftlich und lebte nacheinander in Rom, Florenz und Venedig, wo er den Palazzo Rezzonico kaufte. Zusammen mit dem Pesaro, dem Pisani, dem Grassi und dem Vendramin ist der Palazzo Rezzonico einer der größten Venedigs, der nacheinander der Gräfin de Berri und der schönen Madame Calergi gehörte, die Théophile Gautier in seiner *Symphonie en blanc majeur* besang. Mein Freund Constantin Photiadès ließ keinen Zweifel daran, daß aus Gautier eines Tages ein hochgebildeter und feinsinniger Historiker würde, während wir gemeinsam durch das Vorkriegs-Venedig spazierten und über Kunst, Dichtung, Musik plauderten und dabei auch am Palazzo Vendramin vorbeikamen, wo Richard Wagner starb. Man kann die Zimmer, die er bewohnte, nicht betreten, und diejenigen, die man besichtigt, bieten nichts Sehenswertes, desgleichen die des Palazzo Rezzonico, der Robert Browning gehörte. Er bewohnte das Mezzanin und benützte die großen Säle nicht, in deren einem sich ein Deckengemälde von Tiepolo befindet. Ein anderer, der als Kapelle diente, enthält einen Rokoko-Altar, in dem sich eine Geheimtreppe verbirgt. Solcher Vorsichtsmaßnahmen bedurfte es zu den Zeiten der staatlichen Inquisitoren, des Rates der Zehn und der Sbirren, wo die Bocca di Leone des Dogenpalastes ihr Maul zu anonymen Anschuldigungen öffnete.

So geschickt die venezianische Polizei auch gewesen sein mag, stets gab es Mittel und Wege, den Krallen des Löwen von San Marco zu entwischen. Die Bleikammern behielten nicht alle ihre Gefangenen. Ein Beispiel dafür ist der berühmte Ausbruch des Casanova. Auch viele private Racheakte blieben unentdeckt. Stammt vielleicht das menschliche Skelett, das Arbeiter, die mit Instandsetzungsarbeiten am Palazzo Manzoni Angarani beschäftigt waren, unter dem Pavimento eines Saales entdeckten, aus einem dieser Racheakte? Diese makabre Entdeckung verhindert nicht, daß dieser Palazzo, der jetzt der Prinzessin E. de P. gehört, eine der schönsten Behausungen Venedigs ist, und mir ist nie zu Ohren gekommen, daß es von andern Schatten heimgesucht worden wäre als von denen der großen Musiker, deren glühende Bewunderin die Herrin des Hauses ist.

Ein Skelett unter dem Pavimento seines Schlafzimmers zu entdecken und aus seinem Schädel Wein aus Satansreben zu trinken, wäre das nicht ein romantisches Abenteuer für einen Byron gewesen, der hier seine jugendlichen Orgien von Newstead Abbey hätte wiederholen können? Nein, Venedig hat dem Autor des *Child Harold* in der Hinsicht nichts geboten, er war damit beschäftigt, mit seinen Liebschaften überall Anstoß zu erregen. Diese Amouren waren teils populär, teils aristokratisch, denn der Lord und Don Juan schrieb auf die Liste seiner Favoritinnen neben den Namen der adeligen blonden Comtessa Guiccioli den der furiosen braunen Margherita Cogni, der Frau eines Bäckers. Die Adelsdame aus Ravenna befindet sich nicht nur in der Nachbarschaft einer Fornarina, sondern auch einer gewissen Marianne, der Frau eines schlichten Kaufmanns. Gewiß ist dieser Kaufmann ein »Kaufmann von Venedig«, doch haben Byrons venezianische Liebschaften so gar nichts Shakespearehaftes an sich. Sie gehören eben zu Byron, das genügt, um interessant zu sein. Doch sie müssen ihn auch irgendwie erschlafft haben, da er gelegentlich im Kloster der armenischen Mekhitaristen auf der Insel San Lazzaro Ruhe suchte. Hier fand er die Weltabgeschiedenheit, die ihm in dem der drei Mocenigo-Paläste am Canal Grande fehlte, den er für sein turbulentes Exil als Refugium gemietet hatte.

Während ich meine venezianischen Tagebücher durchblättere, lese ich eine Notiz, die ich nach einem Besuch bei den ungestümen Schatten Byrons niedergeschrieben hatte. Hier ist sie. Sie stammt aus dem Jahre 1912:

»Die Prinzessin L. hatte mir vorgeschlagen, mich durch den Palazzo Mocenigo zu führen. Ich habe sie in ihrem kleinen Mezzanin im Palazzo Valmarana auf dem Campo San Vio abgeholt.

Die drei Palazzi Mocenigo bilden eine Einheit, und ich weiß nicht, in welchem der drei sich der Salon befindet, in dem uns die Contessa W. M. empfing. Er ist sehr groß und besitzt eine schöne Stuckdecke von Vittoria. Dort wurde der Tee serviert. Die Contessa ist eine Frau in den Fünfzigern; ihre vornehme Art ist nicht ohne Charme. Sie spricht sehr gut französisch mit der etwas rauhen Stimme vieler Italienerinnen. Ihr Mann ist Österreicher. Er ist mager, hat einen grauen Bart und geht am Stock. Beide haben mich auf das liebenswürdigste durch den Palazzo führen lassen. Weil es schon dunkel war, gingen uns von Saal zu Saal Diener mit dicken Lampen voraus, und dieser Rundgang hatte etwas Phantastisches an sich. Über allem lag ein Geruch nach Tabak, verwelkten Blumen und Feuchtigkeit. Es war eiskalt in diesen riesigen Gemächern, wo es gemalte Friese, Bilder, Porträts von Dogen und Senatoren, Lüster, verschiedenste Möbelstücke zu sehen gab. Ab und zu hob ein Diener die Lampe empor, um ein Gemälde oder einen Gegenstand zu beleuchten.

Wir sind in das Mezzanin herabgestiegen. Hier gibt es unter niedrigen Decken zahlreiche kleinere Zimmer mit stuckierten Wänden. In einem hat man mir den Schreibtisch gezeigt, an dem Byron schrieb, als er Mieter des Palazzo war. ›Er war ein äußerst schwieriger Mieter, über den meine Großmutter sich sehr zu beklagen hatte‹, erzählte mir die Contessa, als ich mich oben auf der Freitreppe von ihr verabschiedete. Man sah unter sich im Vestibül die Statue eines Dogen aus der Familie Mocenigo. Vielleicht war es sogar derjenige, dessen Corno aus golddurchwirktem Stoff mir gerade gezeigt worden war und der wie eine kostbare Reliquie gehütet wird.

Ich habe mich mit der Prinzessin L. für morgen verabredet, um mit ihr den Garten Eden auf der Giudecca zu besichtigen.«

Der Garten Eden ist neben den Giardini Pubblici der größte Garten Venedigs, doch die Giardini Pubblici sind eigentlich nur eine Promenade, während der Garten Eden eine Stätte einsamer Träume und maritimer Stille ist. Oft bin ich seit dem Tag dort gewesen, an dem mich meine Freundinnen aus dem Palazzo Dario erstmals hinführten. Sie waren gut bekannt mit Monsieur und Madame E. Monsieur E. war ein betagter Mann und fast blind, doch wenn er auch seinen schönen Garten kaum noch sehen konnte, so »atmete er ihn ein«, wie er sagte, und hatte nichts dagegen, den Liebhabern von Stille und Träumerei Zutritt zu gewähren. Zuweilen traf man ihn, wenn er müden Schrittes des Weges kam, aber meistens war der Garten verwaist. Ein netter Gärtner öffnete einem die Pforte, und man hatte die Erlaubnis, frei herumzugehen. Viele Stunden habe ich in den verschiedensten Jahreszeiten dort verbracht, in den Monaten, da Lilien und Iris blühten, da er übersät war vom scharlachroten Salbei. Ich habe den Garten von Bienen umschwirrt gesehen, ich habe ihn gesehen in seiner Freude und in seiner Melancholie, seinen Morgen und seinen Mittagen, unter der lastenden Leuchtkraft der Mittagssonne, unter den schrägfallenden Strahlen der untergehenden Sonne, die ihn vergolden oder blutrot färben, in seiner Dämmerung, wenn die Rosen, die seine Alleen säumen, ihre Liebesdüfte ausströmen, wenn die ersten fernen Lichter auf der Lagune angehen, wenn es schon dunkel ist in seinen Zypressenwäldchen, wenn er einem so groß erscheint, daß man meint, ins Unendliche laufen zu können, wenn man den Wind vom Meer her einatmet, wenn man Lust hat auf hochfliegende Gedanken und leise Gespräche, wenn auf dem weißen Sand der Allee die dunklen Moosflecken aussehen wie die Schritte der kommenden Nacht.

Ich erinnere mich an den Abend nach einem grauen Tag, an die weiche, feuchte, lauwarme Dämmerung. Wir sind lange unter dem dunkel werdenden Weinspalier dahingegangen. Auf der Lagune zog sich ein gelber Schein nach Westen. Dann allmählich wurde alles undeutlich, schwankend, das Laub der Bäume, der Stein der Statuen und die gemeißelten Fruchtkörbe, während im Dunkel des feuchten Grases die Grillen zirpten. . . .

Schwarz und geschmeidig gleitet die Gondel auf die Giudecca zu, wo sich die Redentore-Kirche mit ihrer weißen Palladio-Fassade mit Giebel und Säulen erhebt. Aber sie wollen wir heute nicht besuchen. Wir wollen in ihren Nischen nicht die Apostel- und Heiligenstatuen betrachten, wir wollen auch nicht in der Sakristei die Sammlung von Wachsbüsten mit den falschen Bärten und Haarperücken sehen, die wie in einem Wachsfigurenkabinett die berühmtesten Vertreter des Franziskanerordens darstellen. Diese fromme Ausstellung reizt uns heute nicht, auch nicht der Anblick der Corte Grande mit ihren seltsamen Schornsteinen. Nein, die Giudecca hat für uns eine andere Attraktion. Links vom Redentore hat sich die Gondel in den schmalen Rio della Croce eingefädelt. Ärmliche Häuser und eine rote Mauer säumen ihn, die durch eine Einkerbung unterbrochen wird, in die eine Treppe mit ein paar Stufen eingelassen ist. Über der Tür hängt ein Klingelzug. Sie wird durch einen Wächter, der Bescheid weiß, geöffnet, und man kommt in einen mit abgenützten rosa Backsteinen gepflasterten Hof. Auf beiden Seiten erhebt sich je ein einstöckiges rustikales Häuschen, beide mit roten Ziegeln gedeckt. Hinten im Hof läßt eine kleine Steinmauer einen Durchgang frei, die Hand streichelt zwei dieser in Stein gehauenen Fruchtkörbe, die der übliche Schmuck eines jeden italienischen Gartens sind, des bescheidensten wie des prächtigsten. Rechts außen eine kleine Wiese, auf der Hühner picken und zwei Kühe weiden, die einzigen von Venedig. Das vermehrt noch den unerwarteten und bukolischen Charme dieses Stückchen Wiese. Noch ein paar Schritte und wir sind im Garten.

Er nimmt fast die ganze östliche Seite der Giudecca-Insel ein. Auf einer Seite ist er von einer langen Mauer begrenzt, über der man die Kuppel der Zitelle sehen kann und auf der andern durch die Lagune. Er ist sehr weitläufig und durch überdeckte Alleen, über die der Wein klettert und ein Gewölbe aus Blattwerk bildet, in Beete eingeteilt. An einer Wegkreuzung erhebt sich auf bemoostem Sockel eine Statue, und ihre Gesten haben die Unbilden der Zeit fragmentarisch werden lassen. Längs der Wege sind Blumen gepflanzt, die Rabatten umschließen viele Sorten. Die einen liegen rund um ein Wasserbecken, die andern umrunden eine Sonnenuhr. An einem Rondell halten die Zypressen Wache. Das ist alles, aber die Schönheit dieses Gartens besteht in seiner Ausdehnung, seiner Stille, seiner Schlichtheit. Er ist üppig, denn alles gerät gut in diesem feuchten Boden, wo das Erdreich auf dem morastigen Schlamm der Lagune ruht, und von ihr nimmt er seinen einzigartigen Charme.

Er beherrscht die Lagune in Gestalt eines langen Damms, der eine grasbewachsene, mit Ruhebänken ausgestattete Allee bildet und wo einen auf halbem Wege ein Kiosk erwartet, der wie eine Blockhütte gebaut und strohgedeckt ist. In dieser grünen Allee, wo der Schritt im Gras erstickt, glaubt man, wie zu einem Treffen mit der Stille zu schreiten. Manchmal wird sie durch ein leichtes Wasserplätschern gestört, ein Geräusch der Ruder, eine Stimme aus einer vorübergleitenden Gondel. Das geschieht jedoch selten, denn dieser Teil der Lagune wird kaum besucht.

Sie öffnet dem Blick ihre herrliche einsame Weite in strahlendem Licht oder verschleiert. Sie breitet vor einem ihren unendlichen Spiegel aus, der leuchtet und irisiert oder sich trübt und dunkel wird, je nach Stunde und Tag, der bald aus Gold, aus Silber, aus Zinn, aus Stahl ist, bald ein schmiegsames flüssiges Gewebe, das der Flug einer Möwe mit einer flüchtigen Arabeske bestickt oder über den ein Wolkenschatten hinweggleitet. Manchmal läßt der Wind vom Meer das Schweigen erzittern oder entblättert eine Rose, denn der Garten mit seinen blühenden Sträuchern grenzt an die grüne Allee. Manchmal durchbricht den Himmel der Klang einer Glocke; er kommt von einer der drei Kirchen auf der Giudecca, von Santa Eufemia, vom Redentore oder den Zitelle oder von noch weiter her, von der grünen Insel Grazia, die auf der Lagune zu schwimmen scheint, als wolle sie eines schönen Tages an diesem Garten anlegen und sein näherkommendes Grün mit dem ihren vermischen.

O ihr sanften langen Tage des Garten Eden, warum endet ihr wie jeder andere Tag? Ihr geht vorüber, gewiß, doch wenn ihr vorüber seid, bleibt ihr einem im Gedächtnis. Ist man in der Abenddämmerung von den nachtdunklen Wegen des Gartens wieder in dem kleinen gepflasterten Hof angelangt, wo der Abschiedsgruß des Gärtners einen erwartet, ist man die Stufen hinuntergestiegen, deren letzte im Wasser des Rio della Croce versinkt, ist die Gondel die rote Mauer entlanggeglitten und hat im Giudecca-Kanal wieder Kurs auf Venedig genommen, so bewahrt man sich euren Blumenduft und Seegeruch, eure Einsamkeit und euer Schweigen und das Gedächtnis an den grandiosen Empfang durch eure gastfreundliche Schönheit!

Wenn der Garten Eden der größte Garten Venedigs ist, so kenne ich auch den kleinsten, der in all seiner Winzigkeit auch der seltsamste ist und dessen Einzigartigkeit darin besteht, daß er so kompliziert ist. Er setzt sich aus symmetrischen Rabatten und aus Wegen zusammen, die ihn säuberlich unterteilen, aus Balustraden, die ihn säumen, aus Arkaden, die ihn begrenzen. Unzählige Miniaturvasen schmücken ihn mit ihren winzigen

Blumensträußen. Er ist kindlich und zeitlos in seiner Zerbrechlichkeit, er kennt auch keine Jahreszeiten, denn er ist ganz und gar aus Glas, aus Glas in allen Farben, das Glas imitiert den Rasen, eine Säule, eine Rose, eine Fontäne, und nur mit den Augen geht man in seiner lächerlichen, seiner zauberhaften Wunderwelt spazieren. Heute entzückt er die Besucher des Museums, wie er einst, als er auf der aristokratischen Tafel als Tafelaufsatz diente, die Blicke der edlen Damen von Venedig durch seine fragile und ein wenig törichte Künstlichkeit auf sich zog.

Venedig – bei sich zu Hause

Paris, 1922

Das Tintenfaß, in das ich die Feder eintauche, mit der ich diese Seiten schreibe, habe ich von meiner ersten Reise nach Venedig mitgebracht. Seither ist manches andere venezianische Stück dazugekommen. Zu dem Vergnügen, das ich hatte, als ich sie erwarb, kommt hinzu, daß sie mir eine Art »Venedig, bei mir zu Hause« gewähren. Sie umgeben mich mit ihrer stummen Anwesenheit, die mich ein wenig über das Heimweh tröstet, das ich nach der Zauberstadt habe, von der die Umstände mich seit bald zehn Jahren ferngehalten haben. Zehn Jahre, ohne Venedig gesehen zu haben! Konnte ich an eine so lange Trennung glauben, als ich das letzte Mal über das Pflaster des Markusplatzes schritt, als die Gondel mich an der Riva vor der Stazione della Strada Ferrata absetzte, mich und die Koffer, die mehr als einen dieser teuren venezianischen Gegenstände enthielten, die ich heute mit doppelter Zärtlichkeit betrachte?

Kürzlich habe ich mir den Spaß gemacht, einen Katalog meines »handgestrickten Venedigs« aufzustellen, und an was alles hat mich diese Liste erinnert: an unzählige Touren zu den Trödlern, an pittoreske antiquarische Figürchen, an glückliche Trouvaillen, an Begehrlichkeiten, die unmöglich zu realisieren waren, an mein Zögern, an plötzliche Entscheidungen, Bedauern über verpaßte Gelegenheiten, an all die kleinen und spannenden Abenteuer, aus denen die Komik und die Tragik des Sammelns besteht! Die Ergebnisse dieses Sammeleifers habe ich alle bei mir zu Hause, dort an den Wänden, verstreut in Schubläden und Schränken und sogar auf dem Tisch, an dem ich schreibe. Jedes meiner venezianischen Stücke erzählt mir eine Geschichte, ruft mir eine bestimmte Stunde ins Gedächtnis und läßt vor meinen Augen meine Sammlerleidenschaft Revue passieren.

Es war in Venedig, daß ich Geschmack daran bekam. Im Palazzo Dario hatte man eine Schwäche für das »Bric-à-brac«! Madame de la Baume und Madame Bulteau waren erstklassig im Aufspüren von Altertümern. Zu dieser Zeit waren die Preise noch angemessen, sogar bei den »großen« Antiquitätenhändlern am Canal Grande, deren Verkaufsräume Paläste waren. Bei den Bescheideneren fand man amüsante Kleinigkeiten, und auch die schätzten unsere Freundinnen nicht gering. Bei ihnen ging ich in die Lehre. Man muß eine Nase dafür haben, wie man in Venedig einkauft. Ich brachte es darin nie zur Meisterschaft. Meine Wünsche waren stets stärker als meine kaufmännische Begabung. Ich merkte sehr rasch, daß ich nicht handeln konnte. Natürlich ist es mehr als einmal vorgekommen, daß ich übervorteilt wurde, doch besaß ich ja das begehrte Objekt, und was kümmerte mich schließlich der ganze Rabatt, den ich vielleicht nach einer Diskussion ergattert hätte, die mein Vergnügen verzögert hätte! Ich erfüllte mir meine kleinen Wünsche und hatte sofort wieder neue. Doch waren die von mir anvisierten Ziele bescheiden, und nie warf ich begehrliche Blicke auf bedeutende Stücke. Die, die ich wählte, gefielen mir, und mehr wollte ich gar nicht. Auf diese Weise ist meine kleine venezianische Kollektion entstanden. Sie hat sicher keinen »Verkaufswert«, aber sie ist mir lieb und teuer wegen der Erinnerungen, die sich damit verknüpfen.

Ich habe sie also im Verlauf meiner verschiedenen Aufenthalte in Venedig zusammengekauft, allerdings mit Ausnahme einer schönen Zeichnung von Tiepolo oder aus seiner Schule, das *Festmahl der Kleopatra*. Diese blonde Sepia-Zeichnung, auf der man, wenn nicht die Hand so doch den Einfluß des Meisters spürt, war 1864 von José Maria de Heredia aus Venedig mitgebracht worden. Er erwarb sie, als er auf den Zattere im Palazzo Zen, neben der Calcina, wohnte. Sie schmückte die Wand seines Arbeitszimmers in der Rue de Balzac, und er liebte an ihr die elegante und dekorative Bildaufteilung. Desgleichen schätzte er die zerbrechliche Eleganz der beiden kleinen Glaslüster, die er von der gleichen Reise mitgebracht hatte. Wir hüteten sie sorgsam, in Ermangelung des Palastes, den der Dichter, wie er uns erzählte, um ein Haar gekauft hätte und der kein geringerer war als die Cà d'Oro, die damals zum Verkauf stand....

Ich habe für einen Augenblick zu schreiben aufgehört, um die Schreibgarnitur vor mir zu betrachten. Sie besteht aus einem ovalen Tablett, es ist rot bemalt und hat eine Kupfereinfassung. Auf dem Tablett stehen zwei Tintenfässer, deren Deckel von einem kleinen ziselierten Granatapfel gekrönt ist. Zwischen den beiden Behältern für die Tinte befindet sich ein Döschen für den Streusand nebst einem Löffel, um damit das Papier zu bestreuen, ein Etui für den Gänsekiel und ein Glöckchen, um den kleinen Lakaien zu rufen, der den Brief wegtragen soll. Solche mehr oder weniger aufwendigen Schreibgarnituren konnte man häufig finden. Die meine ist – zusammen mit zwei Spiegeln, einer Fayence aus Bassano, einer alten Weste und einem kleinen Medaillon aus Ton – einer meiner ersten Käufe. In das Medaillon ist ein Porträt Voltaires fein hineinmodelliert; die Rückseite ist aus Porzellan, und wenn man es umdreht, bietet sich dem Auge statt des subversiven Konterfeis des Philosophen die unverfängliche Ansicht unschuldiger Blumen. Die Weste hätte einem Zeitgenossen Voltaires gehören können. Sie ist aus einem geblümten Stoff, übersät von Buketts und Girlanden, geziert mit Vasen und Emblemen. Der eine der Spiegel hat einen schwarzen Rahmen mit vergoldeten Rocaillen; der andere, ältere, im Stil des 17. Jahrhunderts, ist mit seiner schönen, verblichenen Vergoldung ein sogenannter Schmuckspiegel. Eine mythologische Figur ist in ihn eingraviert, die ihn mit ihrer tänzerischen Leichtigkeit wie mit Rauhreif überzieht. Was die Bassano-Fayence angeht, so war sie wohl der Deckel einer Kompottschüssel, denn auf ihm türmen sich alle Sorten von Früchten, Trauben, Birnen, Feigen, ein ganzer Obstgarten von der Brenta!

Alles das, was die »Arte di Venezia«, die Gesellschaft, die den Kunsthandel betrieb, angekauft hatte, türmte sich zu Bergen in den alten Sälen des Ridotto. Es waren vollgestopfte, große

Räume, wo man sich nur unter Schwierigkeiten zwischen schwankenden Möbelstücken, mit Porzellan überladenen Tischen und Stoffbergen hindurchwand. Im Ridotto gab es einfach alles, und man konnte die glücklichsten Funde machen. Das Glück verwöhnte einen dort noch immer mit unerwarteten Begegnungen, so wie es den Spielern von einst seine Gunst gezeigt hatte: Es war die Zeit, als die Bankiers an den Pharao-Tischen plauderten und das Klingen der Zechinen sich mit den Flüchen der Spielgegner mischte, wo die Geldbörsen sich nach der Laune des Zufalls leerten oder füllten, wo sich unter den Masken – je nach Verlust oder Gewinn – die Gesichter verkrampften oder entspannten, wo der Ridotto einer der belebtesten Plätze von Venedig war, wie wir es auf den lebensnahen Bildern von Guardi und Longhi sehen. Dem Ridotto von damals gleicht der heutige kaum mehr. Nicht nur, daß er seine pittoreske Lebhaftigkeit eingebüßt hat, auch der Dekor hat sich verändert. Er besteht nur noch aus breiten Zierleisten in rosa, blaßgrünem und malvenfarbenem Stuck, die mit ihren geschmeidigen Bändern die leeren Paneele umrahmen. Der heutige Ridotto ist nicht mehr als eine Rumpelkammer, aber voll der liebenswürdigen Vergangenheit venezianischer Kunst.

Die Säle des alten Ridotto waren nicht die einzigen, die unsere Freundinnen aus dem Palazzo Dario besuchten. An Antiquitätenhändlern mangelt es nicht in Venedig, und es gibt kaum einen, den ich nicht zusammen mit ihnen besucht hätte. An wie vielen Palästen und Häusern sieht man nicht die verführerischen Worte »Antichità« oder »Ojetti d'arte« angeschlagen. Man liest es an der Biegung eines Calle und an der Rückfront eines Campo. Manchmal weist ein Pfeil in die Richtung, der man folgen muß, um den Eingang des Ladens zu entdecken. Oft tritt man in einen Hof oder in ein mehr oder weniger großes Vestibül, vollgestopft mit Vasen, Statuen, Brunneneinfassungen. Es ist nicht alles echt, und man muß zu wählen wissen. So geht man von Raum zu Raum, und es ist sehr selten, daß man mit leeren Händen weggeht... Vor allem in der Zeit meiner ersten Venedig-Aufenthalte war die Jagd auf Altertümer günstig, doch habe ich erlebt, daß die Auswahl immer geringer wurde und die Preise immer höher stiegen. Der Geschmack an diesem reizenden venezianischen Trödel hat sich herumgesprochen, auch an Gegenständen ohne großen künstlerischen Wert, die nichts als den Charme des Alters haben.

Manches alte Stück habe ich um mich aufgebaut, und jedes erinnert mich an eine vergnügte Stunde und an irgendeinen Winkel Venedigs. Indem ich sie betrachte, steigen tausend Erinnerungen in mir auf. Ich sehe mich bei Signor D. B. in San Samuele oder bei Signor P. in San Polo, bei Signor C. in dem seltsamen roten Häuschen mit der Rokoko-Fassade vorbeischauen, das er bewohnt und das seitlich an die Kirche San Staè angeklebt ist. Ich sehe mich in Cannareggio, in dem schmutzigen Hof des Ghetto Vecchio oder des Ghetto Nuovo in den Läden der Trödler wühlen, die dort Unterschlupf gefunden haben, aber auch in der »Galleria« irgendeines Antiquars am Canal Grande, vielleicht in einer, die die Gondoliere den Touristen zeigen. Ich sehe mich in dem engen Refugium an der Piazzetta Leoni verweilen, wo Signor L. T. auf kleinstem Raum seine Spitzen, seine Gläser, seine bemalten Kästchen, tausenderlei Flitter und Tand feilhält, die erzittern, wenn mittags die Kanone abgefeuert wird, wenn auf dem blauen Zifferblatt des Uhrturmes der goldene Uhrzeiger die zwölfte Stunde anzeigt. Noch viele andere sind mir gegenwärtig! Ich bin wieder in der Spadaria oder nahe San Giovanni e Paolo am Campo Morosini oder in der Abbazia San Gregorio, wo sich ein deutsches »Haus« der Luxusklasse niedergelassen hat und beweist, daß sein Sinn für das Kommerzielle ebenso entwickelt ist wie sein Kunstverstand.

Glas und Spitzen! Warum nicht auch dieses von Venedig mitnehmen oder auch Spiegel? Ist nicht ein Spiegel ein wenig wie ein Stück Lagune? Ich glaube, ein Spiegel war mein erster Einkauf in den Sälen des Ridotto. Spiegel haben es an sich, daß einer den andern anzieht; sie sind gute Gefährten zum Träumen. Alle zeigen sie einem nicht das gleiche Gesicht von sich selbst. Es gibt solche, in denen man sich ganz nah sieht, andere, wo man sich nur entfernt sieht. Die Gegenstände, die sie einem zeigen, reflektieren in jedem dieser Spiegel etwas anderes. Manche haben magische Eigenschaften. Manche schimmern so trübe, daß die Zeit sie fast blind gemacht hat, und gerade die ältesten haben eine merkwürdige Anziehungskraft. Vor lauter Vergangenheit sind sie so weise geworden, daß sie auch in die Zukunft sehen können. Oft befrage ich sie alle, die um mich herum aufgehängt sind. Ich gehe von einem zum andern, alle erinnern sie mich an eine süße venezianische Stunde. Ich höre in ihrer stummen Spiegelung ihrer Eloquenz ohne Worte zu...

Ich nehme einen in die Hand. Er ist achteckig und hat einen breiten roten Lackrahmen. Der Händler, der ihn mir verkauft hat, hatte ihn in einem Bauernhaus an der Brenta gefunden; völlig verrußt und verstaubt, hatte er dort die Küche geschmückt. Er hatte wohl bessere Tage gesehen, aber auch die Dinge haben wie die Wesen ihre Mißgeschicke. Mein Spiegel denkt nicht mehr über seines nach und beendet bei mir sein ruhiges, stummes Leben, nicht weit entfernt von einem seiner spiegelnden Brüder, auf dessen gelbem Lackrahmen rote Ornamente mit Streublumen und anmutigen Vignetten aufgemalt sind. Gekrönt wird er von einer Figur aus der italienischen Komödie.

Auch der andere hat einen gelb-rot-schwarz lackierten Rahmen, der von Figürchen aus ländlichen Szenen, die galant und winzig klein sind, allerliebst aufgelockert ist. Auf das Spiegelglas ist ein Schäfer eingeritzt, der den Dudelsack bläst, dessen luftgefüllten Lederschlauch er unter den Arm geklemmt hat. Ich mag ihn sehr, meinen liebenswürdigen Musiker aus Glas, denn sein Ebenbild habe ich auf einem Bild von Longhi gesehen. Außerdem hat dieser große verschnörkelte Spiegel mit seinen üppigen Rokoko-Voluten ein sehr harmonisches Maß. Ihr schönes, ein wenig mattes Gold entrollt sich überreich, für einen puristischen Geschmack fast zu reichlich. Aber wenn es sich um Venezianisches handelt, ist mein Geschmack nicht elitär.

Habe ich sie dann alle Revue passieren lassen, meine geliebten Spiegel, werfe ich noch einen Blick auf andere Rahmen, die bei mir aufgehängt sind. Das Glas, das sie umschließen, läßt sehen, daß sie mit ihrer Transparenz etwas schützen, statt es widerzuspiegeln. Sie sind der Schutz für die wenigen Stiche, die meinen bescheidenen Schatz darstellen. Es sind zwei *Capricci*, die der große Gian-Battista Tiepolo mit seinem flinken genialen Stichel gestochen hat. Sie sind ein Teil einer Folge allegorischer Szenen, deren Sinn mir nur schwer bestimmbar zu sein scheint. Ich besitze leider nur zwei einzelne Blätter davon. Auf dem einen die Rückenansicht eines altertümlich bewaffneten Kriegers, der auf einem Felsen sitzt. Neben ihm zwei weitere Personen, eine, die aufrecht steht und eine eingerollte Standarte trägt; die andere, die sich vorbeugt, trägt einen großen runden Schild. Hinter diesen beiden liegt ein Jüngling am Boden und beobachtet sie. Auf dem zweiten Blatt sieht man ebenfalls einen Krieger, orientalisch oder slawonisch aufgeputzt, der vor zerbrochenen Skulpturen und einer umgestürzten Amphore sitzt. Zwei Frauen neigen sich zu ihm, von denen die eine mit ihm zu sprechen scheint.

Aus einer Serie stammen auch die beiden Stiche, die ich hier vor mir habe. Sie sind sehr geschickt mit der Hand koloriert worden. Sie sind von Domenico Tiepolo signiert und stellen volkstümliche Szenen dar. Männer und Frauen gruppieren sich um einen Wahrsager, der einem von ihnen mit einem langen Sprechrohr ins Ohr spricht. In die Gruppe aus Matrosen, Bäuerinnen und Handwerkern mischen sich ein paar Neugierige in dunklem Mantel und Dreispitz. Ich entdecke andere, um die Bühne eines Marktschreiers versammelt, der mit einem Zeigestock in der Hand schwadroniert. Das Ganze spielt sich vor einem schönen Portico in Palladio-Manier ab, der seine Kolonnaden in den Himmel reckt. Man drängelt sich, um dem Betrüger zuzuhören.

Um diese amüsanten Tiepolo-Blätter besser zu betrachten, könnte ich das alte Fernglas hier zur Hand nehmen. Sein Rohr besteht aus Pergamentrollen, die exakt ineinanderpassen, und das Ganze ist mit geblümtem Papier umspannt. Was mag die Maske dazu sagen, wenn sie mich dieses alte Utensil benützen sieht? Stumm steht sie in einer Zimmerecke und belauert mich mit ihrem ironischen Lächeln!

Ich habe sie in einem kleinen Keller nahe dem Ponte delle Ostregghe gefunden, zu dem man eine Stufe hinabsteigt. Dort lag sie unter allerlei bunt zusammengewürfelten Gegenständen, von denen einige derart beschädigt waren, daß man annehmen konnte, ihr bedauernswerter Zustand stelle einen beabsichtigten Beweis ihres hohen Alters dar. Sobald ich sie in die Hand genommen und genau betrachtet hatte, war ich wie verzückt von ihrer Einzigartigkeit. Sie ist aus massivem Holz geschnitzt und zeigt eine doppelsinnige Gestalt: eine Frau oder einen Jüngling in ihrer natürlichen Gesichtsfarbe bemalt und an den Wangenknochen leicht geschminkt. Das Gesicht ist langgezogen und wird von einer reinen gewölbten Stirn beherrscht. Die Augen sind durch schwere Wimpern wollüstig geschlossen. Der Mund lächelte vielleicht, wenn er keinen Zeugen für sein Lächeln hätte. Dazu brauchte er die Stille und die Nacht. Welcher Körper mag ihn getragen haben, diesen rätselhaften Kopf, der nichts ist als ein nacktes und doch so lebendiges Gesicht? Niemals werde ich von ihm etwas anderes erfahren als das, was ich selbst hineinlege, denn von den Menschen wie von den Dingen besitzen wir nichts als die Erscheinung und den Abglanz. Ist denn nicht alles Maske und Spiegel?...

Manchmal, während des Schreibens, drehe ich meinen Sessel, um die Schiebetür des entzückenden kleinen Möbels durch ihre Rille gleiten zu lassen, eines Möbels, das hinter mir steht und in das ich neben anderem Schreibkram einige meiner venezianischen Notizbücher einzuschließen pflege. Es kommt aus Venedig und ist ein niedriger Schrank mit zwei Türen in Naturholz; aus Venedig stammt auch mein Sessel; er ist mit grünem Leder bezogen, das im Laufe der Jahre ein metallisches Leuchten angenommen hat. Dieser Sessel hat die Reise in Gesellschaft zweier rotlackierter, hochlehniger Stühle gemacht. Rot sind auch die beiden Stühle, deren Sitze ein vergoldetes Rohrgeflecht haben. Ich erinnere mich noch sehr gut an ihre Ankunft. Welche Aufregung, die Kisten auszupacken, die die Einkäufe des letzten Aufenthaltes enthielten? Ob sie die lange Strecke, die Zollformalitäten ohne Schaden überstanden haben? In welchem Zustand werden sie aus dem Stroh und der Holzwolle hervorkommen?

Die meisten dieser Möbel haben den Transport überstanden, ohne zu sehr gelitten zu haben, denn venezianische Packer sind sehr geschickt. Auch meinen Eckschrank habe ich aus seinem zeitweiligen Gefängnis befreit, dessen reichbemalte Türen Pagoden und Mandarine darstellen; ebenso den zartgliedrigen kleinen Schreibtisch mit seinen winzigen Schubladen, der zu klein ist, um auch nur einen Buchstaben an ihm zu schreiben; und auch den Frisiertisch, der innen eine Anzahl Fächer, Schachteln und Dosen hat und auf dessen schwarzer Platte vielfarbige Blumen eingelegt sind.

Blumen verzieren ebenfalls neben kleinen Szenen mit Personen, Schmetterlingen und Insekten die große Kommode, die in einem sanften Gelb bemalt ist. Insekten, Schmetterlinge, winzige Männchen, aus farbigem Papier ausgeschnitten und mit einer schützenden Glasur versehen, und Blattgirlanden rahmen sie ein. Die Technik der glasierten Ausschneidebilder ist nicht die einzige, die die venezianischen Kunsthandwerker des 18. Jahrhunderts beherrschten, in der sich jedoch vor allem ihre liebenswürdige und minuziöse Erfindungskraft zeigte. Wenn es ihnen an schönem Material mangelte, bedienten sie sich amüsanter Tricks, um mittelmäßige oder nicht sauber gearbeitete Möbel durch lebhafte Farben und heitere Phantasie aufzuwerten. Unter den verschiedensten Moden haben auch die imitierten chinesischen Lackarbeiten überlebt. Chinoiserien standen seinerzeit in Venedig in hohem Ansehen, wenn auch die venezianischen Lackierer niemals die wunderbare Geschicklichkeit chinesischer Künstler erreichten. Sie begnügten sich mit einem Ungefähr, doch das entbehrt nicht der Grazie.

Der gewöhnliche Arbeitsprozeß war so: die zu dekorierende

Wand wird mit einer dünnen Schicht aus weißem Gips überzogen; so können die gewünschten Objekte modelliert werden. Diese leicht erhabenen Gegenstände werden einmal koloriert und vergoldet, der Hintergrund bleibt einfarbig, und nachdem mit einem Pinsel die zusätzlichen Verzierungen hinzugefügt sind, wird das Ganze mit einem glänzenden Firnis überzogen. Das Gesamtbild wirkt durch die Harmonie der Farben und Schattierungen, die Phantasie der Ornamente, die pittoresken Personen und Landschaften im chinesischen Stil. Zu der Zeit, als der geistvolle Gozzi in seinem Theater die schöne *Turandot, Prinzessin von China* aufführte, gab man sich in Venedig eben gern chinesisch.

Zwei dieser bemalten, mit Lack versehenen Möbel habe ich von meinen venezianischen Reisen heimgebracht. Ich fand sie während meiner ersten Reisen in Hülle und Fülle bei den Antiquitätenhändlern, aber von Jahr zu Jahr wurden sie seltener, und die Preise stiegen dementsprechend. Heute könnte ich für die bescheidene Summe, die ich damals bezahlte, jene rote Kommode nicht mehr bekommen, die meinen Blick durch ihr schönes Zinnoberrot anzieht. Sie ist schlicht und sogar etwas grobschlächtig mit ihren vier Schubladen, die mit eleganten Handgriffen aus Kupfer versehen sind. Die beiden Seitenwände aber tragen, reliefartig hervorgehoben, Figuren und Vögel, die sich schwarz von dem roten Hintergrund abheben. Auf der Vorderseite verteilen sich, von Lade zu Lade stufenweise aufsteigend, kleine Männchen mit spitzen Hüten und langen Zöpfen, Pagoden mit aufgestülpten Dächern, Bäume und Blumenbuketts, auch Vögel, von denen ein besonders dicker sein Gefieder sträubt. Menschen, Tiere und Pflanzen sind vergoldet und von einem Netzwerk schwarzer Malerei umgeben. Der gleiche, noch viel üppigere Dekor ist auf der geschlossenen Oberseite dieser Kommode zu sehen. Man kann sie öffnen und herunterklappen, so daß sie zum Schreibtisch wird und an die Stelle der lackierten Platte ihre Rückseite tritt, die mit einem soliden, stark abgenützten Leder bezogen ist.

Dieser Verwandlungskommode habe ich als Gefährten ein

anderes Möbelstück gegeben, das sehr groß, sehr schwer und für meinen Geschmack sehr schön ist. Es handelt sich um einen großen Schreibtisch, der, wie man mir sagte, von einem Notar in Bassano stammt. Er ist wuchtig und schwarz, aber seine dunkle Masse wird auf den beiden Seitenwänden durch große goldene, sich windende Drachen aufgehellt; seine obere Partie und die beiden Türfüllungen tragen drei kuriose Szenen im Chinoiserie-Stil. Zwei sind viereckig, eine länglich. Die drei schwarz umränderten Bilder zeigen auf der intensiv gelben Farbe des Hintergrundes die Aussicht auf ein Stück »Reich der Mitte«; eines jedoch, das in den Fluten der venezianischen Lagune badet und dessen Idee wohl ein »Gozzi des Pinsels« von einer Traumreise ins Land der Pagoden, der Chinavasen und der Mandarine heimgebracht hat.

Was den eindrucksvollen Schreibtisch des Notars aus Bassano schmückt, mag eine Geschichte aus jenem halb imaginären China sein, von dem diese Malereien so bildhaft und phantasievoll erzählen. Auf einem bizarren goldenen Wagen in Form eines Drachens, den ein phantastisches Tier zieht, nähert sich, grüngekleidet, mit einem spitzen Hut und einem großen, roten Sonnenschirm ein hoher Würdenträger. So muß es wohl sein, denn hinter seinem Wagen wird ein Gefangener, der an einen Pranger gefesselt ist, mitgeschleift. Ein wild aussehender Mann folgt ihm, er trägt eine Standarte; eine Dame und ein gigantischer Hahn begleiten ihn. Der Zug geht über eine Brücke mit drei Bögen. Hinter sich hat er an einem großen rosa Felsen, an dessen Fuß ein goldfarbener Kiosk steht, ein Paar zurückgelassen, das an den Vorgängen uninteressiert ist und mit seinem Hund spielt. Der Zug wendet sich einer anderen Menschengruppe zu, die unter einem großen Sonnenschirm auf ihn zu warten scheint, um sich ihm bis zu einem windschiefen Hüttchen anzuschließen, unter dem ein dickbäuchiger Priester und ein spitzbärtiger Mann, der ihm aufzulauern scheint, sitzen. Dieses kleine Schauspiel hebt sich von einer vielgestaltigen Landschaft ab, einem Fluß mit Schiffen, einem Gebirge, auf dem man Pagoden und Häuser unterscheidet. Seine bewegte Linie windet sich einen Himmel mit fliegenden Vögeln entlang. Rechts und links blühen üppige Pfingstrosen, wie alles auf dem Bild eine Augenweide.

Das Bild auf der linken Türfüllung ist es nicht minder. In einem Wagen mit goldenen Rädern hat es sich die Person von vorher mit ihrem spitzen Hut und dem langen Schnurrbart bequem gemacht. Der Wagen, in dem sie spazierenfährt, wird von einem Diener angeschoben und von einem zweiten gezogen, dessen grüne Bluse und rote Hosen sehr gut wirken. Vorneweg marschiert der Anführer des Zuges. Auch er ist rotgrün gekleidet und trägt auf der Schulter einen Affen, der ihm ganz unehrerbietig seine eckige Mütze aus schönem goldgewirkten Stoff entreißt. Über dieser Szene erhebt sich auf einem felsigen Plateau mit vergoldeten Dachziegeln und Mauern ein Tempel, der wie eine Moschee aussieht und von einem Minarett gekrönt ist, durch dessen Spitze sich Halbmonde bohren. Neben dem Tempel schwankt ein Kamel, das von seinem Treiber am Seil geführt wird und auf seinem Rücken einen Herrn mit persischem Kopfputz trägt. Auch hier der gleiche Schmuck aus dichtbelaubten blühenden Pfingstrosen. Ein schöner Schmetterling mit schillernden Flügeln streift sie im Fluge.

Die Pfingstrosen blühen auf einem schönen ambrafarbenen Hintergrund auch auf dem rechten Türpaneel. Sie umgeben einen großen Tempel, der überhaupt nicht chinesisch aussieht und dessen Mauern aus gebranntem Ton die naive Abwandlung einer persischen Moschee sind. Über seine goldenen Dächer wölben sich eine Kuppel und ein hoher viereckiger Turm mit einer Laterne auf der Spitze. Nahe diesem prunkvollen Gebäude sitzt eine Person, mit einer rosa Tunika bekleidet und mit Schnabelschuhen an den Füßen. Vom Gürtel hängt ihr ein Säbel. Die Person hat einen erstaunten Ausdruck. Was mag sie betrachten? Ist es das Antlitz einer Sonne, deren rundes Gesicht man in einer Ecke des Bildes sieht? Wen mag sie erwarten? Ist es der imponierende Herr, der in der Sänfte auf sie zugetragen wird und der in der Hand ein Szepter hält, so majestätisch, wie der riesige purpurne Sonnenschirm? Er wird von Dienern getragen, unter denen ich den mit dem Affen wiedererkenne, der im benachbarten Bild so despektierlich entkleidet wird. Was wollen die beiden grotesken Bettler mit den Tiermäulern sagen; einer ärgert gerade einen Frosch, der auf dem Rücken eines der Träger sitzt. Das alles ist rätselhaft, aber reizend anzusehen, auch wenn man den Sinn nicht entziffern kann. Diese ineinander verschmelzenden und mit der Zeit blaß gewordenen lebendigen Farben, diese vollerblühten Blumen im dichten Laubwerk, diese Gestalten aus einem Orient der Phantasie, diese rosa Berge, diese goldenen Tempel umgeben das alte venezianische Möbel mit einem einzigartigen dekorativen Geheimnis.

Statt des Schlüssels zu seinem Geheimnis, den ich natürlich nicht besitze, bleibt mir wenigstens der eiserne Schlüssel, der seine beiden Türen öffnet. Hinter ihnen erscheinen vier übereinanderliegende, von vergoldeten Holzleisten getrennte Schubladen, die mit dicken Knöpfen wie mit Käppchen von Mandarinen versehen sind. Jedes dieser Schublädchen hat eine Zierleiste, auf die kleine Szenen mit Chinafiguren auf grünem, goldgepunktetem Grund gemalt sind. Zuerst eine Jagd, auf der ein Reiter ein wild aussehendes Tier verfolgt, dann eine weitere Jagd, wo ein nicht weniger wütender Reiter mit erhobener Streitaxt ein fürchterliches Tier angreift, ein Mittelding zwischen Büffel und Tiger, und darüber schwebt, nicht weit von einem furchteinflößenden Drachen, ein Schmetterling. Ob nicht auch dieser reiche Herr zur Jagd aufbricht, der auf sein rassiges Pferd gestiegen ist und, gefolgt von einem Bediensteten mit einem verhüllten Falken auf der Faust, sich zu einem See hinwendet, auf dem sich eine mit Ausflüglern beladene Dschunke wiegt? Auch das letzte dieser Miniaturbilder zeigt Spaziergänger. Sie wedeln mit ihren Fächern und sind in die Betrachtung eines von Früchten korallenroten Kirschbaumes und eines vergoldeten Vogels versunken, der eiligen Fluges diesem Festmahl zustrebt.

Hat man die beiden bemalten Türflügel wieder geschlossen, dann kann man die beiden hölzernen Stützen ausziehen und die Vorderseite des Schrankes herunterklappen, damit er einem eine breite Schreibtischplatte bietet, vor der man sich, die Brille auf der Nase und die Gänsefeder hinterm Ohr, niederlassen kann. Man hat in den Fächern und verschiedenen Lädchen, in die man alle möglichen Papiere einordnen kann, genügend Platz. In diese Schublade habe ich die Negative meiner Photos eingeordnet, die ich während meiner diversen Venedig-Aufenthalte gemacht habe; doch habe ich eigentlich gar kein Verlangen nach den Bildern, die auf den kleinen durchsichtigen Filmrollen festgehalten sind, wenn ich mich an die glücklichen venezianischen Stunden erinnern will. Ich lasse sie an der Seite von Ansichtskartenstößen weiterschlafen. Meistens, wenn ich am Schreibtisch des Notars aus Bassano sitze, genügt es mir, zwei große Broschüren herauszunehmen und in ihnen zu blättern. Die eine, *Typis Caroli Palesti,* 1742 zu Venedig gedruckt, enthält eine lateinische Lebensbeschreibung des Dogen Andrea Gritti von Alessandro Albrizzi, Prokurator von San Marco; die andere, die im gleichen Jahr in der *Stamperia di Carlo Palese* gedruckt wurde, enthält, wie ihr Titel sagt, »Poetische Kompositionen verschiedener Autoren, zusammengestellt aus Anlaß der Einführung seiner Exzellenz Alessandro Albrizzi in die Würde des Prokurators von San Marco«. Ich gestehe, daß ich die lateinische Vita des Dogen Gritti nie ganz gelesen habe, auch nicht die poetischen Kompositionen *In lode di Venezia.* Aber es macht mir immer wieder Spaß, die Einbände dieser beiden Gelegenheitsarbeiten zu betrachten. Sie sind aus einfachem Papier, aus dem zartesten Grün der eine, aus dem feinsten Rosa, das sich denken läßt, der andere, und auf beiden umgibt der gleiche weiße Spitzenrahmen das Wappen der Albrizzi: ein Löwe über den Zinnen eines heraldischen Schlosses, der zwischen seinen Pfoten das Glücksrad hält.

Auf dem Fresko im Treppenhaus des Palazzo Grassi, wo Pietro Longhi auf einem Hintergrund in Illusionsarchitektur die verschiedenen Teilnehmer eines Ricevimento versammelt hat, sieht man unter den Damen und Herren einen eifrigen Diener umhergehen, der auf einem Tablett eine Kaffeekanne und Kaffeetassen trägt. In meiner Vorstellung gleicht dieses Tablett jenen Holztabletts aus lackiertem oder bemaltem Holz, von denen ich eine ganze Auswahl aus Venedig mitgebracht habe. Viele habe ich an die Wand gehängt, denn sowohl wegen der Gegenstände, mit denen sie geschmückt sind wie auch wegen der lebhaften und unterschiedlichsten Farben, sind sie mir so lieb wie Bilder. Rot, gelb, grün, braun und schwarz sind sie, mit Blumen, mit Figuren oder einfachen Schmuckmotiven belebt. Das gelbe hier ist das reinste Blumenbukett, das grüne schmückt sich mit vergoldeten Rosen, auf dem braunen wiegen sich Stengel und Blütenkelche und ein kleiner flügelschlagender Vogel, auf jenem dort umranken Girlanden einen kleinen Tempel.

Anstelle eines Tempels ist es auch manchmal eine Pagode wie die, die hier auf dem zinnoberroten Tablett zu sehen ist, mit ihren verschnörkelten Bäumen und gekrümmten Brücken, zu denen sich noch zwei Figuren mit spitzem Hut und Zopf gesellen. Auch dieses hübsche Tablett, wo sich vor einem dunklen, metallisch-glänzenden Fond die Akteure einer Mandarin-Szene abheben, ist chinesisch beeinflußt. Ein China aus der Phantasie, venezianisch interpretiert, finde ich auf zwei seltsamen Stichen, die ich in Venedig kaufte. Das eine stellt einen Zug von Musikern und Gongspielern dar, das andere zeigt unter einem Portikus die Ankunft einer Prinzessin in der Sänfte, der eine wildaussehende Garde voranschreitet. Es ist anzunehmen, daß die Künstler sich von Vorlagen inspirieren ließen oder sich darauf beschränkten, sie zu kopieren und zu glasieren. Solch eine Arbeit könnte das amüsante Bild aus Holz sein, das ich einmal bei einem kleinen Händler entdeckte. Der Maler versammelt mehrere Personen bei einem drolligen Konzert. Ein bizarrer König mit einem Affengesicht spielt auf einer Orgel, und ein ebenso affenähnlicher Musiker begleitet ihn auf einem eigentümlichen, schlangenförmigen Instrument, während von einem Turm herab zwei Virtuosen die Trompete blasen. Es könnte eine Komödienszene des ehrenwerten Carlo Gozzi sein, bei der sich orientalisch gekleidete Personen unter die traditionellen Masken der Commedia dell'Arte mischen.

Es ist ein weiter Weg von Venedig zu den Ländern der

Chinavasen und der Miniaturen, und die kleinen Menschen auf meinen Tabletts haben unterwegs viel von ihrem ursprünglichen Charakter verloren. Dafür haben sie, als sie die Lagune erreichten, einen unsäglichen venezianischen Charme angenommen. Die Maler, die sie auf bescheidene Holzscheiben zeichneten, waren keine großen Künstler, eher schlichte Handwerker, die einen angeborenen Sinn für das Pittoreske, für Farbe und Komposition besaßen. Sie wußten mit Geschmack eine Frucht oder eine Blume abzuzeichnen, sie zu kolorieren und sie gefällig anzuordnen, eine Girlande zu winden, Ornamente ineinanderzuflechten, eine Arabeske zu stricheln, eine Spitze vorzutäuschen, hier und da einen diskreten goldenen Pinselstrich anzubringen.

Venedig dekoriert mit seinen Phantasie-Schöpfungen nicht nur Tabletts, sondern auch Kästchen und Schachteln, die den Damen für ihren Krims-Krams dienten. Auf diesem, in schönem Dunkelrot, sehe ich einen orientalischen Prinzen unter einem verblaßten, goldenen Sonnenschirm, dem die Diener mit liebenswürdigem Eifer zu trinken anbieten. Auf dem anderen scheinen zwei elegante Müßiggänger auf die Ankunft einer Sultanin zu warten, doch von allen meinen Dosen ist mir vielleicht die die liebste, die sich, ambra- und perlmuttfarben, wie der Rücken einer Schildkröte wölbt. Auf dem Deckel trägt ein Jäger im schönen Turban stolz einen Falken auf der Faust, dessen Kopf mit einem kleinen Goldkäppchen verhüllt ist.

Wenn sie auch nichts mehr von dem Kleinkram enthalten, den sie früher einschlossen, sind sie doch für mich nicht leer, meine venezianischen Kästchen. Sie enthalten die Fläschchen eines unsichtbaren Zaubertranks, der mich mit allen Wonnen und mit aller Wehmut der Erinnerung umnebelt. Venedig, immer in meinem Gedächtnis vorhanden, wird aufs neue belebt. Es erscheint mir wie die Dame mit dem geheimnisvollen Gesicht und der ovalen schwarzen Maske, die sich einst im oberen Zimmer des Palazzo Dario in meinem Fieber über mich beugte und mir eine Weintraube, diese »bell'uva«, an die Lippen hielt, die der »povere Marco« in seiner Barke ausrief, wenn er unter meinem Fenster vorbeiglitt. Sie steht neben mir, die Besucherin mit der ovalen Maske. Sie hat das Tablett von der Wand genommen und die Tasse daraufgestellt, in die sie nun ein paar Tropfen des Trankes der Erinnerung und der Verzückung hineingießt.

Ich bin von meinem Tisch aufgestanden. Ich habe eine der Schubladen meines großen Lackschreibtisches geöffnet und zwei lange Papierrollen herausgenommen. Vorsichtig habe ich sie entrollt und auf meinem Tisch ausgebreitet. Vor mir liegen zwei alte Stadtpläne von Venedig. Der eine trägt das Datum des Jahres 1792. Der andere dürfte noch älter sein, wenn man nach dem Stil der allegorischen Kartuschen geht, mit denen er geschmückt ist. Dort ist die Serenissima auf einem Meereswagen dargestellt, der von Delphinen gezogen wird. Auf beiden Plänen zeigt mir die einzigartige Stadt ihre typische Form, die an eine Muschel oder einen Fisch erinnert. Es könnte aber auch ein seltsames Schachspiel mit tausend Feldern sein, doch besteht es für mich nicht nur aus Linien, Schraffierungen und gebräuchlichen Zeichen. Venedig lebt, und ich entziffere seine Realität, die ich gerne an die Stelle des graphischen Schattenbildes dieses Gespenstes ohne Fleisch und Blut setzte.

Lange habe ich mich über Venedig gebeugt, wie es mir die Kartographen, die diese beiden längst veralteten Pläne zeichneten, vor Augen führten. Eigentlich ist es auch heute noch zu erkennen. Natürlich fällt mir hier und da eine Veränderung auf, doch finde ich alle mir teuren Plätze darauf wieder. Wenn auch viele Gärten auf der Giudecca verschwunden sind, so erkenne ich doch den, der heute der Garten Eden ist. Der Garten des Palazzo Venier ist genau an der Stelle eingezeichnet, wo er heute noch liegt. Diese alten Pläne könnten für Touristen noch immer nützlich sein. Venedig, die Stadt der Lichtreflexe, ist auch die Stadt der Dauer im Wechsel. Warum scheue ich mich zurückzukehren, da es mich doch seit vielen Jahren von sich fernhält? Habe ich vielleicht Angst, es nicht wiederzuerkennen und selbst nicht mehr der zu sein, der ich einmal war; habe ich Angst, daß die Zeit unsere Aufnahmefähigkeit verändert und daß wir vergangene Freuden nur zögernd wieder anstreben, weil wir ahnen, daß sie nicht mehr das sind, was sie einmal waren? Ist am Ende die Stunde gekommen, Venedig nur noch als das »Venedig bei sich zu Hause« zu genießen?

Wieder habe ich mich über meine alten Karten gebeugt, wo sich Calli und Rii ineinanderflechten, sich schneiden, ein Gespinst aus Spitze und Netzwerk auf die Stadt der Amphitrite und der Ariadne werfen. Ich betrachte die kleinen Schiffe und die winzigen Galeeren, die der Kartograph in das Becken von San Marco und in den Giudecca-Kanal eingezeichnet hat. Mancher Name fällt mir auf, der mir Erinnerung und Anruf ist. Ich bin gerührt und ganz von dem Wunsch ergriffen, meine Befürchtungen beiseite zu schieben und das Abenteuer der Rückkehr zu wagen: aus dem verlorenen Venedig ein wiedergefundenes zu machen. Ihr genügt mir nicht mehr, meine geliebten venezianischen Objekte, die ich um mich aufgebaut habe und die ihr mich an eine Vergangenheit erinnert, deren Zärtlichkeit vielleicht wieder aufbräche, kehrte ich zu den Stätten zurück, wo sie erlebt wurde! Ob ich dich je wiedersehe, bescheidene Casa Zuliana, und du, alter Palazzo Venier, werde ich jemals wieder den morastigen Boden deines Gartens unter den Sohlen spüren, wo der scharlachrote Salbei wuchs und die blühenden Rosen die Köpfe neigten? Wo sind die verrückten Tage im Palazzo Carminati und die langen Gespräche »unter dem Chinesen« im Café Florian? Werde ich noch einmal über dein Pavimento mit den eingelegten Perlmuttsteinchen gehen, seltsames Mezzanin des seltsamen Palazzo Vendramin ai Carmini? Ob sich in deinem goldenen Zimmer noch einmal mein Bild in der Spiegeltür reflektieren wird, wo ich mir vorkam wie der nächtliche Schatten meiner selbst? Und vor allem du, teuerster Palazzo Dario, wirst du dich jemals wieder meinen Schritten öffnen wie an jenem fernen Abend, als mich die Freundinnen willkommen hießen und als ich zum ersten Mal in der Mondnacht auf die Altana hinaufgestiegen bin?

Warum stürze ich mich nicht in dieses anziehende und

schwermütige Abenteuer? Venedig steht bereit und erwartet mich in seiner Schönheit und seinen Erinnerungen. Es bietet mir wie damals seine Steine und seine Wasser, sein Licht und seine Farben, das Labyrinth seiner Calli und Rii, die schweigende Fläche seiner Lagune dar, einfach alles, was mich einst entzückte. Doch leider würden mir in diesem wiedergefundenen Venedig zu viele Freundestüren verschlossen bleiben. Verschlossen die des Palazzo Venier und seines Gartens, verschlossen die des seltsamen Mezzanin im Palazzo Vendramin ai Carmini, verschlossen mit dem Siegel des Todes vor allem die des geliebten Palazzo Dario! Von den beiden venezianischen Freundinnen, die mich dort aufnahmen, mußte Madame de la Baume als erste gehen, und dann hat ein plötzlicher Tod auch Madame Bulteau, die Frau mit dem großen Herzen und dem wachen Geist, dahingerafft. Nichts ist von ihr geblieben als die Erinnerung, die ihre stets wache Freundschaft, ihre Intelligenz, Treue und Güte in unsern Herzen zurückgelassen haben. Bleiben wird alles, was sie denen war, die bei ihr Rat und Stütze suchten und an die sie die ihr innewohnende Lebensflamme weitergeben konnte. Eine Sekunde genügte, um diese Lebenskraft zu zerstören. Man hat mir nach ihrem Tod das venezianische Tintenfaß vermacht, in das ich gerade meine Feder eintauche, um mich ihrer dankbar zu erinnern. Sie bediente sich dieses Tintenfasses wohl auch, um so manche Prosaseite zu schreiben, wo sich ihr bedeutendes Talent als Schriftstellerin und Essayistin zeigte.

Ich habe ein letztes Mal meine alten Stadtpläne betrachtet, bevor ich ihre langen Rollen wieder in die Schublade legte. Ich habe sie sehr lange betrachtet. Einer der beiden trägt in seiner Kartusche die Inschrift *Nuova Pianta iconografica dell'inclita città di Venezia*, und ich kann meine Augen nicht von dieser Zeile abwenden. Werden sie eines Tages die illustre Stadt wiedersehen, oder schließen sie sich für immer vor dem fernen Bild dieser Schönheit?

Wiedergefundenes Venedig

Venedig, im Oktober/November 1924

Ich habe allein bei Cova zu Abend gegessen, nachdem ich den ganzen Tag durch Mailand gelaufen bin. Es ist immer noch das alte Mailand, mit seiner geräuschvollen und sympathischen Aktivität, seinem offensichtlichen Wohlstand und seinem geschäftigen Leben. Die kleinen gelben Trambahnen fahren mit großer Geschwindigkeit durch seine bevölkerten Straßen und kündigen durch gelegentliches Klingeln den Passanten, die ihnen ganz ohne Hast ausweichen, ihr Kommen an. An diesem schönen Nachmittag Anfang Oktober ist ganz Mailand unterwegs. Zur Stunde des Mittagessens hatte ich Mühe, unter den Arkaden bei Biffi, inmitten geräuschvoller Gespräche und im Rauch der Zigarren und Zigaretten, einen freien Platz zu finden. Am Nachbartisch sprach eine Frau mit großer Lautstärke auf mehrere Männer ein, die in ihrer Nähe saßen. Sie hatte ein gewöhnliches und regelmäßiges, überaus lebhaftes und ausdrucksvolles Gesicht; ich mußte, während ich sie betrachtete, an die so ganz anderen, sanften und zärtlichen Gesichter der Madonnen von Luini und Crivelli denken, die ich mir gerade in der »Ambrosiana« und in der »Brera« angesehen hatte. Die Neuordnung der Brera war nach dem Kriege noch nicht abgeschlossen, und deshalb waren nur einige Säle zu besichtigen.

Die mailändische Dame wird gleich aufbrechen. Sie pudert sich, sie schminkt sich die Lippen, zieht ihre Handschuhe an, wirft einen mißgelaunten Herrscherblick auf das sich leerende Lokal. Es scheint, ihr Tag beginnt schlecht. Ihre Bewunderer sind verschwunden, und keiner machte Miene, ihre Rechnung zu bezahlen. Mailand ist eine praktische Stadt, in der jeder vor allem an sich denkt. Den Beweis habe ich vor mir, doch habe ich keine Lust, mich bei moralischen Erwägungen und sentimentalen Betrachtungen aufzuhalten. Das Wetter ist schön. Die Sonne strahlt vom sanften Himmel Italiens und lockt mich nach draußen. Draußen auf dem Platz richtet der Dom seine Glockentürme aus durchbrochenem Marmor himmelwärts und erstarrt in seiner ungeordneten Masse mit den tausend Höhlungen im bläulichen Schatten. Ich habe das Bedürfnis, mich zu bewegen, ohne zu wissen, wohin ich eigentlich will. Vielleicht sollte ich in Santa Maria delle Grazie das halberloschene Phantombild betrachten, das einmal Leonardos *Abendmahl* gewesen ist, vielleicht in Sant'Ambrogio den alten Campanile mit den eingelegten Fayencescheiben wiedersehen oder in Santa Maria della Passione die Inschrift lesen, die sie der Liebe und dem Schmerz weiht: *Amori et Dolori sacrum*? Doch nein, lieber gehe ich ziellos durch die Straßen. Da trifft man auf Schritt und Tritt Kirchenportale und Paläste. Zuweilen sieht man durch ein Eisengitter das Grün eines Innengartens. Im Grunde schert mich das alles wenig. Was ich von den Dingen und von mir selbst will? Das Gefühl haben, da zu sein, wo ich bin, diese Luft einzuatmen, auf diesem Boden zu gehen, um mich herum die italienischen Stimmen zu hören, die bald auch außerhalb Mailands ein Wort, einen Namen aussprechen, den ich mir in den Jahren des Kummers und des Erinnerns so oft wiederholt habe.

Der Tag neigte sich schon, als ich vor dem Castello stand. Ich betrat den weitläufigen Vorhof. Links liegt die Rochetta und rechts, im herzoglichen Hof, der Sforza-Palast. Diese starke Festung aus rotem Backstein hat, obschon viel zu stark restauriert, noch immer ein kriegerisches und herrschaftliches Aussehen. Ich gehe in den Park. Dort ist eine dicke Kanone aufgestellt, eine Trophäe aus dem Weltkrieg. Kinder sind auf die Lafette geklettert und rufen lachend nach dem Photographen, vor dessen Apparat die Mailänder Mütter ihre Sprößlinge auf der riesigen österreichischen Haubitze posieren lassen. Als der Tag sich neigt, rüstet sich der Photograph zum Aufbruch. Die Dämmerung kommt sacht. Die Spaziergänger werden seltener. Von Zeit zu Zeit saust ein flinker Radfahrer an mir vorbei. Die Luft wird frischer. Ein leichter Dunst legt sich über die Mauern, steigt vom Rasen auf. Ich verlasse die Bank, auf der ich gesessen habe. In der Ferne, an der Porta Sempione, reckt der Arco della Pace seinen napoleonischen Marmor in den Himmel.

Wieder habe ich allein bei Cova diniert. Der Speisesaal, von Lampen mit roten Seidenschirmen erhellt, ist fast leer. Nichts zu spüren von den belebten Restaurants in den Galerien. Ein gutgeführtes Haus, bestes Renommee, diskrete, lautlose Bedienung, schätzenswerte Küche. Eine ansehnliche Rechnung. Das ist nicht mehr das wohlfeile Italien von früher, aber es ist Italien . . .

Morgen werde ich in Verona sein.

Beinahe hätte ich Verona verpaßt. Der Schnellzug hält nämlich jetzt an der Porta Nuova und nicht wie früher an der Porta Vescovo. Der alte Hauptbahnhof ist zweitrangig geworden, nachdem der an der Porta Nuova wieder aufgebaut wurde. Ich hatte gerade noch Zeit, mit meinen Koffern aus dem Zug zu springen, das Auto ist über das harte Pflaster der veronesischen Straßen gerumpelt und hat mich vor dem Hotel San Lorenzo abgesetzt. Man hat mir ein sehr großes Zimmer gegeben, dessen Fenster auf das Ufer San Lorenzo und auf die Etsch gehen. Ich höre das Murmeln ihres raschfließenden Wassers und sage mir den Vers von Gérard d'Houville* auf: *L'Adige rouge et jaune où pleura Juliette* (Roter und gelber Adige, wo Julia weinen wird . . .)

Morgen werde ich mir die Etsch anschauen, wie sie ihre purpurnen, bitteren Fluten unter den gezackten Brückenbögen des Ponte del Castel Vecchio hindurchrauschen läßt und mit ihren plötzlichen Strudeln an die alten römischen Pfeiler des Ponte Pietra stößt; doch heute abend gehe ich nicht zu Bett, ohne auf der Piazza delle Erbe den Löwen von Venedig auf seiner Säule begrüßt zu haben. Vorher esse ich zu Abend, aber der

* eig. Marie-Louise-Antoinette de Heredia, frz. Schriftstellerin, mit Henri de Régnier verheiratet. (Anm. d. Verl.)

Speisesaal des Hotels San Lorenzo ist kein Ort besonderer Heiterkeit. Sobald ich meine einsame Mahlzeit beendet habe, bin ich aufgebrochen. Es war noch warm, der Himmel sternenlos. Durch die Porta Borsari habe ich den »Grünen Markt« erreicht. Die hohen elektrischen Straßenlaternen verbreiten ein grausames Licht, man sieht die abbröckelnden Fassaden in ganzer Härte. Auf seiner Säule nahe dem barocken Palazzo Maffei hält der Löwe von San Marco Wacht. In Santa Maria Antica, auf ihren einzigartigen eisenvergitterten Gräbern wachen mit erhobenen Lanzen auch die Reiterstandbilder der Scaliger. Ich habe die Piazza dei Signori überquert und bin am Ende der Piazza delle Erbe auf die Via Nuova gekommen, auf der sich das Nachtleben Veronas abspielt. In dieser engen Straße dürfen keine Autos fahren. Das Pflaster ist den Spaziergängern vorbehalten, die vor den immer noch erleuchteten Schaufenstern stehenbleiben. Einige Cafés, ein Kino, dann kommt man zur Piazza Vittorio-Emanuele, wo die Arena ihre arkadenbekränzten Rundmauern zeigt. Einige Regentropfen fallen.

Ich bin durch ein Gewirr kleiner dunkler Straßen zum Hotel zurückgekehrt und in mein Zimmer gegangen. Nichts rührt sich. Ich höre das Sirren einer Mücke. Ihre Anwesenheit sagt mir, daß der Herbst kaum begonnen hat und daß es noch sonnige und heiße Tage geben wird. Sie sagt mir auch, daß das Moskitonetz noch nicht überflüssig ist. Nun liege ich unter seinem schützenden Schleier. Die Lampe ist gelöscht, im Zimmer bin nur ich und das Schweigen, das Schweigen und alle seine Erinnerungen.

Kinderstimmen, schrill und freudig, dringen von der Riva San Lorenzo herauf. Die jugendfrischen Julias von Verona und ihre jungen Romeos sind schon früh, zur Stunde der Lerche, aufgestanden. Sie haben mich aus einem traumschweren Schlaf gerissen, in dem ich die Veronas von früher wiedergesehen hatte, dasjenige, das ich vor Jahren zum ersten Mal an einem heißen Septembertag zu Gesicht bekam und andere, die ich sah, wenn ich auf dem Hin- und Rückweg von Venedig dort allein oder mit Freunden meine Reise unterbrochen habe. Alle diese Veronas fand ich in meinem Traum wieder; jedes berührte mich unterschiedlich, je nach der Jahreszeit oder den Umständen, an die es mich erinnerte. Als ich erwachte, glaubte ich im gleichen Speisesaal des Hotels San Lorenzo zu sitzen, und vor unserm Tisch hatte sich ein seltsamer Mensch aufgebaut. Es war ein großer schnurrbärtiger Junge, bekleidet mit einem schwarzen Rock, um den Hals eine Krawatte mit flatternden Enden. Der schlaksige Kerl verkaufte Früchtekuchen, und das mit so sprechenden Gesten, daß wir in lautes Gelächter ausbrachen. Und in diesem Moment hat das Lachen der Kinder von der Riva meinen Traum unterbrochen.

Sie haben gut daran getan, denn ein Tag ist zuwenig, um durch Verona zu streifen. Wirklich, dieser eine Tag ist sehr schnell vergangen, und ich bin weder bis zum abgelegenen San Zeno noch ins Museum gekommen, um dort die kuriose Jungfrau mit den Engeln von Crivelli zu sehen, aber ich war im Dom und habe Sant'Anastasia besucht, wo auf einem fast verblichenen Fresko des Pisanello Sankt Georg den Drachen tötet und neben ihm die seltsame Prinzessin von Trapezunt zu sehen ist. Lässig bin ich durch die Straßen flaniert, da und dort bin ich vor der Fassade eines Palastes stehengeblieben. Verona besitzt einige schöne Bauten. Ich liebe den Bevilacqua, den Canossa, den Portalupi und viele andere, auch den in der Via San Cosimo, dessen steinerne Mohren im Turban einen auf die Idee bringen könnten, es sei hier das Haus eines Veroneser Othello; doch scheint mir Verona mehr als auf Othello auf Romeo und Julia zu bauen. Verona scheint weniger von Leidenschaften ergriffen als von den kleinen Sorgen des Bürgerlebens. In seiner schönen mittelalterlichen und römischen Vergangenheit träumt es friedfertig vor sich hin.

Auf vielen Umwegen hat mich mein Spaziergang auch zum Ponte di Pietra geführt. Mit seinen mächtigen römischen Brükkenbögen aus rotem Backstein herrscht er über den Fluß, der eilig unter seiner Wölbung hindurchrauscht. Seine solide Bauweise hat ihn den Unbilden der Zeit trotzen lassen. Lange habe ich mich über das Brückengeländer gelehnt und in das fließende Wasser hinuntergesehen. Eine belebende Frische stieg von ihm auf. Als ich die Augen hob, sah ich zum Castello San Pietro mit seiner Garde von Zypressen hinauf, die sich von einem bedrohenden grauen Himmel scharf abzeichneten. Ein alter Fiaker fuhr leer vorbei. Kaum hatte ich mich in die Kissen niedergelassen, prasselte schon der Regen, und ich mußte mich schleunigst unter das Verdeck des Klapperkastens ducken. Das Ende des Regengusses habe ich dann in Santa Maria in Organo abgewartet.

Es hatte fast zu regnen aufgehört, als ich an der Pforte des Palazzo Giusti läutete. Bevor die Wärterin mich in den Garten einließ, hatte sie das Gitter, das ihn vom Hof trennt, schon wieder geschlossen. Ich bin der einzige Besucher, er gehört mir ganz allein. Die einzige Stimme, die ich höre, ist die der bemoosten Fontäne, die mitten auf dem Rasen ihr Wasser in die Brunnenschalen ergießt. Wenn ich die Statuen, die auf ihren schartigen Sockeln dahindämmern, etwas frage, so antworten sie mir nicht. Die Einsamkeit spricht nur mit sich selbst, und die großen Zypressen, die die Hauptallee säumen, sind noch stummer als das Schweigen ringsum. Riesig und jahrhundertealt reihen sich ihre grauen Stämme aneinander und sehen aus wie steingeworden. Manche sind fast abgestorben, andere steigen in kraftvollem Schwung empor, tragen ihr dunkles Laub sehr hoch und sind am Ende zugespitzt. Sie haben etwas Mönchisches und Kriegerisches an sich. Sie sind erstarrt in pflanzlicher Disziplin, unbeweglich in ihrem immergrünen Laub. Ich denke an ihre Brüder in der Villa d'Este, an ihre Brüder auf den großen Friedhöfen von Scutari und Eyoub. Ein bitterer Geruch entströmt ihnen.

Langsam bin ich die Pfade emporgestiegen, die von Terrasse zu Terrasse in Serpentinen zu dem Felsen führen, der den Hintergrund des Gartens abschließt. Es sind steinige Pfade, und sie sind durch abkürzende Treppchen miteinander verbunden. Endlich gelangt man zum Belvedere, von wo man ganz Verona mit seinen zusammengedrängten Dächern und seinen Campanile überblickt. Dicke graue Wolken ziehen am Himmel. Unter mir scheint der Garten in seinem leuchtenden Grün zu vergehen. Der Herbst hat ihm noch nicht geschadet; an die Steinbalustrade gelehnt, fühle ich mich plötzlich von dunkler, tiefer Freude, von einem Glücksgefühl erfüllt, das aus diesem Himmel und diesen Bäumen, aus der schwachen Klage der Fontänen, dem Rauschen der Blätter, dem feuchten Geschmack der eingeatmeten Luft besteht, auch aus dieser Einsamkeit und Stille, hier sein zu können...

Ich werde keine Station in Padua machen.

Das Wetter ist nicht schön genug, um bis zur Villa Valmarana und zur Rotonda hinaufzugehen, obwohl der graue Himmel, der über Verona hing, sich inzwischen aufgehellt hat. Doch genügt mir Vicenza durchaus für die paar Stunden, die mir zur Verfügung stehen. Ich werde über den Corso und die Piazza dei Signori flanieren und vor dem Palladio-Dom haltmachen. Ich werde mir wieder einige der schönen Paläste ansehen und für einen Augenblick in das Olympische Theater hineingehen. Dann werde ich auf die Piazza zurückkehren und von den goldenen Zeigern, die das azurblaue Zifferblatt auf dem Glockenturm umkreisen, die Stunde ablesen. Die Zeit wird vorbeigehen. Ich werde ihr tausend Erinnerungen zum Fraße vorwerfen. Sobald ich im Hotel Roma angekommen war, hatte ich mich nach den Zügen in Richtung Venedig erkundigt... Doch will ich diesen Tag in Vicenza nicht allein zubringen; ich will den illustren Tito Bassi, dem ich schon früher »die heroische Illusion« geschildert habe, bitten, mein Gefährte zu sein.

Heute nacht habe ich geträumt, sie wäre nicht mehr da... An ihrem Platz war nichts mehr als die unendliche, monotone weltabgeschiedene Fläche der Lagune, die unter einem verlassenen Himmel ihre nackte Oberfläche ausbreitete. Nichts ragte aus dem Wasser heraus, keine Insel, keine Spur, die die Stelle bezeichnet hätte, wo in ihrem flüssigen Leichentuch, in ihrem geheimen Grab, die Verschwundene ruhte!

Der Zug läuft in den Bahnhof von Padua ein ... Es ist heiß, ich habe Durst, meine Kehle ist ausgetrocknet; ich denke an jenes Café Pedrocchi, in dem der Neffe des Kanonikus für Stendhal einen exzellenten *zambazon* servieren ließ und ihm dabei die Geschichte der Herzogin Sanseverina und ihrer Intrigen am Hofe zu Parma erzählte. Ich denke an Stendhal, weil ich eigentlich nicht denken will; ich denke an Stendhal wie die Leute, die nachts singen, um sich zu beruhigen; ich denke an Stendhal, weil ich Angst habe, Angst vor einer zauberhaften Angst, und ich habe sie gewollt.

Mestre! In mein Abteil sind zwei Herren eingestiegen, einer hat eine *Gazzetta di Venezia* auf die Sitzbank gelegt. Ich lasse sie nicht aus den Augen. Der Zug ist langsamer geworden, und plötzlich hat sich im Abteil lau und durchdringend dieser Duft ausgebreitet, den man nicht vergißt, ein Geruch, in dem für mich eine ganze Vergangenheit wieder auflebt, ein Geruch nach frischem Gras, nach Sumpf und See, der Geruch der Lagune, der Geruch Venedigs.

Ich bewohne im Hotel Regina das Zimmer Nr. 8 in der ersten Etage. Es ist ein enger und langer Schlauch und hat die Aussicht auf den Canal Grande, fast gegenüber der Salute. Als ich es betrat, schien die Sonne hinein, und auf der Kommode blühte in all seiner weißen Pracht ein dicker Strauß Tuberosen, der ein Willkommensgruß war und mir eine liebenswürdige Nachbarschaft verhieß. Ein Billet verpflichtete mich zu baldigem Besuch, sobald ich mich ein wenig von der Reise ausgeruht und die ersten Besorgungen erledigt hätte. So werde ich also in Venedig, ganz in der Nähe, eine Freundin haben, die mich daran hindern wird, zu sehr der Vergangenheit zu leben, und die mir – neben meinen Erinnerungen, die in der Melancholie der flüchtigen Zeit sicher wieder aufleben werden – eine charmante Ablenkung bringt. Es bedarf keiner Frage, daß man mir die Einsamkeit läßt, die ich benötige, um die Vergangenheit mit der Gegenwart, das so lange ersehnte Venedig mit dem heute wiedergefundenen zu verknüpfen.

Sobald ich meine Koffer ausgepackt hatte und dabei den starken Duft der Tuberosen atmete, bin ich hinausgegangen. Es war ein schöner Nachmittag im sanften, immer noch prachtvollen Licht des beginnenden Oktobers, es war das Ende eines schönen Tages, der mich bereits am Bahnhof mit dem Spiel seiner Sonne auf dem Wasser des Kanals und den Steinen der Fassaden, mit seinem Funkeln auf dem gezähnten Eisen der Gondeln, mit allem Charme, aller Melancholie und Schönheit des unwandelbaren und lebendigen Antlitzes von Venedig empfangen hatte. Auf den ersten Blick hatte ich seine Züge wiedererkannt. Ob es mein langes Fernsein verziehen hat, meine ängstliche Besorgnis, meine Furcht, es könnte nicht mehr so sein, wie es früher war? Ja, Venedig hat mir vergeben, denn es öffnete mir seine Straßen aus Wasser und Stein, und eine seiner schwarzen Gondeln hatte mich wie eh und je durch den Irrgarten der Kanäle bis vor das Zimmer geleitet, das ich gerade verlassen habe. Und es wird nun Tag um Tag das meine sein, dieses Zimmer, durch dessen Fenster ich unter mir die Salute mit ihren Marmortreppen sehe und in dem mit ihrem schweren Duft die wächsernen Tuberosen blühen!

So vor mich hinträumend, bin ich durch die Calle San Moisè bis zum Markusplatz gekommen. Wie in Verona hatte ich das dumpfe, heimliche Glück, daheim zu sein. Meine Augen und mein ganzer Körper nahmen mit den Dingen auch wieder ihre alte Intimität wahr. Das Marmorpflaster war meinem Fuß vertraut, die Luft tat meinem Gesicht wohl. Ich schien in einer Dauer zu leben, die nie unterbrochen worden war. Ich war auch nicht der Spaziergänger von heute, sondern der aus dem oder dem Jahre. Mein ganzes venezianisches Leben bestand nur mehr aus einer Einheitszeit, und die durchlebte ich ganz intensiv. Sie bestand nicht mehr aus einander folgenden oder nebeneinandergesetzten Erinnerungen, sie lebte in sich selbst, und ich trug sie in mir, unversehrt, getreulich, lebendig...

Lange bin ich meiner Wege gegangen, dann dämmerte es, und es wurde Abend. Ich fand mich vor dem Vapore, bin hineingegangen und habe zu Abend gegessen. Danach bin ich wieder ins

Hotel zurückgekehrt. Der Duft der Tuberosen hatte mein Zimmer so erfüllt, daß ich das Fenster öffnen mußte. Lange bin ich aufgeblieben und habe in die Nacht geschaut, bis die Glocken der Salute Mitternacht schlugen. O ihr schönen nächtlichen Glocken, kündigt ihr mir nicht an, daß sich Venedig mir wieder gastfreundlich darbietet und daß Gegenwart und Vergangenheit verzückt ineinander verschmelzen? Sei gegrüßt, gestern, heute und für immer, Venedig, du wiedergefundenes Venedig!

Vom Morgen bis zum Abend habe ich die ersten Tage damit verbracht, Venedig zu durchstreifen. Allmählich verknüpften sich mir wieder die feuchten Bahnen seiner Kanäle und die steinernen Bänder seiner Calli. Mit all seinen Fassaden schaute Venedig mich aufmerksam an. Es sprach zu mir mit allen seinen Glocken. Die gekrümmten Bögen seiner Brücken durchbohrten mich mit allen Pfeilen der Lust. Ich habe bis an die Grenzen seiner Lagune wieder von ihm Besitz ergriffen. Ich habe mich reich gefühlt im Glanze von San Marco, seines Goldschatzes, seines Marmors, die mir wie die Schale unvergänglicher Früchte eine immerwährende herbstliche Reife darbot, reich an Erinnerungen und so lebendig, daß Vergangenheit und Gegenwart im Gewebe der Zeit die gleiche schwesterliche Gestalt annahmen.

Die Fenster des Palazzo Dario stehen offen. Es ist noch früh am Morgen, die Sonne streichelt den leuchtenden Marmor seiner Fassade. Porphyr und Serpentin überziehen ihn mit ihren lombardischen Scheiben. Oben auf dem Dach erhebt die Altana ihr leichtes, luftiges Geviert. Auf den Stufen der Wasserpforte kniet ein Mann, der ein Wäschestück im Kanal schwenkt. Ich erkenne Carlo. Auch er hat mich wiedererkannt; mir scheint, er ist weniger überrascht, als ich es bin. Dann ist die Gondel schon vorbei, sie gleitet jetzt an der korbförmigen Doppelterrrasse des Palazzo Venier entlang. Durch das Gitter sehe ich in den Garten. Glyzinien und wilder Wein ummanteln den alten unvollendeten Palast, der nicht bewohnt zu sein scheint. Ich bin einer dicken Barke mit Weintrauben begegnet. Sie türmen sich in grobgeflochtenen Körben. Es ist die bell'uva, die der »povere Marco«

ausrief, wenn er um die Ecke des Rio della Torresella bog, doch heute habe ich kein Fieber und atme mit Wonne die venezianische Luft, die den Geschmack des Glücks hat.

Ich sitze auf der kleinen Terrasse des Hotel Regina, dessen marmorne Balustrade in der Sonne leuchtet, neben Madame T. Sie trägt einen Hut aus dunkelgrauem Stroh und hat ihren Sonnenschirm aufgespannt. Sie ist hochsommerlich gekleidet, denn wir haben ja immer noch Sommer an diesem strahlenden Nachmittag, da die Luft zwar heiß, aber auch sanft ist. Man fühlt sich wohl auf dieser Terrasse, wo es nach Kaffee, Zigaretten, kühlem Stoff riecht, und dazu kommt ein Hauch frischer Seeluft. Gelegentlich gleitet eine Gondel mit leichtem Ruderschlag an der Balustrade vorbei, man hört das Geräusch einer abgesetzten Tasse, das Zischen eines Streichholzes mischt sich darunter. Man unterhält sich von einem Tisch zum nächsten. Die meisten Gäste des Hotel Regina sind Engländer oder Amerikaner. Dann allmählich leert sich die kleine Marmoresplanade. Die Ladies und Gentlemen schwärmen nach Venedig aus. Es ist die Stunde der Promenade, doch ist es genauso angenehm, hier sitzen zu bleiben, freundschaftlich zu plaudern und ein angenehmes Gesicht unter einem zarten dunkelgrauen Strohhut zu betrachten, ein lächelndes, leicht gebräuntes Gesicht.

Madames Gesicht scheint mir weniger gebräunt als ihre Hände, deren tiefbraune Haut sich der Ambra-Farbe der nackten Arme anschließt. Es kann gar nicht anders sein, wenn man soeben am Lido einen Badeurlaub verbracht hat. Genau das ist bei Madame T. der Fall. Nachdem die Kur beendet und die »Saison« am Lido vorbei ist, ruht sie sich noch in Venedig aus und gibt mir eine amüsante und bildhafte Beschreibung dieses mondänen Strandes, wo ganze, fast nackte Völkerscharen von Badenden im Sand beschäftigt sind, sich rösten zu lassen und alle Farbschattierungen der Bräunung mittels Salzwasser und Sonne zu erlangen. Beide Geschlechter jeden Alters wetteifern miteinander, dieses Ergebnis zu erzielen, und keiner nimmt es mit der Schamlosigkeit genau. Man setzt sich geradezu tollkühn der Sonne aus, was die

Neuankömmlinge schnell verwandelt und ihnen die erwünschte Farbe beschert. Es scheint, als sei dieser adriatische Strand die Lagerstätte eines wilden Volksstammes geworden, der sich aus Individuen zusammensetzt, die alle Nuancen von Braun aufweisen, eine Patina aus Bronzetönen von der hellsten zur dunkelsten Schattierung, aller Abstufungen von Ocker, die die Haut eines ehemaligen Bleichgesichts und einer Ex-Weißen unter Einwirkung der solaren Chemie nur besitzen kann. So bietet der Lido das Spektakel eines Karnevals, neben dem der von Venedig ein Kinderspiel war und bei dem die Verkleidung darin besteht, sich die Epidermis eines Mulatten oder einer Quarteronin* zuzulegen.

Von Juni bis Oktober kann man erleben, wie sich diese Sandmaskerade abspielt, wo die kosmopolitischen Häute es sich nach dem Stammesritus im Freien wohlsein lassen. Aber ist der Oktober gekommen, zerstreut sich die Horde. Die Zelte werden abgeschlagen, die Liegestühle ins Haus getragen, und der Lido wird nicht gerade wieder zu dem »schrecklichen Lido«, wie ihn Musset besingt, sondern zu der langen Uferstraße, an der die großen Hotels zurückbleiben, die die merkwürdige Mode zu baden aus dem Boden schießen ließ. In deren Abgeschiedenheit ist es aber, wenn die Saison vorbei ist, äußerst ungemütlich geworden, während das nahe Venedig einem seine glanzvollsten herbstlichen Vergnügungen offeriert.

Sicher ist es dieser Wunsch der jungen Frau, dem ich ihre Anwesenheit im Hotel Regina verdanke, daß ich neben ihr auf dieser sonnigen Terrasse sitze und daß ihr gebräuntes Gesicht mir unter dem dunkelgrauen Strohhut zulächelt.

Zwei Besuche habe ich noch zu machen, auf die ich nicht verzichten will, denn ich bin erst ganz in Venedig zu Hause, wenn ich den Palazzo Vendramin begrüßt habe. Und könnte ich dich vergessen, bescheidene Casa Zuliana? Wer weiß, ob nicht auch die Dinge ein Gedächtnis haben und ob sie nicht das Andenken spüren, das man ihnen bewahrt hat?

* Viertelschwarze. (Anm. d. Ü.)

Per Zufall befand ich mich plötzlich vor dem Palazzo Carminati. Ich war von San Staè am Campo di San Giacomo dall'Orio über den Ponte Colombo gekommen, als ich ihn erkannte, vierschrötig, grau, immer noch mit seinem Air von Unabhängigkeit, seine Fassade in seinem einsamen Rio spiegelnd. Und da ich ganz allein war, habe ich zu lachen begonnen und an die tollen Tage gedacht, die wir dort verbracht hatten, im fernen Frühling des Jahres 1912. Dabei war mir nicht einmal weh ums Herz, ich war dankbar dafür, daß es das alles gegeben hat. Die jetzige Stunde war so schön, der venezianische Himmel so klar, und ich war von dem großen Glück erfüllt, Venedig wiedergesehen und wiedergefunden zu haben! Ein ähnliches Gefühl hatte ich vor dem Palazzo Vendramin. Eine schwere Barke, mit leeren Flaschen beladen, glitt über den Rio di Santa Margherita. Die Fenster des Mezzanins waren geschlossen, doch die geöffneten Läden zeigten, daß es bewohnt war. Dieser Gedanke war mir überhaupt nicht unangenehm. War es nicht in Ordnung, daß auch nach mir irgend jemand sich über das »goldene Zimmer« freuen konnte, an seinen Fayencen und seinem Stuck? Warum sollte ich ihm ein Vergnügen neiden, das früher einmal meines gewesen war? Und warum sollte ich mir durch Erinnerungen und Vergleiche den Spaß am Heute verderben lassen? Immer wieder habe ich zu den Fenstern des Mezzanin hochgeschaut. Es war die Stunde, da die Sonne sie erreicht, wo sie den Perlmutt im Pavimento aufleuchten läßt und wo sie auf den weißen Wandverkleidungen für einen Augenblick das verblaßte Gold lebendig macht.

Ich habe geläutet, die Tür hat sich geöffnet. Ich bin die Treppe hinaufgestiegen. Die Signora Z. hat mich wiedererkannt. Sie ist alt geworden und die Casa ebenfalls. Sie hat kaum noch Gäste, denn die Türen vieler Zimmer stehen offen, die Betten sind nicht bezogen und zeigen auf ihren unbedeckten Matratzen die sorgfältig zusammengelegten Tagesdecken. Die Signora Z. bittet mich in den Salotto, und während ich mit ihr plaudere, sehe ich durch die Fensterscheibe das Grün des Venier-Gartens.

Bevor ich mich von der Signora verabschiede, entschuldige ich mich, daß ich nicht bei ihr abgestiegen bin. Sie hat mir mit liebenswürdiger italienischer Höflichkeit geantwortet. Als ich wieder durch das Vestibül gehe, werfe ich einen Blick in das Zimmer, das ich mehrmals bewohnt hatte. Ein Zimmermädchen ist dabei, es herzurichten, so als erwarte man den Reisenden, der ich einst war, und ich bin etwas beschämt, der alten Casa Zuliani untreu geworden zu sein und ihr die Annehmlichkeiten des Hotel Regina vorgezogen zu haben . . .

Die Tage gehen dahin. Wie schnell ist man wieder eingefangen vom Charme des süßen, gemächlichen venezianischen Lebens! Was ist nur los mit dieser Luft, mit diesem Licht, das einen heimlich durchdringt, das einem Gewohnheiten auferlegt, denen man sich gelehrig anpaßt? Warum ist man hier nicht derselbe wie anderswo? Welchen geheimnisvollen Mächten gehorcht man hier, welcher Überzeugungskraft der Dinge, welcher unsichtbaren Instanz? Wie rasch man doch wieder ein »guter Venezianer« wird! Ein paar Paläste besichtigen, diese und jene Kirche, ziellos über den Markusplatz oder unter den Arkaden der Prokuratien bummeln, ins Café Florian gehen und sich »unter den Chinesen« setzen, in der Merceria flanieren, im Garten Eden den Tag enden sehen, von Gasse zu Gasse streifen, die Fondamente Nuove und die Zattere durchmessen, in der Gondel über die Lagune gleiten, warum machen diese einfachen Tätigkeiten, die einem so geläufig sind, einen anderen Menschen aus uns und vermitteln ein so einzigartiges Glücksgefühl? Oft habe ich versucht, eine Erklärung für diese Verzauberung zu finden, konnte den Zauberspruch aber nie in seine Elemente zerlegen. Venedig hat sein Geheimnis bewahrt. Auch dieses Mal wieder entschlüpft es mir, und ich bin zufrieden, behaglich Stunde um Stunde, Minute für Minute, diese Tage zu genießen, die in meinem Leben den Stellenwert eines »Über«lebens haben.

Ich fürchtete, nach zehn Jahren Abwesenheit ein Venedig wiederzufinden, das anders war als das, welches ich gekannt und geliebt hatte, doch merkte ich bald, das dem nicht so ist. Es ist das gleiche geblieben. Die paar Schäden, die der Krieg angerichtet hat, sind behoben. Die Kunstwerke, die man aus der Gefahrenzone ausgelagert hatte, haben wieder ihren Platz. Die Accademia, die neu geordnet ist, präsentiert ihre Meisterwerke nun viel besser. Der Saal mit den Carpaccios ist mit besonders glücklicher Hand eingerichtet worden. Man hat begonnen, die Sammlungen des Museo Civico in den Teil der Neuen Prokuratien zu verlegen, der zu diesem Zwecke von der Krone geräumt wurde. Sie haben dort einen viel besseren Platz als im Fondaco dei Turchi. Immer noch zirkulieren die Gondeln über den Canal Grande. Einige besitzen jetzt einen Motor, doch scheint diese Neuerung noch nicht allzusehr um sich gegriffen zu haben. Dagegen hat sich die Zahl der Motorboote vergrößert; sie sind meist aus hellem Holz, elegant und haben nichts Ungraziöses an sich. Hier und da sind neue Häuser in einem Stil, der keineswegs störend wirkt, entstanden; selbst die sind es nicht, die in der Gegend der Pappadopoli-Gärten, in Bahnhofsnähe stehen und die eine neue Arbeiter- und Kleinbürgerstadt bilden. Dem Himmel sei Dank, daß Venedig weder Tramways noch eine Metro besitzt und daß in seiner edlen Stille immer noch die Glocken seiner Campanile hörbar sind, die noch nicht die Stunde der Modernisierung eingeläutet haben.

Es waren jedoch weniger die materiellen Veränderungen, die ich in Venedig zu finden fürchtete, sondern eher das ungute Gefühl, daß ich mich zu sehr einer Vergangenheit verpflichtet fühlte, in der ich einige der schönsten Stunden meines Lebens verbracht hatte. Ich fürchtete, Venedig nur durch die Brille einer Zeit zu sehen, deren melancholisches Gespenst ich selbst war, ich fürchtete auch, daß ihre allzu gegenwärtigen und allzu despotischen Schatten mich nicht losließen. Gewiß wollte ich mich den Freuden von einst gegenüber nicht undankbar erweisen, aber ich wünschte mir, daß zu all diesen Gaben noch ein paar neue hinzukämen. Ich begehrte sie und hatte Angst, sie würde sich mir verweigern. Die dunkle Vorahnung verursachte mir eine irrsinnige Angst, die sich in meine Begehrlichkeit mischte. Ach, wie unrecht hatte ich, mich vor dem Empfang durch die schöne, zärtliche Verlassene zu fürchten, und wie rasch habe ich gespürt, daß sie sich mir von neuem in freigebiger Schönheit darbot!

Ich habe es wiedergefunden, mein Venedig von einst, und vom heutigen Venedig habe ich manches erfahren, was ich jetzt zum ersten Mal sehe. Eine bestimmte Schattierung des Himmels, ein Reflex auf dem Wasser sind eine Entdeckung für mich. Auch der Sonnenstrahl auf der alten Mauer und dieser vorgewölbte Balkon, die Gesten des Ruderers, das Dahinschlängeln einer Alge, der Nachhall dieser Stimme und dieses Schrittes – sind das nicht ganz neue Gaben, die das Venedig von heute meinem Gedächtnis von morgen schenkt? Fügt nicht auch diese Stunde sich ein in den kostbaren Tresor entflohener Stunden? Dank dir Venedig, du Unerschöpfliche!

Ich mag die schweren Tuberosen, deren Duft so veränderlich ist, einmal von friedfertiger Mattigkeit, dann wieder sich zu einem heftigen Anfall steigernd. Heute abend ist ihr Geruch so stark, daß er mit seiner Fülle das Schweigen des Zimmers bedrängt. Es ist schon spät, Mitternacht ist nahe. Es ist der Augenblick, wo die Glocken der Salute ihr Bukett aus Tönen entsenden. Es beginnt mit einem zarten Bimmeln, das langsamer wird und allmählich erstirbt. Dann erhebt sich ein tiefer Klang, andere Stimmen der Lüfte fallen ein. In ihrem mysteriösen Zwiegespräch scheinen sie Geheimnisse auszutauschen. Ihre Schwingungen klingen für einen Augenblick gleich, dann trennt sich, was sich zugesellt war; eine nach der andern schweigt. Nur die Dominante setzt ihr langsames, schweres Geläut fort, dann verstummt auch sie. Nun wacht das Schweigen allein über dem schlafenden Venedig, dem die Salute gerade ihr tönendes mitternächtliches Bukett entsendet hat.

Ich habe sie sehr oft gehört, diese Mitternachtsglocken der Salute, niemals aber so nahe und in solcher Intensität. Sie sind wie der blühende Gesang eines neuen Venedig, sie sind sein Appell und sie sind sein Gruß . . .

Häufig nehme ich meine Mahlzeiten in einem der beiden kleinen

Restaurants ein, die ich früher noch nicht kannte. Seinerzeit gingen wir oft ins Vapore, aber ich lasse es dieses Jahr etwas links liegen und bevorzuge das Antico Pizzo und vor allem das Vida. Das Vida ist eine schlichte Trattoria. Es sieht aus wie ein sympathischer Landgasthof und liegt reizvoll auf dem Campo di San Giacomo dall'Orio, ein alleinstehendes Haus, seine Tür glyzinienberankt. Ist das Wetter gut, kann man draußen zu Mittag essen, doch sitze ich lieber innen in einer der beiden Stuben, die man nur durch die Küche erreicht. Von dort trägt ein eifriger, freundlicher Kellner, der aussieht wie ein Diener in der Komödie, die *spaghetti all burro* oder die *scaloppina speziale* an den Tisch. Die Stammgäste des Vida sind Kleinbürger und Kaufleute. Es wird laut gesprochen und viel geraucht, es herrschen gute Laune und eine populäre Ungeniertheit. Eine magere Wirtin, braun und streng, überwacht den Service.

Ich liebe das Vida. Tritt man hinaus, wärmt die schöne, sanfte Oktobersonne das Pflaster des Campo. Die Hausfassaden, die den Platz einrahmen, haben Patina. Es ist keine reiche Architektur, aber alles ist so reizend venezianisch an ihnen. In einer hat der Bewohner seine Topfpflanzen hinter die Fensterscheiben gestellt, in die er kleine Öffnungen hineingeschnitten hat, durch die die Kletterpflanzen ihre Triebe nach draußen ausstrecken können. Mitten auf dem Campo spielen Kinder um einen Brunnen herum, und sobald man auftaucht, ist man von einer zerlumpten vertraulichen Horde umringt. Eines der kleinen Mädchen, mit der Figur einer erwachsenen Frau, hat Augen von geradezu beunruhigender Schönheit. Sie paßt auf ein kleines Monstrum auf, skrofulös, grindig, halb idiotisch. Strengen Gesichts läßt man sich etwas Geld abschwatzen und macht sich wieder auf, Venedig zu Fuß zu durchstreifen; es ist ein Schlendern ohne Ziel, wie es die Wonne dieser müßigen, lässigen Tage ist.

Jeden Tag der gleiche blaue Himmel, das gleiche sanfte Licht, die gleiche Wärme. Zur Mittagszeit auf der weißen kleinen Terrasse des Hotels alle Tage dieser Nachsommer, der mir heute eine ausgiebige Promenade durch die Lagune beschert hat. Ich bin ihrem ganzen nördlichen Umriß gefolgt, vom Arsenal bis zur Sacca della Misericordia, und habe gesehen, wie sie in der schönsten aller Dämmerungen schläfrig wurde, so als wache sie niemals wieder auf vor so viel Melancholie, vor so viel Schweigen ... Abends legte eine Musikbarke an der Hotelterrasse an. Das banale Konzert aus Stimmen und Instrumenten hatte nichts Lächerliches an sich, war gerettet durch das gewisse Etwas an Zärtlichkeit, Ironie, Lässigkeit und war ein wenig verrückt, wie es der venezianische Charme ist.

Nie kennt man Venedig ganz. Heute habe ich wieder einen Garten entdeckt. Er liegt auf der Riva di Biasio, einer kleinen Fondamenta des Canal Grande, gegenüber von San Geremia und dem Eingang des Cannareggio. Dort gibt es ein Geschäft für Fayencen, wo ich Einkäufe machte, und an diesen Laden schließt sich ein Gartenstück an, das nichts Bemerkenswertes an sich hat, außer eben venezianisch zu sein. Es besteht aus einigen von mageren Bäumen beschatteten Beeten. Entlang des Gartenwegs stehen Tontöpfe. In den Zweigen eines dieser Bäume hängt als Souvenir aus dem Krieg ein Stahlhelm; den benützt man als Blumenkasten: grüne Pflanzen sprießen daraus hervor ...

Ich hatte mir geschworen, meinem Hang zum Bric-à-brac nicht mehr nachzugeben, doch am Morgen nach meiner Ankunft fand ich mich schon auf dem Ponte San Moisè, Auge in Auge mit Signor L., einem Antiquitätenhändler. Man erkennt sich wieder, man wird willkommen geheißen, und wenige Stunden später war ich bereits in Signor L.s kleiner Boutique. Kaum war ich im Laden, war ich schon im Besitz eines Tabletts, bemalt mit Blumen und Vögeln, ich hatte zu meinen alten Gewohnheiten zurückgefunden. In wenigen Tagen habe ich allen Antiquitätenhändlern, die ich kenne, und noch einigen anderen einen Besuch gemacht. Ich gestehe gern, es macht mir Freude, alle diese Zeugen meiner alten Sammelleidenschaft wiederzusehen. Natürlich habe ich bei meinen Visiten die Zeit genützt: Jetzt bin ich

Besitzer diverser neuer Gegenstände, darunter zweier kurioser kleiner Rokokokonsolen aus Holz, deren geschweifte Platte auf einem einzigen Fuß ruht, sich aber mit dieser Stütze gut im Gleichgewicht hält. Des weiteren hat mir Signor B. in Aussicht gestellt, ich könnte einmal den Palazzo Van Axel besuchen, den er gekauft hat und wo er die kostbarsten Stücke seiner Kollektion ausstellt. Er wies mich auch auf die Möglichkeit hin, in das mysteriöse, mittlerweile zugängliche Kasino der Procuratoresse Venier am Ponte dei Baratteri zu gelangen.

Madame T. ist eine unverwüstliche Spaziergängerin, oft nehme ich sie auf meine ausgiebigen venezianischen Streifzüge mit, die soviel Charme und soviel Unvermutetes für uns bereithalten. Um in diesen Genuß zu kommen, darf man aber weder Umwege noch Sackgassen scheuen und darf auch nicht überrascht sein, sich an den unglaublichsten Orten wiederzufinden. Spazierengehen in Venedig erfordert Geduld und gute Gehwerkzeuge, man muß es als topographisches Spiel betrachten, an dem zur Hälfte der Zufall beteiligt ist.

Wenn man dazu geneigt ist, so ist es ein reizvolles Vergnügen. Manche Quartiere bieten sich mehr als andere an, etwa die Gegend von Venedig zwischen dem Cannareggio und dem Rio dei Mendicanti mit ihren volkstümlichen Calli und wenig frequentierten Rii, ihrer Melancholie, ihrem Elend. Gestern, als wir von einer Fußtour nach Sant'Alvise und der Madonna dell'Orto zur Fondamenta Nuove wollten, standen wir plötzlich vor der Gesuiti-Kirche. Die reiche Barockkirche grenzt an einen Campiello. Dort stehen eine alte Mietskaserne und ein Brunnen, um den eine zerlumpte Kinderschar herumtobte. Venezianische Kinder sind anfällig für Krankheiten, wegen des Klimas, der unzureichenden Nahrung oder auch aus Gründen der Degenerierung; doch die Kinder, die sich um diesen Brunnen sammelten, übertrafen an körperlichem Elend alle Vorstellungskraft. Es mögen an die zwanzig gewesen sein, die sich über das Pflaster schleppten oder die Hände ausstreckten, ihre armen blassen Gesichtchen und ihre rachitischen Glieder herzeigten, zwanzig

Kinder, schmutzstarrend und zerlumpt. Sie waren so heruntergekommen, daß man an Belagerung und Hungersnot denken mußte. Das Elend dieser Zukurzgekommenen war ein Bild des Jammers. Wie wir sie voller Mitleid ansahen, kam eine einfache Frau auf uns zu. Diese Kinder seien *abandonnati*, Kinder, deren Väter im Krieg gefallen seien, Kinder aus zerstörten oder verstreuten Familien, eine Art »unverkäufliche Ware« schrecklichster Art aus den dunklen Tagen, als das bedrohte Venedig das Näherkommen des Kanonendonners hörte, dessen Mündungsfeuer man von den Fondamente Nuove aus sehen konnte.

Es regnet. Vom grauen Himmel fällt der Regen in den grünlichen Kanal, wäscht die Pflastersteine glänzend, rinnt von den tristen Fassaden herunter. Nach zwei sommerlichen Wochen ist dies der erste Herbsttag, der mir ankündigt, daß die Zeit vergeht. Die Gondoliere haben Ölzeug angezogen, die Gondeln machen einen Katzenbuckel und schaukeln die schwarzen Häuschen ihrer Felze. Die Gondeln am Traghetto zeigen das blanke Holz ihrer Bänke, die Kissen sind abgenommen, kleine Tropfen bleiben an den Eisen des Bugs hängen. Trotzdem bin ich ausgegangen, um einen Brief auf die Hauptpost an der Rialtobrücke zu bringen. In Ermangelung eines Siegels verweist mich der freundliche Beamte an ein benachbartes Geschäft, in dem ich Wachs finden würde. In der Tat gestattet man mir, daß ich Wachsstock und Kerze benützen darf. Das nenne ich einen sinnreichen Handel! Von der Rialtobrücke aus sehe ich eine große Barke – vollbesetzt mit Indern – näherkommen. Sie tragen Turbane, sind von grünen Segeln umflattert, gleiten ernst durch den Regen.

Heute ist das Wetter wieder schön, die Sonne scheint, aber es ist nun eine Herbstsonne. Die Glyzinie an der Trattoria Vida beginnt zu vergilben, und der schöne wilde Wein, den man vom Ponte Colombo aus sieht, rötet sich.

Oft schon hatte ich, wenn ich den Ponte dei Baratteri passierte, jenes Haus bemerkt, das an der Ecke des Rio und der Merceria steht. Immer waren seine Fenster und Läden fest verschlossen, und das verlieh ihm in dieser belebten Gasse ein geheimnisvolles Aussehen. Mir war jedoch gesagt worden, es sei bewohnt, aber der Besitzer ließe niemanden ein und ginge äußerst selten aus. Er lebe dort, hieß es weiter, in einer völlig intakten Innenausstattung aus dem 18. Jahrhundert, aber sie sei Neugierigen nicht zugänglich. Während der Jahre, die mich von Venedig fernhielten, dachte ich mehr als einmal an das kleine Haus am Ponte dei Baratteri, und eines Tages las ich in *Le Temps* einen Aufsatz meines Freundes Emile Henriot, wo er von einem Besuch berichtete, den er diesem geheimnisumwitterten Haus abgestattet habe, dessen Besitzer inzwischen gestorben war. Die Casa habe eine Geschichte und sei nichts anderes als das Kasino der Procuratesse Venier. Das Innere, im alten Zustand, mit gemalten Decken und Stuckdekorationen, sei ein kurioses Relikt des alten Venedig.

In der Tat gab es in Venedig viele dieser Casini, auch in Murano und auf der Giudecca. Es waren diskrete Absteigen, die Adelige außerhalb ihrer Paläste unterhielten und die ihnen als Treffpunkte und Schlupfwinkel dienten. Man fand sich hier zum Essen zusammen, oder um sich dem Hasardspiel und der Liebe hinzugeben. In diesen galanten Refugien ging es äußerst freizügig zu. Wir wissen es aus den *Memoiren* des Casanova. In einem dieser Casini traf die schöne Nonne von Murano den Abbé de Bernis, und hier lehrte der Abenteurer Giacomo seine Liebeskünste. Wie ihre Männer verachteten auch die edlen Damen Venedigs nicht diese Annehmlichkeiten und gefielen sich darin, ihren Galanen hier Gastfreundschaft zu bieten. Auch die Procuratesse Venier hatte zu diesen gehört, und es war ein glücklicher Zufall, daß ihr Kasino, obwohl es inzwischen einem anderen Zweck diente, bis auf den heutigen Tag sein früheres Aussehen bewahrt hatte. Der Artikel von Emile Henriot hatte mich animiert, mir mit eigenen Augen dieses Zeugnis patrizischer Galanterien anzusehen. Endlich war es mir möglich, meine Neugierde zu befriedigen. Und darum klingelte ich heute gegen drei Uhr an der Tür des Kasino am Ponte dei Baratteri.

Wenn man die Schwelle überschritten hat, befindet man sich in einem ziemlich düsteren Vestibül, mit einer engen Steintreppe, die vor einer Tür endet. Sie ist verschlossen, und als sie sich schließlich auf mein Klopfen öffnet, stehe ich vor einem Geistlichen, was mich nicht wenig überrascht. Es ist ein junger, gutaussehender Priester, aber was tut er an diesem Ort? Seine Anwesenheit erklärt sich rasch. Das alte Kasino der Procuratesse ist der Sitz eines kirchlichen Unternehmens, das sich um den Wiederaufbau der im Kriege zerstörten Kirchen bemüht. Das Unternehmen hat seine Büroräume in den drei Zimmern des Kasinos untergebracht. Sie sind niedrig und ziemlich dunkel, doch kann man trotzdem die gemalten Decken und die Stuckdekorationen erkennen, die die Wände schmücken. Sie wirken mitgenommen, die Farben sind blind, das Gold verblaßt, sie erinnern mich, obschon sie weniger reich sind, an die des Mezzanin im Palazzo Vendramin ai Carmini. Die Fenster des größten der drei Räume gehen auf die Merceria. Keiner hat mehr seine ursprünglichen Möbel, nur zwei Eckschränkchen aus Palisanderholz sind übriggeblieben. Auf den Tischen, auf den Stühlen, überall türmen sich die Aktenordner, es riecht nach Papier, Tinte und Feuchtigkeit. Es ist heute schrecklich trübsinnig, das galante Kasino der Procuratesse Venier, man muß es sich im Glanz der Kerzen, im Reflex der Spiegel vorstellen, mit den reizend geschwungenen Sofas und Ottomanen, den geblümten Stoffen in lebhaften Farben, den Gläsern eines Soupers, dem Klingen der Zechinen, dem Lärm der Gespräche, dem Lachen und auch den wollüstigen Seufzern, dem Spiel der Fächer und der ganzen Lebensfreude, die das Venedig der Bauttas und der Masken, das Venedig der heimlichen Leidenschaften und der maskierten Liebschaften kannte.

Der junge Priester, der mich auf meinem Rundgang begleitet hat, führt mich in das Vorzimmer zurück, durch das ich eingetreten bin. Schon im Aufbruch sehe ich, wie er sich hinunterbeugt und lächelnd eine Fliese aus dem Fußboden herauslöst. Er hat eine Art Falltür freigelegt, besser gesagt, einen Spion, der die Sicht auf das Vestibül im Erdgeschoß freigibt.

Von hier aus konnte man die Neuankömmlinge überwachen. Offensichtlich war die Procuratesse Venier eine vorsichtige Frau und wußte sich vor unliebsamen Störenfrieden zu schützen!

In der Calle della Mandola gibt es einen armseligen Trödlerladen. Er hat das Ladenschild »Alla nuova Babilona«!

Das Restaurant Centa in San Maurizio gibt es nicht mehr, aber nahe dem Fenice-Theater ist ein neues eröffnet worden, wo man fabelhafte Crevetten ißt und wo man das Huhn vom Grill wunderbar zubereitet. Alle Meeresfrüchte sind auf einem Buffet ausgestellt. Man wird von Frauen mit Bubikopf und kurzen Röcken bedient, die flink zwischen den dichtgedrängten Tischen hin- und hereilen. Es ist sehr lebhaft, sehr anregend, sehr modern, dieses kleine Restaurant.

In bin seit gestern Besitzer eines Eckschranks aus rotem Lack. Über dem Türbogen räkelt sich unter einem Sonnenschirm ein köstlicher türkischer Herr in goldenem Gewand und im Turban, dem ein Sklave, ebenfalls mit Turban, auf einem Tablett ein Getränk anbietet. Als er es mir verkaufte, hat mir Signor B. angeboten, mir den Palazzo Van Axel zu zeigen, den er gekauft und möbliert hat.

Wir hatten uns mit Signor B. bei Florian verabredet, und in seiner Begleitung wenden wir uns Santa Maria Formosa zu, um von da aus die Miracoli zu erreichen, deren Nachbar der Palazzo Van Axel ist. Er ist sehr schön, sehr alt. Wir betreten den Hof. Rechts steht, mit Arkaden versehen, ein sehr altes byzantinisches Gebäude, das früher als Magazin und Stall diente. Hinten im Hof steigt eine große Außentreppe auf, mit schiefen Stufen und einem Geländer aus Marmor, in das ab und an Körper eingemeißelt sind. Es ist die höchste Treppe Venedigs, Scala del Paradiso wird sie genannt, über sie kommt man in die Beletage des Palastes. Die Tür ist offen, wir stehen in einer Suite von geräumigen Zimmern und langen Galerien, die von einer gesetzten Feierlichkeit und opulenten Strenge sind. Signor B. hat in ihnen mannnigfaltige, neugiererweckende und kostbare

Dinge gesammelt: Stoffe, gotische Schreine, Waffen, Modelle, bis hin zu einem Stechreiter-Spiel für Kinder. So kommen wir zu einem Schlafzimmer, in dem noch die ursprünglichen Möbel stehen. In einem Alkoven erholt sich das Bett unter seinen Überwürfen. In das Mauerwerk sind vergitterte Öffnungen eingelassen, von denen aus die Dienerinnen, die darüber schliefen, sehen konnten, was sich unter ihnen abspielte; aber es sind weder Herrinnen noch Dienerinnen in diesem ungeheuren Gebäude. Es sind keine Waren mehr in den Lagerräumen noch Pferde in den Ställen. Kaum, daß noch jemand die Stufen der Scala del Paradiso emporsteigt. Die einzigen Gäste des alten Palais sind die Töchter und der Schwiegersohn des Signor B. Sie bewohnen eine Wohnung, die unter dem Dach gelegen ist und im 18. Jahrhundert angefügt wurde, eine Wohnung voller Stuck, dem Himmel ausgesetzt, auf der Höhe der Glocken der Kirche dei Miracoli, die luftigste, die göttlichste aller Behausungen Venedigs, die getragen wird von der gotischen Umbauung; die stolze Familie der Sanudo errichtete sie in den lange zurückliegenden Zeiten der Serenissima.

Immer noch dieses wunderbare venezianische Wetter, dennoch fühlt man, daß es die lichtvolle und zerbrechliche Maske des kommenden Herbstes ist, der sich mit der durchdringenden Morgenfrische und der Feuchtigkeit des Abends langsam nähert. Die ersten Chrysanthemen erscheinen in den Auslagen der Blumenhändler, Seite an Seite mit den letzten Tuberosen, deren Stengel weniger Blüten tragen und deren Blütensterne weniger saftvoll sind. Weiterhin aber mischt sich am Abend ihr Duft in das sonore nächtliche Bukett der Glocken der Salute, die dem schönen venezianischen Tag sein Ende einläuten.

Ein Monat vergeht schnell in Venedig, aber ich werde nicht von dannen gehen, ohne versucht zu haben, den Garten des Palazzo Contarini, nahe der Madonna dell'Orto, zu besuchen. Früher einmal habe ich den Besitzer, M. J., im Atelier von Whistler getroffen.

Und auf einmal die ersten grauen Tage, Venedig umhüllt sich

mit Nebel. Die letzten Touristen verlassen die Stadt. Wenn ich im Antico Cavaletto essen gehe, kann ich konstatieren, wie die besetzten Tische immer weniger werden. Im Florian ist die Bank »unter dem Chinesen« fast immer leer. Das Wetter ist weniger geeignet für lange Ausfahrten mit der Gondel, aber es ist immer noch wunderschön, sich durch die Calli treiben zu lassen, und dann gibt es immer noch Stunden voller Sonne und klare Nachmittage, in denen der Sommer für einen Augenblick zurückkehrt. Sie lassen vergessen, daß die Jahreszeit fortschreitet und man bald an Heimkehr wird denken müssen. Gestern hatten wir einige von diesen Stunden, die wirklich geschenkte Stunden sind. Die Sonne erwärmte die alte Fassade von San Giovanni e Paolo. Der Backstein hat hier Nischen, in denen die Tauben nisten. Ich habe von dem wunderschönen Licht profitiert, um die Dogengräber noch einmal zu sehen, die aus der alten Kirche einen Gedenkort venezianischer Glorie werden lassen. Hier ruhen die Mocenigo und die Morosini, die Loredan und die Vendramin, die Marcello, die Steno. Bertuccio und Silvestre Valier haben hier ihre kolossalen, barocken Grabmäler, deren Begräbnispomp an das Mausoleum des Dogen Pesaro in den Frari erinnert, wo Negerathleten ihre breiten Schultern dem Todesprunk des überquellenden Marmors leihen müssen.

Wie oft habe ich schon von der Lagune aus dieses große viereckige Gebäude mit den gelben Mauern betrachtet, das sich unweit der Madonna dell'Orto erhebt, von dem man sagt, es spuke in ihm! Früher war es unbewohnt, zweifellos wegen seines schlechten Rufes, der aber M. J. nicht daran hinderte, es zur gleichen Zeit zu erwerben wie den Palazzo Contarini dal Zaffo, von dem es durch einen ziemlich großen Garten getrennt ist. Zusammen mit dem Garten, der in seiner alten Gestalt wiederhergestellt ist, mit der restaurierten und in ein Sommerhaus verwandelten Casa degli Spiriti, besitzt M. J. mit dem Palazzo Contarini eine der bemerkenswertesten und pittoresken Baulichkeiten von Venedig, auch eine der verstecktesten und ruhigsten.

Der Eingang zum Palazzo Contarini da Zaffo befindet sich an der Ecke des Rio della Madonna dell'Orto und der Sacca della Misericordia, die früher der Hafen war, von wo aus man die Holzladungen weiterbeförderte, die aus dem Friaul kamen. Jetzt ist das Wasserquadrat der Sacca verlassen, und nichts stört mehr den Frieden des alten Palazzo, dessen hohes Portal sich mit Grazie vor mir öffnete und in dem ich Schutz fand vor dem feinen Regen, der zu fallen begann und der einen an diesem Herbstnachmittag fast frösteln ließ. Nachdem ich dem Gondoliere meine Karte abgegeben hatte, bin ich in einen großen, mäßig erwärmten Salon voller schöner alter venezianischer Dinge geführt worden. Doch trotz der Annehmlichkeit eines liebenswerten und höflichen Empfangs und des Vergnügens einer Unterhaltung, in der wieder und wieder Erinnerungen an Whistler auftauchten, dessen Freund und Schüler der Hausherr gewesen war, habe ich dennoch nicht auf meinen Wunsch, den Garten zu sehen, verzichtet. Allzuoft hatte ich von der Lagune aus die geheimnisvolle Halbdämmerung bemerkt! Sicherlich würden diesem Spaziergang die Sonne und das Licht eines schönen Tages fehlen, aber auch das regnerische Venedig ist nicht ohne Reiz, denn es strömen aus den feuchten Erdgeschossen und dem durchfeuchteten Blattwerk sanfte und melancholische Düfte, und es mißfiel mir nicht, meine nahende Abreise mit der Abschiedstraurigkeit des sterbenden Oktober zu versüßen.

Es regnet nicht; die Luft ist wie kristallisiert unter dem Einfluß eines in Tröpfchen sich auflösenden Regens, der von einer Art Wasserstaub durchzogen ist. Wir gehen auf einem Boden, der aus vermoosten Backsteinen besteht. Vor uns erstreckt sich eine lange Allee. Sie endet an der Mauer, die den Garten von der Lagune trennt und die durchbrochen wird von einer vergitterten Öffnung, durch die man weiterhin das Wasser sieht. Zwei andere Alleen gehen fächerförmig von dem Punkt aus, an dem wir stehen. Alle drei verlieren sich in der Stille und sind untereinander durch Schlängelpfade verbunden. Dort ist man am äußersten Punkt von Venedig, im totesten Winkel der toten Lagune. Keinerlei Lärm stört den Frieden dieses Gartens, den das Gebäude der Casa degli Spiriti mit seinen gelben Mauern und den rötlichen Ziegeln beherrscht. Diese Casa verdankt ihren Namen übrigens nicht den Gnomen, Larven, Geistern, sondern den »Schöngeistern«, die sich zu Zeiten der Serenissima hier zu gelehrten und galanten Versammlungen einfanden. Ein Spukhaus wurde es erst durch den Aberglauben des Volkes. Während wir von dieser kuriosen Umdeutung sprechen, sind wir auf dem gleichen Weg bis zu einem auf das Wasser sich öffnenden Tor zurückgegangen, das zur Sacca della Misericordia führt. Der Regen hat aufgehört; das Pflaster der Sacca ist von winzigen Tröpfchen übersät, und das Schweigen des großen Gartens wird von einem unmerklichen Murmeln durchzittert, von einem geheimnisvollen Flüstern nasser Blätter.

Heute, am 26. Oktober, bin ich zur Feier des faschistischen »Marsches auf Rom« gegangen. Die Feier findet auf dem Markusplatz statt, und die Zuschauer haben sich unter den Galerien der Prokuratien aufgestellt. Am Fuß des Campanile ist eine Tribüne errichtet worden, die mit grünen Pflanzen und Fahnen geschmückt ist. Hintereinander ertönen der königliche und der faschistische Marsch. Reden. Die Stimmen der Redner erreichen mich stoßweise. Dann beginnt der Vorbeimarsch. Kolonnen von Schwarzhemden, Soldaten, Matrosen. Ein Fahnenträger schwenkt die Standarte von San Marco. Ehrensalven ertönen. Schwärme aufgestöberter Tauben fliegen auf. Und dann ist es vorbei. Die Menge zerstreut sich. Ich bin in San Marco eingetreten. Ich werde nicht mehr oft hineingehen. Wie kurz du warst, du schöner Oktober!

Heute ist Allerheiligen. Venedig wird seine Toten auf der Begräbnisinsel besuchen, die inmitten der Stille der Lagune ihre rote Mauer und ihre Zypressen erhebt. Von allen Punkten der Stadt wälzt sich eine nicht endende Menge gegen die Fondamente Nuove und die Insel San Michele. Die hallenden Calli erklingen unter schnellen oder langsamen Schritten. Man atmet eine feuchte und kalte Luft ein, denn der Nebel ist dicht, so dicht, daß die Lebewesen wie Schatten erscheinen. Hin und wieder der Klang einer Stimme, die höher ist als die anderen,

Blütenduft. So erreichen wir die Fondamente Nuove. Ein richtiger Markt breitet sich hier aus mit seinen Blumensträußen, seinen Kübeln voll Chrysanthemen. Die Lagune vor uns ist nur ein Raum voll grauen Dunstes, Watte aus Luft, zugleich weich und fest, ein Nebelvorhang, hinter dem sich die unsichtbare Insel verbirgt. Am Kai pfeifen die überfüllten Vaporetti, legen ab und verschwinden schnell in dieser konturenlosen Undurchsichtigkeit. Gondeln bieten sich zur Überfahrt an, schwerfällige Barken mit Stühlen, in denen sich die Menschen stauen und die sich entfernen, schnell vom Nebel aufgenommen. Währenddessen erscheinen die schon wieder, die von der Insel zurückkehren, schemenhaft zuerst, dann klarer nähern sie sich dem Kai, fangen ihr monotones Kommen und Gehen wieder von neuem an.

Es wird kalt auf dem Marmorkai, vor dieser wie mit einem Totenhemd überdeckten Lagune, vor dieser unsichtbaren Insel. Früher habe ich sie schon einmal gesehen, mit dem Festland durch eine lange Brücke verbunden, deren Holzplanken auf großen, schwarzen, nebeneinanderschwimmenden Pontons ruhten. Es war auch ein diesiger November-Nachmittag, und von der Erde zum Festland ertönte damals ein dumpfes und fortgesetztes menschliches Schreiten, der Lärm dieser »Schritte über dem Meer«, die Gérard d'Houville in einer wunderschönen Passage evoziert. Jetzt ist diese sonore Schiffsbrücke durch die Vaporetti, die Gondeln und die Peatten ersetzt worden, die heute die Venezianer zu ihrer frommen Gedächtnis-Wallfahrt geleiten. Von dem kleinen Caféhaus, in das ich gegangen bin, um mich aufzuwärmen, schaue ich ihnen dabei zu, wie sie ihrem überlieferten Ritus nachgehen, während ich durch ein Nebelloch die rote Insel aufragen sehe und im aufgelockerten Gewebe des Nebels die schicksalhaften Spindeln ihrer Zypressen.

Zum Jahrestag des Waffenstillstands, der heute am 4. November gefeiert wird, hat man den Markusplatz mit roten oder gelben Stoffbahnen verkleidet, die aus den Fenstern der Prokuratien hängen, dazu große Wachskerzen. Ein glücklicher Tag, dieser Waffenstillstandstag, der das gerettete Venedig feiert! Warum nur steht er angesichts meiner nahen Abfahrt unter dem Zeichen der Trauer?

Ich werde weder dem Palazzo Vendramin ai Carmini noch dem Palazzo Venier noch der bescheidenen Casa Zuliani noch dem schönen Palazzo Dario auf Wiedersehen sagen. Es gibt Orte, die verläßt man nicht, selbst dann nicht, wenn man sich von ihnen entfernt, ebenso wie die Liebe weder von Zeit noch Raum abhängig ist.

Dies ist ein schönes altes Kästchen. Sein weißer Lack hat den Ton alten Elfenbeins angenommen. An den Seiten ist es mit feinem schwarzen Blattwerk und zarten vergoldeten Blumen bemalt. Die Oberseite zeigt im Relief drei Personen, die von einem Baum mit roten Früchten beschützt werden. Eine der drei Personen ist in dunklen Purpur gekleidet, die anderen in Gold. Sie stehen zwischen Wasserkrügen, die auf dem Boden stehen. Der mit dem spitzen Hut ist ein Chinese, einer jener venezianischen Chinesen, die ich so gern habe und den ich mitnehmen werde, damit er seine Kompatrioten in Paris wiederfindet, die ihn in meinem »selbstgestrickten Venedig« auf den bemalten Tabletts und Dosen erwarten, denn ich reise morgen ab, und es ist mein letzter Abend in Venedig. Ich habe den Verschluß meines schönen elfenbeinfarbenen Lackkästchens wieder geschlossen, nachdem ich einen Tuberosen-Stiel, dessen Duft mich an so viele glückliche Tage erinnern soll, hineingelegt habe. Gleich werden die Glocken der Salute in den mitternächtlichen Himmel läuten, und ich werde im Herzen die letzten Blütenblätter ihres unsichtbaren nächtlichen Buketts pflücken.

Das Haus der Erinnerung

Als ich ein kleiner Junge war, nahm mich meine Mutter oft in den Garten des Palais-Royal mit. Zu dieser Zeit, das heißt, in den ersten Jahren nach dem Krieg von 1870, war das Palais-Royal noch nicht in dem verwahrlosten Zustand, in dem es sich heute befindet. Ohne wirklich in Mode zu sein, waren seine Restaurants noch besucht. Véfour hatte einen guten Namen, und die Auslage von Chevet stellte verführerische Lebensmittel aus. Fische und junges Gemüse lagen hier nebeneinander. Unter den Galerien offerierten die Schmuck- und Lederwarenhändler strahlende Schaufenster. Hier glitzerten die Diamanten von Boucheron und Fontana. Dort fanden sich auch Dekorationsgeschäfte und Wappen-Gravierer. Der Garten war noch nicht von unproportionierten Denkmälern verschandelt und besaß als einzigen Schmuck seine blumengeschmückten Terrassen, einige Statuen und seine Fontäne mit ihrem Wasserbecken.

Dieses Bassin stellte für mich die Hauptattraktion dar. Ich ließ mein Schiffchen darin schwimmen, denn zu dieser Zeit schien mir nichts schöner zu sein als das Schicksal eines Seemannes. Das Marinemuseum im Louvre mit seinen Schiffsmodellen, seinen Stadtplänen von Seestädten und seinen nautischen Instrumenten war mein höchstes Entzücken. Da ich ein begeisterter Leser von *Robinson Crusoe* und von *Robinson Suisse* war, träumte ich nur von Schiffsreisen, von Stürmen, von Korallenriffs, von verlassenen Inseln, von Wilden. Reiseberichte fand ich aufregend, aber ich konnte mir solche Reisen nicht anders als auf irgendeinem Segelschiff mit hochaufragenden Masten und mit Rahen voller Segelzeug vorstellen. Schiffe schienen die einzigen begehrenswerten Transportmittel zu sein und das Meer der einzige Weg, der es wert war, durchstreift zu werden. All dies wurde mir durch das kleine Schiff verkörpert, das ich in den Teich hinausließ und mit dem ich mich in Gedanken in wunderbare Seeabenteuer begab. Viele Stunden verbrachte ich mit diesem Spiel, dem ich mich vor allem am Morgen hingab, so lange, bis die Mittagskanone ertönte und die Tauben aufscheuchte, die auf der nützlichen Schulter einer der Statuen aufgereiht gesessen hatten oder auf dem Rasen der Balustraden herumgurrten.

Diesen mittäglichen Kanonenschuß, die Tauben, die weite viereckige, von ausgewogenen Bauten und uniformierten Galerien umgebene Fläche sollte ich später in meinem lieben Venedig wiederfinden, das das geliebte Ziel meiner Reisen wurde und zu dem mich so viele Male eine tiefe Liebe führte, die niemals ermüdet ist. So oft habe ich in der von Bauwerken umstandenen Esplanade des Palais-Royal die Ähnlichkeit zum Markusplatz gesucht. Ein verwandter Zug einte sie in meinem Geist. So oft habe ich Venedig in diesem Pariser Wandelgang erträumt. So oft habe ich den Sand dieses Gartens und das Pflaster der Galerien des Palais-Royal betreten und dabei an die Arkaden der Prokuratien und die Steinfliesen des Markusplatzes gedacht. Oft bin ich auch hingegangen, um die wunderschöne Erinnerung an meine Freunde Jean-Louis Vaudoyer und Edmond Jaloux zu beleben, die beide Wohnungen besaßen, die auf den Garten hinausgingen.

Man betrat die Wohnung von Edmond Jaloux durch die Rue de Valois und man fand ihn inmitten seiner Bücher, seiner Lackmöbel und von so manchem Objekt von dort unten. Wir erlebten noch einmal so manche gerade vergangene oder schon ferne Stunde, die verrückten Stunden des Palazzo Carminati, die langen Stunden, die wir »unter dem Chinesen« im Florian verbracht hatten. Fast gegenüber, auf der anderen Seite des Gartens, waren die Fenster des Appartements von Jean-Louis Vaudoyer zu sehen, der immer noch sein liebenswertes Kasino in der Rue Montpensier bewohnt, während Jaloux zur Rive Gauche emigriert ist, die Seine überschritten hat, als ob er den Canal Grande überschritten hätte. Aber die Seine ist nicht Lethe, und man vergißt Venedig nicht mehr, wenn man vom Zaubertrank seiner Schönheit genossen hat.

Gott, wie gegenwärtig ist unser Venedig in dem liebenswerten Salon der Rue de Montpensier! Vor kurzem bin ich dort hinaufgestiegen, um von der Ferne beim Rauch einer dieser langen Virginias zu reden, die den Duft von Erinnerung hat. Wir lehnten am Geländer des Balkons, der mit seinen zwei schönen gemeißelten Steinvasen das Rechteck Saint-Marcien des Gartens überragt. Drunten schimmerte der Teich in der Sonne und breitete unter unseren Augen eine Miniatur-Ausgabe der Lagune aus. Am Himmel erschien hier und da mit sanfter Weichheit eine silberfarbene Wolke, die von Veronese oder Tiepolo hätte gemalt sein können. Mit schwerem, trägem Flug flog eine Taube vorbei. Als wir unsere Zigarren geraucht hatten, war Venedig immer noch da!...

Es war da, in unseren Sätzen und unseren Gedanken; es war da in den vielen Gegenständen, die Jean-Louis Vaudoyer von seinen zahlreichen venezianischen Aufenthalten hierher gebracht hat. Wir sprachen so, wie man in einem Märchen spricht. »Als wir da waren, ist uns das passiert.« So haben wir einen Streifzug durch die Calli zu neuem Leben erweckt, eine Fahrt auf der Lagune, einen Besuch in einem Palazzo oder einer Kirche, ein Bild in einem Museum, ein Fresko in einer Kuppel... Und Namen mischten sich in diesen Austausch von Eindrücken. Wir sahen wieder Gesichter, bestimmte Gesichter, die wir nur noch in unserem getreuen Gedächtnis wiedersehen werden. Die Wolken von Tiepolo und von Veronese sind am dunkler werdenden Himmel verschwunden. Die Tauben des Parks haben ihre Nester in den Simsen aufgesucht. Die Lichter sind angegangen, und wir sind ausgegangen, um in irgendeinem italienischen Restaurant vor einem Teller mit Spaghetti und einer Flasche Chianti zu sitzen, es sei denn, daß wir uns doch weiße Trüffel – *tartufi* heißen sie – aus dem Piemont haben servieren lassen, mit einer Flasche Barbera Stravecchio oder einem moussierenden Valpolicella.

Vom Palais-Royal aus gehen meine Gedanken oft zu einem anderen Viertel von Paris, mit dem mich auch italienische

Erinnerungen verbinden. Ich finde sie in der Rue Jouffroy, wo die Comtesse de la Baume, wenn sie weder in ihrem Chalet am Bürgenstock in der Nähe von Luzern noch in ihrem Palazzo am Canal Grande war, ein kleines Palais bewohnte, in dem sie im ersten Stock ein großes Zimmer eingerichtet hatte, das zur gleichen Zeit Empfangszimmer, Bibliothek und Arbeitszimmer war. So war sie ganz in der Nähe der Avenue de Wagram, wo ihre Freundin Madame Bulteau wohnte. Madame Bulteau unterhielt einen Salon, der zu Recht einen guten Namen hatte. Hier unterhielt man sich in voller Gedanken- und Redefreiheit. Schriftsteller, Künstler, Wissenschaftler und Politiker trafen sich bei ungezwungenen Empfängen, in denen sich in einem aus dem Augenblick geborenen Zusammengehörigkeitsgefühl die disparatesten Schichten unter der intelligenten Autorität der Hausherrin, der alle uneingeschränktes Vertrauen und Zuneigung entgegenbrachten, verschmolzen.

Diese Treffen haben einen großen Raum in meinem Leben eingenommen. Angenehme Stunden habe ich im Hochparterre dieses Palais in der Avenue de Wagram verbracht. Es bestand aus einem Salon mit einer Decke aus goldenen Trauben, dessen Wände mit ausgewählten Musikinstrumenten geschmückt waren. Venezianische Stücke mischten sich mit alten Möbeln und alten oder merkwürdigen Nippes. Angrenzend an den Salon und ihn verlängernd, empfing der Speisesaal die Besucher und Freunde zu einem deliziösen Mittagessen oder einem raffinierten Abendessen; aber das große, das wahrhafte Vergnügen des Ortes war die Konversation. Ich war Zeuge von wahrhaft eloquenten, von brillanten Spitzzüngigkeiten. Manchmal, wenn man eine etwas intimere Unterhaltung wünschte, empfing Madame Bulteau im Atelier, das im zweiten Stock gelegen war. Dort stand sie einem ganz zur Verfügung, freundlich und verständig, aufmerksam bei den Geständnissen, mit der Wachsamkeit einer Freundin, mit ihrer Umsichtigkeit als Ratgeberin, bis zu dem Augenblick, da die alltäglichen Vertrauten kamen, die privilegierten Besucher, die enger mit ihrem Leben verbunden waren: die würdige und gutherzige Madame W., eine mütterliche Freundin ihrer Jugend, die Prinzessin de C. C., Madame de la Baume, der Maler Maxime Dethomas, Henri Gonse, der ihr in Rom die Bekanntschaft mit Monsignore Duchesne, ihrem lieben und verehrten Freund, vermittelt hatte.

Nach dem Tod von Madame Bulteau hat Henri Gonse, der Treuhänder ihrer Manuskripte, ihrer Briefe, vieler Gegenstände, die ihr gehört haben, in Jouy-en-Josas ein Haus à l'italienne oder besser à la vénitienne errichten lassen, so wie man es an den Ufern der Brenta sieht, dazu bestimmt, die Erinnerungen an die verschwundene Freundin zu bewahren. Hier sollen die Reliquien der Freundschaft aufbewahrt werden. Dieses Haus nenne ich »Das Haus der Erinnerung«. So ist es mir vorgekommen an dem Tag, an dem ich zum ersten Male dorthin kam.

Das Auto fährt auf der Straße nach Versailles. Im heißen Licht eines Sommernachmittags erscheint für einen Augenblick das Schloß, und bald sind die ersten Häuser von Jouy da, aber wir müssen, vom Tal aus, gegen den Kamm der Mets zurücksteigen.

In den Mets befindet sich das Haus, in dem Victor Hugo, zur Sommerfrische bei den Bertins, die schöne Juliette Drouot besucht hat. Ebenfalls in den Mets befindet sich das »Haus der Erinnerung«. Das Auto hält vor einem Garten an. Eine gewundene Allee, mit Buchsbaumhecken gesäumt, führt zum Haus. Es bietet sein rötliches Ziegeldach dar, seine Mauer mit ihrem blaßrosa Verputz, eine Tür, darüber eine Büste mit mythologischem Antlitz, von der Zeit zerfressen ...

Bevor wir eintreten, sind wir einige Schritte gegangen und haben uns auf die kleine Steinmauer gestützt, die den Garten von der Terrasse abgrenzt. Dort steht man über dessen nach innen gewendetem Teil, der Blick erstreckt sich hin zu einem zwar eingeschränkten, aber reizvollen Bezirk. Von diesem Abhang des Hügels aus sieht man nur Bäume. Nichts unterbricht die Einheit des lebendigen Grüns, das die Einsamkeit dieses Ruhesitzes beschützt. Bäume, Himmel und Stille. Von unten steigt die schwache Klage eines Springbrunnens herauf, der, in einem

Bassin, auf die Schulter eines Veroneser Triton aus buntfarbigem Marmor niederfällt, triefend unter dieser feuchten Last. Am Ende der Esplanade hat sich ein Hohlweg in den Waldschatten eingefressen. Zwei hohe Steinfiguren scheinen einem ein Zeichen zu geben, als solle man zu ihnen kommen. Von der Terrasse aus, wo wir uns befinden, erlaubt eine Treppe, zwischen den Blumen und nahe dem Wasser herunterzusteigen. Entlang der Mauer, die diese Terrasse stützt, sind antike Büsten aufgestellt; die eine versinnbildlicht das Alter, die andere die Jugend. Zwischen ihnen symbolisiert eine Steinschale die Quelle des Lebens. Hinter der Terrasse erhebt sich das Haus. Unter seinem rosa Verputz erschlafft es in einer ganz italienischen Hitze, es scheint diesem Licht die Elegie der Erinnerung zu singen.

Es hat uns mit seinen kühlen Zimmern empfangen, mit seinem Vestibül, in dem die Spiegel- und Perlmuttstückchen in die Schnörkel von elegant geschwungenem Stuck eingelassen sind, mit seinen Zimmern, die so ganz dazu angetan sind, einzuschlummern, in Träumen der Vergangenheit, einer Vergangenheit, die von so vielen zurückgerufen wird, in denen sich lange und lange vergangene venezianische Aufenthalte, lange Stunden eines glücklichen Lebens materialisieren. Es sind diese Stunden, an die wir in gegenseitigem Schweigen denken. Schwesterliche Schatten begleiten uns. Sie sind in diesem »Haus der Erinnerung« zu Hause. Wir wissen wohl ihre Namen, aber wir sprechen sie nicht aus und schweigen weiter, auch nachdem wir in die Bibliothek hinuntergestiegen sind. Auf den Regalen sehe ich Bücher, die mit dem Pseudonym Jacques Vontade oder Foemina, dem Autor von *Lueur sur la Cime* und *L'Ame des Anglais* gezeichnet sind, aber sein Werk ist nicht vollständig da ... Eines Tages wird auch die Sammlung der zahlreichen Artikel hierherkommen, in denen Madame Bulteau die Früchte ihrer Erfahrung als Frau und Schriftstellerin niederlegte, ihre Forschungen im Bereich des Gefühls, der Kunst und der Literatur, ihre Reise- und Gesellschaftsimpressionen, alles, mit dem sich ihr Herz und Geist beschäftigten. Eines Tages werden sich die Archive des

»Hauses der Erinnerung« öffnen. Ebenso wachsame wie respektvolle Hände halten seine Schlüssel in der Hand.

Die Stunden verrinnen. Das Licht wird sanfter, und die Dämmerung bricht herein. Der Duft der Blumen und die Klage des Wassers durch die geöffneten Fenster. Der Himmel verdunkelt sich über dem unbeweglichen Grün. Langsam vermischt sich in meinen Gedanken dieses Haus von der Farbe getrockneter Rosen mit dem weißen Marmorpalast, der sich mit seiner Fassade voller Tuberosen im Canal Grande spiegelt. Die Verzauberung Venedigs umgibt mich mit ihren Hexenkünsten, und plötzlich erscheinen vor mir, wie durch eine mysteriöse Verkürzung, die Tage und Stunden meines venezianischen Lebens und alle die geliebten oder freundschaftlichen Gesichter, die dessen Freude oder Vergnügen waren. Ich sehe mein enges Zimmer im Hotel Regina wieder, das die Glocken der Salute um Mitternacht mit ihrem Klang erfüllten! Ich sehe vor mir das Mezzanin mit dem schönen Stuck des Palazzo Vendramin ai Carmini, ich sehe wieder ganz Venedig vor mir, seine Kirchen, seine Palazzi, seine Gärten, seine Lagune; ich sehe vor mir die bescheidene Casa Zuliani und den Palazzo Venier und das Zimmer der glücklichen Fieber im mir so lieben Palazzo Dario und dieses Mondlicht, als ich zum ersten Mal auf die Altana gestiegen bin, alle Stunden und Tage, in denen diese Blätter geboren wurden, in denen ich versucht habe, zur Erinnerung an diejenigen, deren Dasein mir diese glückliche Zeit so wertvoll machten, zur Ehre von Venedig und zu meiner eigenen Erinnerung, wie in einem Spiegel die Reflexe dieser Vergangenheit festzuhalten, deren lebendige Bilder die Asche der toten Jahre überleben.

Inhalt

I

II